MINISTÉRIO PÚBLICO – FUNÇÕES EXTRAJUDICIAIS

HISTÓRICO, NATUREZA JURÍDICA, DISCRICIONARIEDADE, LIMITES E CONTROLE

CARLOS VINÍCIUS ALVES RIBEIRO

Prefácio
Maria Sylvia Zanella Di Pietro

Apresentação
Floriano de Azevedo Marques Neto

MINISTÉRIO PÚBLICO – FUNÇÕES EXTRAJUDICIAIS

HISTÓRICO, NATUREZA JURÍDICA, DISCRICIONARIEDADE, LIMITES E CONTROLE

Belo Horizonte

EDITORA
Fórum

2015

© 2015 Editora Fórum Ltda.

É proibida a reprodução total ou parcial desta obra, por qualquer meio eletrônico, inclusive por processos xerográficos, sem autorização expressa do Editor.

Conselho Editorial

Adilson Abreu Dallari
Alécia Paolucci Nogueira Bicalho
Alexandre Coutinho Pagliarini
André Ramos Tavares
Carlos Ayres Britto
Carlos Mário da Silva Velloso
Cármen Lúcia Antunes Rocha
Cesar Augusto Guimarães Pereira
Clovis Beznos
Cristiana Fortini
Dinorá Adelaide Musetti Grotti
Diogo de Figueiredo Moreira Neto
Egon Bockmann Moreira
Emerson Gabardo
Fabrício Motta
Fernando Rossi

Flávio Henrique Unes Pereira
Floriano de Azevedo Marques Neto
Gustavo Justino de Oliveira
Inês Virgínia Prado Soares
Jorge Ulisses Jacoby Fernandes
Juarez Freitas
Luciano Ferraz
Lúcio Delfino
Marcia Carla Pereira Ribeiro
Márcio Cammarosano
Marcos Ehrhardt Jr.
Maria Sylvia Zanella Di Pietro
Ney José de Freitas
Oswaldo Othon de Pontes Saraiva Filho
Paulo Modesto
Romeu Felipe Bacellar Filho
Sérgio Guerra

Luís Cláudio Rodrigues Ferreira
Presidente e Editor

Coordenação editorial: Leonardo Eustáquio Siqueira Araújo

Av. Afonso Pena, 2770 – 16º andar – Funcionários – CEP 30130-007
Belo Horizonte – Minas Gerais – Tel.: (31) 2121.4900 / 2121.4949
www.editoraforum.com.br – editoraforum@editoraforum.com.br

C484m   Ribeiro, Carlos Vinícius Alves
           Ministério público – funções extrajudiciais: Histórico, natureza jurídica, discricionariedade, limites e controle / Carlos Vinícius Alves Ribeiro – 1. ed. – Belo Horizonte: Fórum, 2015.

           208p.
           ISBN 978-85-450-0051-8

           1. Direito Constitucional. 2. Direito Administrativo. 3. Ministério Público. I. Título. II. Ribeiro, Carlos Vinícius Alves.

                                                   CDD: 352.885
                                                   CDU: 342.518

Informação bibliográfica deste livro, conforme a NBR 6023:2002 da Associação Brasileira de Normas Técnicas (ABNT):
RIBEIRO, Carlos Vinícius Alves. Ministério público – funções extrajudiciais: Histórico, natureza jurídica, discricionariedade, limites e controle. 1. ed. Belo Horizonte: Fórum, 2015. 208p.

Ao Carlos Roberto e Yara, razão de tudo.

Ao João Victor, o caçula.

À Ludmilla, que comigo seguirá caminhando.

AGRADECIMENTOS

Confessar gratidão àqueles que foram fundamentais não apenas à confecção deste trabalho, mas à minha incursão na vida acadêmica, é, antes de tudo, reconhecer que, se há algum mérito, certamente ele não é meu.

De início agradeço aos meus pais, que além da vida me deram amor, lar verdadeiro e suporte em todos os sentidos para que eu leve a cabo os meus sonhos; e são muitos meus sonhos, pois com meus pais aprendi a sonhar e a dar aos sonhos vida palpável. Receber, em 22 de fevereiro de 1979, um prematuro, e dar-lhe atenção e cuidado, com toda a tensão que envolve uma criança naquele estado, ainda mais sendo ele o primogênito de um jovem casal, não deve ter sido nada fácil. Pois sobrevivi, graças a vocês, e cá estou. Eis o resultado. Obrigado por terem feito a pessoa que sou, acreditarem em mim e tornarem tudo mais fácil.

À Ludmilla, que em tudo me apoia e sempre aguarda meu retorno com os braços cheios de abraços e a boca repleta de beijinhos, agradeço o amor que torna a vida mais tranquila.

Ao Ministério Público, agradeço não apenas a oportunidade de me proporcionar esse estudo, mas, e principalmente, por ter servido de fonte inspiradora e objeto de pesquisa. Tudo que aqui se fez é por acreditar nessa instituição onde já deixo muitos anos de minha vida, e por saber que, com seriedade e técnica, muitos de nossos erros hão de ser corrigidos.

Ao CEDAU, agradeço imensamente minha admissão, assim como as horas de discussões em nossas reuniões mensais. A pluralidade, a seriedade, o comprometimento acadêmico e, especialmente, as amizades que dali nasceram foram fundamentais para o desenvolvimento desta pesquisa. Muito do que aqui se verá veio desse ambiente.

Agradeço cada um dos integrantes do Centro de Estudos de Direito Administrativo, Ambiental e Urbanístico, nas pessoas da Professora Odete Medauar, Professor Vitor Rhein Schirato, Professor Alexandre Aragão e Professor Luiz Felipe Hadlich Miguel. Mais que companheiros acadêmicos, tornaram-se meus amigos.

Agradeço ao IDAG, Instituto do qual fazia parte de sua Diretoria quando do meu ingresso no Largo de São Francisco.

Dois agradecimentos muito especiais devo fazer àqueles que considero meus grandes mestres, que me mostraram com exemplo como deve ser a academia: plural, respeitosa, comprometida, com excelentes bases e disposta, muitas vezes, a questionar os seus próprios fundamentos. São eles a Professora Maria Sylvia Zanella Di Pietro e o Professor Floriano de Azevedo Marques Neto. Na minha trajetória durante o mestrado tive outros grandes professores, mas estes foram responsáveis pela postura acadêmica que hoje possuo.

A Professora Maria Sylvia conheci em Goiânia, nos idos de 2008, na abertura da pós-graduação em Direito Administrativo do Instituto de Direito Administrativo de Goiás. Naquela oportunidade, quando fomos apresentados, indagou-me se era estagiário, por ter me achado muito novo. Pouco tempo depois, aprovado na seleção para o Mestrado na Universidade de São Paulo e a tendo escolhido como orientadora, acabei não sendo selecionado naquele ano, pois a única vaga existente já estava ocupada por alguém que, logo depois, seria meu amigo: Bernardo Strobel.

Durante dois semestres, apliquei-me como aluno especial em suas disciplinas, ministradas juntamente com o Professor Floriano. Naquele primeiro contato, a divisão da matéria foi um choque para mim. Não compreendia como duas pessoas tinham visões tão distintas da mesma disciplina. No entanto, o que mais estranhava era como dois professores com apreciações díspares, por vezes colidentes, dividiam a disciplina e se tratavam de forma tão amistosa, tão amigável. Aquela talvez tenha sido a grande lição.

Da Professora Maria Sylvia recebi a base, os fundamentos, compreendi os institutos. Do Professor Floriano o questionamento, o arrojo, a inquietude. Sua genialidade é fruto, para os que o conhecem minimamente, de estudos e trabalho incansáveis. Acabei sendo agraciado não apenas com os ensinamentos em sala de aula, mas com a amizade de ambos.

Portanto, a vocês deixo meus sinceros agradecimentos pelo que fizeram do Direito que hoje levo comigo. Se aquilo que me ensinaram não é revelado em mim, certamente é por minhas falhas e limitações.

Minha formação na Academia de Direito do Largo de São Francisco não seria a mesma sem a presença do Professor Fernando Dias Menezes de Almeida. Aprendi, para além de direito administrativo, que seriedade, comprometimento com a pesquisa, aprofundamento teórico e preocupação com o efeito das ciências jurídicas no ser humano, que atividade acadêmica harmoniza perfeitamente com delicadeza, respeito e educação.

A dois grandes magistrados devo render homenagens e agradecimentos: ao Dr. Hugo Gutemberg Patiño de Oliveira, com quem trabalhei no início de minha carreira, e à Dra. Vanessa Estrela Gertrudes, com quem hoje trabalho. Dividimos tantas horas de nossos dias, tantos ideais e tantas frustrações que nos tornamos irmãos. Vocês me fazem manter a fé na justiça.

Agradeço a todos os meus colegas e amigos do GNPJ, o Grupo Nacional de Promotores de Justiça, congregação que hoje conta com mais de mil e quinhentos de todos os Ministérios Públicos, que me serviram, sem saber, de valioso material de pesquisa.

Finalmente, um agradecimento aos que, de qualquer forma, tenham me ajudado e estado comigo em minha caminhada acadêmica e profissional. São muitos e tentar nominá-los seria perigoso demais.

Para enxergar o que está diante do nariz é preciso um esforço constante.

(George Orwell)

SUMÁRIO

LISTA DE FIGURAS 17

LISTA DE SIGLAS..19

PREFÁCIO
Maria Sylvia Zanella Di Pietro..21

APRESENTAÇÃO
Floriano de Azevedo Marques Neto..25

INTRODUÇÃO 27

CAPÍTULO 1
O MINISTÉRIO PÚBLICO 29

1.1	Ministério Público: antecedentes históricos	29
1.2	Reconstruindo a história do Ministério Público brasileiro, em busca da gênese de suas funções extrajudiciais na tutela de interesses metaindividuais	31
1.2.1	A primeira fase da instituição	31
1.2.2	A gênese da atuação na esfera cível	33
1.2.3	O Ministério Público na defesa do interesse público	36
1.2.4	A primeira lei orgânica do Ministério Público	38
1.2.5	O nascimento da "ação civil pública"	39
1.2.6	A doutrina de tutela dos interesses de metaindividuais	39
1.2.7	A lei de ação civil pública	41
1.2.8	O surgimento da atuação extrajudicial	42
1.3	O novo Ministério Público brasileiro	44
1.3.1	A Constituinte	44
1.3.2	Os alicerces do novo Ministério Público	52
1.4	A natureza jurídica do Ministério Público — Aspecto orgânico	55

CAPÍTULO 2
ATRIBUIÇÕES EXTRAJUDICIAIS DO MINISTÉRIO PÚBLICO.......61

2.1	Atribuições do Ministério Público	61
2.2	Atribuições extrajudiciais do Ministério Público	65
2.2.1	A gênese: os atendimentos ao público	65
2.2.1.1	O Ministério Público resolutivo	66
2.2.1.2	A eficiência dos mecanismos extrajudiciais do Ministério Público	70
2.3	Ferramentas extrajudiciais do Ministério Público para a solução de conflitos metaindividuais	77
2.3.1	Inquérito civil	77
2.3.1.1	Instrumentos de pluriparticipação nas atividades extrajudiciais do Ministério Público	80
2.3.1.2	Recomendação	82
2.3.1.3	Ajustamento de conduta	84
2.4	Funções extrajudiciais no direito comparado	87
2.4.1	Portugal	87
2.4.2	Espanha	88
2.4.3	França	89
2.4.4	Itália	89
2.4.5	Inglaterra	90
2.4.6	Estados Unidos da América	91
2.4.7	Argentina	92
2.5	Natureza jurídica das funções extrajudiciais do Ministério Público brasileiro	94
2.5.1	Função	94
2.5.2	As funções típicas do Estado	95
2.5.3	Função administrativa	102
2.5.4	Caracterização da atividade extrajudicial do Ministério Público como função administrativa	104
2.5.4 1	As típicas atividades compreendidas na função administrativa	109
2.5.4.2	Atividades extrajudiciais do Ministério Público: o reconhecimento de uma nova fronteira nas funções administrativas	114

CAPÍTULO 3
DISCRICIONARIEDADE NAS ATIVIDADES EXTRAJUDICIAIS
DO MINISTÉRIO PÚBLICO.......117

3.1	Apontamentos sobre a discricionariedade	118
3.1.1	Formas de atribuição da discricionariedade	118
3.1.2	Os elementos componentes da discricionariedade	128
3.1.3	Sondando a existência de discricionariedade na atividade extrajudicial do Ministério Público	130
3.1.3.1	Discricionariedade na valoração do móvel gerador da atuação do Ministério Público	131

3.1.3.2	Discricionariedade na eleição do momento de agir	132
3.2	Desvios no manejo dos instrumentos extrajudiciais	137
3.2.1	Instauração do inquérito civil público	137
3.2.1.1	Motivar e justificar a instauração do inquérito civil público: uma obrigação constitucional esquecida	141
3.2.1.2	O acesso ao teor do inquérito civil público – A verdadeira transparência	145
3.2.2	Fase instrutória do inquérito civil público	148
3.2.2.1	A requisição com vida própria	148
3.2.2.2	A participação dos interessados quando da realização de perícias	150
3.2.2.3	Prazo para a conclusão do inquérito civil: celeridade processual	152
3.2.3	Fase deliberativa	153
3.2.3.1	Discricionariedade na eleição da ferramenta extrajudicial passível de manejo para solução concertada do conflito	154
3.2.3.1.1	A carta coringa	155
3.2.3.2	A recomendação	161
3.2.3.3	Ajustamento de conduta	162
3.3	Balizas e filtros à atuação extrajudicial do Ministério Público	163
3.3.1	Legalidade	164
3.3.2	Interdição intrínseca à arbitrariedade	166
3.3.3	Motivação	167
3.3.4	Finalidade	169
3.3.5	Procedimentalidade	173
3.3.6	Proporcionalidade	174
3.3.6.1	Adequação virtual ao atingimento do resultado	176
3.3.6.2	Necessidade ou mínima lesão	177
3.3.6.3	Proporcionalidade em sentido estrito	178
3.3.7	Razoabilidade	179
3.3.8	Proteção da confiança legítima	182
3.3.9	Eficiência	183
3.3.10	Princípios gerais do direito – Segurança jurídica	185
3.3.11	Autovinculação por meio de critérios guias	186
3.3.12	Precedentes	187
3.4	As formas de controle da atuação extrajudicial do Ministério Público	190
3.4.1	Controle cidadão	190
3.4.2	Controle administrativo pelos órgãos da administração superior do Ministério Público	191
3.4.3	Controle judicial	193

CONSIDERAÇÕES FINAIS 197

REFERÊNCIAS 203

LISTA DE FIGURAS

Figura 1 – Dados de 2002 a 2009. Número de atendimentos ligados aos direitos e interesses transindividuais do Ministério Público do Estado de São Paulo..68

Figura 2 – Inquéritos Civis Instaurados (2003-2009)..71

Figura 3 – Relação de inquéritos civis instaurados e ACP propostas (2003-2009)..71

Figura 4 – Termos de ajustamento de conduta firmados – 2002-2009............72

Figura 5 – Ações civis públicas com sentenças (2003-2009)..........................73

LISTA DE SIGLAS

ACP – Ação Civil Pública

CNMP – Conselho Nacional do Ministério Público

CONAMP – Associação Nacional do Ministério Público

CSMP – Conselho Superior do Ministério Pùblico

EC – Emenda constitucional

ICP – Inquérito Civil Público

IDH – Índice de Desenvolvimento Humano

LACP – Lei de Ação Civil Pública

LC – Lei Complementar

LOMP – Lei Orgânica do Ministério Público

MP – Ministério Público

MPF – Ministério Público Federal

PGJ – Procurador-Geral de Justiça

PGR – Procuradoria-Geral da República

PMDB – Partido do Movimento Democrático Brasileiro

PRODASEN – Secretaria Especial de Informática do Senado Federal

PT – Partido dos Trabalhadores

TAC – Termo de Ajustamento de Conduta

TARE – Termo de Acordo de Regime Especial

PREFÁCIO

Foi com grande satisfação que recebi o convite de Carlos Vinícius Alves Ribeiro para escrever o Prefácio desta obra, que corresponde à versão revisada de sua dissertação de mestrado, defendida na Faculdade de Direito da Universidade de São Paulo, perante banca examinada composta por mim, na qualidade de sua orientadora, Floriano de Azevedo Marques Neto e Letícia Queiroz Andrade.

Nem é preciso realçar a importância do tema referente ao papel do Ministério Público, tendo em vista a especial relevância que assumiu a partir da Constituição Federal de 1988. A instituição foi inserida em capítulo sobre as *funções essenciais à justiça*, ao lado da Advocacia Pública, da Advocacia e da Defensoria Pública.

Em texto sobre "O Ministério Público como instituição essencial à justiça", inserido em obra coletiva organizada pelo próprio Carlos Vinícius sob o título de *Ministério Público. Reflexões sobre Princípios e Funções Institucionais*, publicada pela Editora Atlas em 2010, realcei que a justiça, na expressão utilizada pela Constituição, assume um duplo sentido:

1. *justiça como instituição*, ou seja, como sinônimo de Poder Judiciário, porque este, embora detenha a mais relevante e eficaz forma de controle da Administração Pública e de proteção dos direitos individuais e coletivos, não tem legitimidade para dar início às ações judiciais; ele decide sobre os conflitos que lhe são postos e nos limites postos pelo advogado, pelo Defensor Público, pelo Advogado Público, pelo Promotor de Justiça. Sem esses profissionais, a justiça — como sinônimo de Poder Judiciário — não é acionada; ela não existe;

2. *justiça como valor*, já prevista no Preâmbulo da Constituição, a significar que ela constitui meta, ideal a ser alcançado e que, por isso mesmo, deve nortear a atuação de todos os Poderes do Estado.

Nesse papel de função essencial à Justiça, o Ministério Público recebeu novas atribuições com a Constituição de 1988. Nos termos do artigo 127, seus membros atuam na defesa da ordem jurídica, do regime democrático e dos interesses sociais e individuais indisponíveis.

Para esse fim, continua a exercer as funções de fiscal da lei e de titular da ação penal. No entanto, assumiu a legitimidade de novas ações, entre elas a ação civil pública, seja para defesa de interesses difusos e coletivos, como o patrimônio público, o meio ambiente, os direitos do consumidor, os direitos da criança e do adolescente, os interesses das populações indígenas, seja para fins de aplicação de penalidades aos responsáveis por atos de improbidade administrativa. Em todas essas funções, o Ministério Público impulsiona o Poder Judiciário para obter a proteção de interesses difusos e coletivos.

Também mantém o seu papel de fiscal da lei em processos que exigem essa fiscalização, por envolverem interesses relevantes.

Mas, ao lado dessas funções junto ao Poder Judiciário, o Ministério Público exerce várias atribuições administrativas, como o inquérito civil, o controle externo da atividade policial, a requisição de diligências investigatórias, as recomendações, os termos de ajustamento de conduta, além de funções junto aos Tribunais de Contas. Todas elas têm um papel de certo modo preventivo, na medida em que, ao produzir resultados positivos no controle da legalidade, evitam o recurso ao Poder Judiciário.

É a esse último tipo de atribuições, de natureza administrativa, que Carlos Vinícius dedica fundamentalmente o seu estudo na dissertação de mestrado.

Essa pesquisa buscou, em um primeiro plano, resgatar a origem e evolução dos Ministérios Públicos do Brasil para, em seguida, apresentar a instituição tal como concebida e estruturada pela Constituição de 1988.

A partir daí, sondando as atribuições que lhe foram conferidas, seja pelas normas constitucionais, seja pelas normas infraconstitucionais, o autor efetuou um corte entre, de um lado, as funções necessariamente exercidas perante o Judiciário, como a ação penal pública ou a ação civil pública, e, de outro lado, as funções que o Ministério Público desenvolve valendo-se de mecanismos próprios, principalmente na tutela de interesses cíveis metaindividuais.

Por meio de comparações com a atuação judicial, procurou demonstrar a maior eficiência e efetividade, além da economicidade das soluções de conflitos metaindividuais, valendo-se das ferramentas colocadas à disposição do Ministério Público na via administrativa, como a *recomendação* e o *ajustamento de conduta*.

Para tanto, foram apontados dados obtidos junto à Corregedoria do Ministério Público do Estado de São Paulo, bem como elementos resultantes de pesquisa voltada especificamente para a elaboração deste

PREFÁCIO | 23

trabalho, inclusive para apontar a diferença de tempo despendido na obtenção do bem da vida tutelado, quando se vale de uma ou outra forma de tutela — a judicial ou a administrativa.

Carlos Vinícius demonstrou também a preferência *a priori* do legislador pela utilização de quaisquer dos mecanismos administrativos de que dispõe o Ministério Público para alcançar seus misteres, em detrimento do ajuizamento de ações judiciais. Levando em conta essa preferência, foram apresentadas, no trabalho, as principais ferramentas de que dispõe a instituição para o cumprimento de sua missão. A exposição foi feita com observância da ordem de preferência dos instrumentos de atuação extrajudicial do Ministério Público, segundo uma *ratio* de proporcionalidade — mínima lesão — e eficiência.

Levando em conta que as atribuições extrajudiciais participam da natureza de atividades-fim do Ministério Público, o autor procurou identificar a natureza jurídica dessas funções, a partir da clássica divisão de funções do Estado, proposta por Montesquieu.

Para tanto, foi enfrentado o problema da caracterização das três funções do Estado, para o fim de procurar inserir entre as funções administrativas as atribuições extrajudiciais do Ministério Público. Definida essa natureza, ainda restava pesquisar se, no exercício dessas funções extrajudiciais, o Ministério Público dispõe de alguma parcela de discricionariedade e, em caso afirmativo, onde ela se localiza.

Finalmente, o autor analisou a instituição tal como ela se apresenta na realidade, apontando alguns equívocos e excessos cometidos por membros da instituição, para, a seguir, apresentar as balizas capazes de guiar e limitar a atuação extrajudicial dos agentes do Ministério Público, inclusive os instrumentos de controle.

O trabalho foi desenvolvido com grande propriedade, contribuindo para isso o fato de seu autor ser membro do Ministério Público do Estado de Goiás e ter se dedicado com afinco à pesquisa, unindo, portanto, o seu conhecimento prático ao conhecimento teórico aperfeiçoado durante o curso de pós-graduação realizado na Faculdade de Direito da Universidade de São Paulo e durante o desenvolvimento do trabalho de conclusão, que lhe deu o título de Mestre em Direito do Estado.

De posse desse título, Carlos Vinícius Alves Ribeiro é hoje Professor Substituto da Universidade Federal de Goiás.

Em nosso contato durante o curso, tive a oportunidade de bem conhecer o Carlos Vinícius e aprender a estimá-lo como aluno, como amigo e, hoje, como colega de Magistério.

Seu trabalho é da melhor qualidade e será de grande utilidade para os estudiosos do direito, especialmente os que, em sua atuação, esbarram a todo momento, com a atuação do Ministério Público.

Maria Sylvia Zanella Di Pietro

APRESENTAÇÃO

Quando recebi o convite do Carlos Vinícius para apresentar sua obra estranhei duplamente. De um lado por não entender como apresentar melhor que o próprio autor a sua obra. Depois porque imaginava que, após participar da banca que arguiu e aprovou a tese de mestrado que origina este livro, o autor nunca mais me dirigiria a palavra. Muito menos me honraria com este convite.

Mas, caro leitor, o autor do presente livro é daqueles que gostam de se expor às críticas, que prezam o debate acadêmico. Isso explica muito. Explica o convite, apesar de minhas críticas (na qualificação e, depois, como membro da banda). Críticas que foram não só respeitadas (embora rebatidas com a firmeza de quem está convicto de suas teses), mas recebidas com empolgação de quem vê nelas a oportunidade de amadurecimento intelectual, de aperfeiçoamento do que já se tinha por suficiente e bastante. Explica, também, boa parte das posições assumidas pelo autor neste livro. Carlos Vinícius não foge da polêmica, não se esquiva de enfrentar temas controversos e defender sua posição sobre cada qual. E explica porque um membro do Ministério Público se dispõe a questionar vários dos alicerces do regime institucional desse importante órgão da República.

Tudo isso o leitor percebe passando os olhos pelo conteúdo do livro.

Posso afirmar, relendo o que já tivera oportunidade de ler como projeto e como dissertação, que a obra final justifica o esforço do autor. É um livro de leitura obrigatória para todos aqueles que trabalham no, com ou em contraponto ao *parquet*. É obra rara, pois foge ao padrão dos livros que tratam do Ministério Público. Evita a dicotomia defesa corporativa *versus* crítica radical. Aborda de forma ponderada e serena várias questões que desde a Constituição de 1988 inquietam a doutrina e, em alguns casos, a jurisprudência.

A pesquisa história feita pelo autor é digna de nota. Carlos Vinícius se dedicou a algo que não é, entre nós, comum: a pesquisa do e no processo legislativo (especialmente da gênese constitucional). Outro aspecto, caro leitor, que merece destaque é a análise do *parquet* como um órgão de atuação não só judicial, mas também com relevantes competências de atuação extrajudicial (que eu ouso chamar de atribuições administrativas mandatórias). Inquéritos civis, recomendações e termos de ajuste de conduta são hoje instrumentos importantíssimos na prática da Administração Pública. Tornaram-se verdadeiros atos administrativos de acatamento necessário, o que transforma o MP numa instância administrativa externa à Administração Pública. Carlos Vinícius não só se apercebe disso, como deslinda vários dos aspectos polêmicos que tal atuação engendra.

Enfim, meu caro leitor, eis uma obra necessária e imperdível. Não fosse pelo seu conteúdo, seria pela qualidade do texto e pela ousadia do seu autor. Que não apenas tem a coragem de me convidar a apresentar seu livro, mas não teme desafiar o senso comum, contrariar seus pares e divergir de posições consolidadas. Sempre com argúcia e verve. Fica o convite à reflexão que o livro propicia. Boa leitura.

Floriano de Azevedo Marques Neto

INTRODUÇÃO

Pesquisar uma instituição, principalmente quando se tenta aproximar o que deveria ser e o que efetivamente é, é tarefa das mais duras. Quando essa instituição possui atipicidades como as encontradas no Ministério Público brasileiro, mais sinuosa ainda é a trilha. A dificuldade inicial, e que acompanha todo o trabalho, é ao mesmo tempo obstáculo e estímulo ao desenvolvimento desta pesquisa, na medida em que impõe a revisitação às clássicas doutrinas e aos institutos da Teoria do Estado e do Direito Administrativo, ladeado de um confronto com as normas edificadoras do Ministério Público no direito brasileiro, que, por muitas vezes, não encontrarão *habitat* certo nas classificações tradicionais.

Essa pesquisa buscou, em um primeiro plano, resgatar a construção dos Ministérios Públicos do Brasil, para, em seguida, apresentar a instituição recebida pelos brasileiros com a Constituição de 1988.

A partir disso, sondando as atribuições conferidas à instituição, seja pelas normas constitucionais, seja pelas normas infraconstitucionais, efetuou-se um corte entre as funções necessariamente exercidas perante o Judiciário, como a promoção da ação penal pública ou a ação civil pública, e as funções que o Ministério Público desenvolve valendo-se de mecanismos próprios, principalmente na tutela de interesses cíveis metaindividuais.

Por meio de comparações, demonstrou-se a maior eficiência e efetividade, além da economicidade, das soluções de conflitos metaindividuais, valendo-se das ferramentas colocadas à disposição do Ministério Público, como a recomendação e o ajustamento de conduta em relação às demandas judiciais.

Para tanto, foram apresentados dados colhidos pela Corregedoria do Ministério Público do Estado de São Paulo, bem como pesquisa empírica realizada exclusivamente para esse trabalho, onde se sondou, inclusive, a diferença de tempo na obtenção do bem da vida quando se vale de uma ou outra forma de tutela (judicial ou extrajudicial).

Demonstrou-se, também, a preferência *a priori* do legislador pela utilização de quaisquer dos mecanismos de que dispõe o Ministério Público para alcançar seus misteres em detrimento do ajuizamento de ações.

Com a constatação de que há uma via preferencial que deve ser privilegiada pelo membro do Ministério Público em relação ao demandismo, foram apresentadas as principais ferramentas de que dispõe a instituição para a satisfação de suas obrigações.

Essa apresentação foi posta de acordo com a ordem de manejo preferencial do *iter* de atuação extrajudicial da instituição, seguindo uma *ratio* de proporcionalidade — mínima lesão — e eficiência.

Efetuado, pois, o apartamento do que aqui se denomina funções extrajudiciais do Ministério Público, destacando-se que essas funções dizem com a atividade-fim da instituição e não com a sua gestão, buscou-se identificar a natureza jurídica dessas funções, partindo-se da clássica divisão de funções do Estado proposta por Montesquieu.

Para tanto, enfrentou-se o problema da caracterização das funções administrativas, optando-se, para fins desta pesquisa, por critérios que, segundo parece, são capazes de destacar a função administrativa das demais exercidas pelo Estado.

Eleitos, pois, os critérios, foi sondado se as funções extrajudiciais do Ministério Público enquadravam-se nessas funções. Com a resposta positiva, em um segundo plano, mapeou-se se, no exercício dessas atividades administrativas finalísticas, ao agente ministerial foi tributada alguma discricionariedade e onde ela reside. Antes, e por ser necessário, fixou-se o que se entende por discricionariedade para o presente trabalho, haja vista vasta carta conceitual e a ausência de consenso.

Nesse ponto, lançou-se os olhos para a realidade apresentada pela instituição no manejo de seu ferramental, buscando alguns equívocos e desbordamentos exemplares cometidos pelos agentes do Ministério Público no exercício de suas funções extrajudiciais.

Em seguida, apresentou-se o que se considerou os filtros e as balizas capazes de guiar e frenar a atuação extrajudicial dos agentes ministeriais, apontando as possíveis formas de controle.

A pesquisa, pois, será dividida em três grandes partes. O primeiro bloco apresentará a instituição a ser pesquisada, o Ministério Público. A apresentação das ferramentas extrajudiciais à disposição do Ministério Público para a solução de conflitos ficará no Capítulo 2, enquanto o último capítulo será dedicado aos desvios na utilização desses mecanismos e ao controle.

Feitas essas explicações, eis o trabalho.

CAPÍTULO 1

O MINISTÉRIO PÚBLICO

1.1 Ministério Público: antecedentes históricos

A origem do Ministério Público é controvertida. Muitos a buscam nos *magiaí* (LYRA, 2001), procuradores dos reis do Egito; outros, nos *thesmotetis* gregos, os funcionários que tinham a função de oferecer denúncias perante o Senado e a Assembleia do Povo nos crimes públicos, ou nos *éforos* espartanos, oficiais da antiga Esparta que tinham a função de fiscalizar a vida pública, inclusive a atuação do rei. Há, ainda, na Idade Média, aqueles que a apontam nos *saions* germânicos, funcionários com atuação marcadamente fiscal, mas que também tinham a atribuição de defender os incapazes e os órfãos.

Não obstante haver várias explicações para o surgimento do Ministério Público, a mais comum é a indicação da sua origem na ordenança em 25 de março de 1302, por Felipe IV, na França, que impôs aos seus procuradores o dever de prestarem o mesmo juramento dos juízes, o que significava que lhes era defeso o patrocínio de outros interesses que não os do rei.[1] A partir dessa regulamentação, creem muitos que o Ministério Público preexistia em relação a essa ordenança (RASSAT, 1967).

Parece certo, todavia, como pesquisou Mario Vellani (1965,[2] *apud* MAZZILLI, 1991, p. 4), que a expressão Ministério Público, ou *Ministère Public*, data do século XVIII:

---

[1] VELLANI, M. *Il pubblico ministero nel processo*. Bologna: Zanichelli, 1965.
[2] VELLANI, M. *Il pubblico ministero nel processo*. Bologna: Zanichelli, 1965.

Em algumas cartas de 1730 e 1736, do chanceler francês, recolheu o jurista peninsular algumas frases em que a expressão é usada, sem que se possa supor sua novidade: '[...] *lorsque le besoin de ministère public* [...]', '[...] *ceux qui exercent le ministère public* [...] *em honorant le ministère des gens da roi* [...]'. (grifos nossos)

Foi, de fato, com a Revolução Francesa que o Ministério Público se estruturou de forma mais eficiente, conferindo garantias aos seus integrantes, pois o Código de Napoleão proporcionou as primeiras diretrizes do que viria a ser o verdadeiro Ministério Público francês.

Seja como for, apenas é possível falar em Ministério Público no Estado Moderno, uma vez que, segundo a concepção weberiana (WEBER, 1972), este só é possível a partir de um grupamento humano, que, nos limites de um determinado território, reivindica o monopólio do uso legítimo da violência física.

A noção institucional de Ministério Público guarda íntima ligação com os processos de monopólio e racionalização do uso da força física pelo Estado, pois, historicamente, o Ministério Público é o órgão estatal que se especializou em deflagrar a perseguição penal, sendo corresponsável pelo manejo da força punitiva do Estado.

No tocante à expressão "Ministério Público", esta parece ter surgido, "na prática", quando os procuradores do rei falavam de seu mister, de seu ministério, unindo a esse vocábulo o adjetivo público para designar os interesses para os quais advogavam.

O termo "Ministério", substantivo derivado do latim *ministerium*, *minister*, denota o ofício de servo, uma vez que é derivado do léxico "servir". "Público", por sua vez, adjetivo que acompanha "Ministério", denota a ideia de interesse geral, de interesse público. Em sentido literal, a expressão diz aquilo que o senso comum dela consegue extrair.

Destaca Emerson Garcia (2008, p. 7) que a origem da expressão deve ser compreendida por meio da terminação *ter*, de *minister*, que tem por função marcar o comparativo diminutivo, derivado de *minus quam* (menor que). Com isso, adquire o significado de "o menor", aquele que serve, o servidor.

A partir daí, a expressão foi transplantada para outros Estados europeus, tendo sua primeira utilização em documentos oficiais, no Brasil, no Regimento das Relações do Império, datado de 02 de maio de 1847 (PIERANGELLI, 1968, p. 173).

1.2 Reconstruindo a história do Ministério Público brasileiro, em busca da gênese de suas funções extrajudiciais na tutela de interesses metaindividuais

1.2.1 A primeira fase da instituição

Ainda que o foco desta pesquisa não seja propriamente o *iter* de formação ou de construção do Ministério Público que atualmente se apresenta no Estado brasileiro, é fundamental percorrer esse caminho para que se compreendam os fundamentos da atuação do Ministério Público na área cível, especialmente na tutela de interesses metaindividuais, bem como para que seja possível, ao final deste caminho, efetuar o corte entre as funções judiciais e extrajudiciais da instituição.

O Ministério Público brasileiro surgiu na era colonial, quando aqui se aplicavam as Ordenações Manuelinas de 1521. O Livro I, Título XI, tratava do "Procurador dos Nossos Feitos", enquanto o Título XII do mesmo livro se referia ao "Do Promotor da Justiça da Casa da Sopricaçam".

Em 1603, as Ordenações Filipinas definiram com mais precisão as atribuições do "Procurador dos Feitos da Coroa" (Livro I, Título XII), do "Procurador dos Feitos da Fazenda" (Livro I, Título XIII), do "Promotor de Justiça da Casa de Suplicação" (Livro I, Título XV) e do "Promotor de Justiça da Casa do Porto" (Livro I, Título XLIII).

Quando da criação do Tribunal da Relação da Bahia, em 07 de março de 1609, que correspondia ao que hoje são os Tribunais de Justiça, o Procurador dos Feitos da Coroa, Fazenda e Fisco atuavam como Promotores de Justiça. Havia ali, ainda, a confusão entre o que seriam, muito tempo depois, as Procuradorias e o Ministério Público.

A cisão embrionária parece ter surgido em 1808, quando o então Tribunal da Relação do Rio de Janeiro, que havia sido criado em 1751 para julgar os recursos da Relação da Bahia, transformou-se em Casa da Suplicação do Brasil. Isso ocorreu devido à transferência da Corte para o Brasil, naquele mesmo ano, em decorrência das Guerras Napoleônicas.

A Casa de Suplicação tinha competência para, em última instância, conhecer os processos originados no Brasil, que até então estavam sujeitos aos recursos da Casa de Suplicação de Lisboa. Ao realizar um paralelo com o que temos hoje, pode-se considerar a Casa de Suplicação como sendo o Supremo Tribunal Federal.

Na Casa de Suplicação atuavam um Regedor, um Chanceler, Desembargadores dos Agravos, Corregedores do Crime, Corregedores do Cível da Corte, Juízes dos Feitos da Coroa e Fazenda, Ouvidores das

Apelações dos Crimes, Procurador dos Feitos da Coroa, Procuradores dos Feitos da Fazenda, Juiz da Chancelaria e Procurador da Justiça.

A partir disso, pela primeira vez foi realizada a separação das atribuições do que, anos depois, tornar-se-iam o Ministério Público e as Procuradorias. Esse pode ser considerado, portanto, o marco jurídico do Ministério Público brasileiro, pois até então havia uma confusão nas atribuições.

Logo em seguida, em 1832, o Código de Processo Criminal do Império previu o Promotor de Justiça como órgão titular da ação penal.[3]

A Lei nº 261, de 03 de novembro de 1841, reformou o Código de Processo Criminal, dando ao Imperador e aos Presidentes das Províncias competência para nomear os Promotores de Justiça para as comarcas, escolhidos em lista tríplice proposta pelas Câmaras Municipais. Nessa mesma oportunidade, os Promotores de Justiça ficaram subordinados aos Juízes de Direito, que eram responsáveis por fixar-lhes a remuneração por arbitramento.

Uma nova reforma nesse código, em 1851, previu a possibilidade de os promotores serem demitidos *ad nutum*, tanto pela Câmara Municipal, quanto pelo Poder Executivo.

Em 1891, a Constituição não fez qualquer referência ao Ministério Público, mas sim ao Procurador-Geral da República (art. 58, §2º), sendo este um integrante do Poder Judiciário a ser escolhido pelo Presidente da República dentre os membros da cúpula do Judiciário.

Pelo Decreto nº 848, de 11 de outubro de 1890, o Ministério Público passa a ser tratado como instituição. No artigo 24, alínea "c", destacaram-se suas atribuições no âmbito federal, no qual deveria atuar como "defensor da lei, fiscal de sua execução, procurador do interesse geral, promotor da ação pública contra violação do direito, assistente dos sentenciados, dos alienados, dos asilados e dos mendigos, requerendo o que for a bem da justiça e dos deveres de humanidade".

---

[3] "Capítulo III – Das pessoas encarregadas da Administração da Justiça nos Termos: Secção III – Dos Promotores Públicos:
Art. 37. Ao promotor pretencem as attribuições seguintes:
§1º Denunciar os crimes publicos e policiaes, e accusar os delinquentes perante os jurados, assim como os crimes de reduzir á escravidão pessoas livres, e carcere privado, homicídio, ou tentativa delle, ou ferimentos com as qualificações dos arts. 202, 203 e 204 do Código Criminal, e roubos; calumnias e injurias contra o Imperador e membros da familia imperial, contra a regencia e cada um dos seus membros, contra a assembléia geral, e contra cada uma das camaras."

1.2.2 A gênese da atuação na esfera cível

Em 1916, o Código Civil brasileiro que vigeu até recentemente, atribuiu ao Ministério Público a função de *custos legis* em inúmeras matérias. A instituição passou a ser, ainda no começo daquele século, curadora das fundações, dos matrimônios, dos interesses dos menores e incapazes, entre outras várias atribuições.

Surgem então, aqui, as primeiras atuações do Ministério Público, na área cível, vinculadas a processos relativos aos direitos individuais indisponíveis ou envolvendo pessoas consideradas incapazes. Essas duas características marcarão, decisivamente, a atuação ministerial na área cível, como conclui Rogério Bastos Arantes (2002, p. 26): a "incapacidade individual e a indisponibilidade de certos direitos são os dois princípios originários que justificam a presença do Ministério Público na esfera cível".

A Constituição de 1934, em um capítulo à parte (Título I, Cap. VI, Secção I, arts. 95 a 98), dispensou ao Ministério Público atenção maior que a Constituição anterior. Previa que lei federal deveria organizar o Ministério Público da União e do Distrito Federal e quais leis locais regeriam os Ministérios Públicos dos Estados. Introduziu também a participação do Senado na escolha do Procurador-Geral da República, garantindo-lhe vencimentos iguais aos dos ministros da Corte Suprema. Os membros do Ministério Público, com essa Carta, passaram a gozar de estabilidade funcional, por ingressarem na carreira por meio de concurso público, e, uma vez nomeados, só perderiam o cargo nos termos da lei e por sentença judicial ou decisão proferida em processo administrativo, assegurada a ampla defesa.

Não obstante esse avanço, o Ministério Público ainda era dependente do Executivo, sendo tratado e utilizado como instrumento político dos governantes, pelo menos até a Constituição de 1946.

Apesar de a legislação infraconstitucional, especialmente o Código Civil, ter agregado novas atribuições ao Ministério Público, além da de titular da ação penal pública, a Constituição seguinte, de 1937 (Estado Novo), sequer fez menção à instituição.

Mesmo assim, dois anos depois, o Código de Processo Civil reforçou expressamente a função de *custos legis*, passando a instituição a ofertar pareceres em ações que tinham como objeto os interesses de famílias, crianças, incapazes, bem como em matéria registral. Inicia-se a fase do "parecerismo", que marcaria a atuação do Ministério Público, quando não autor de ações, até os dias atuais.

O Decreto-Lei nº 3.689/41 adicionou às atribuições do Ministério Público a prerrogativa de requisitar a instauração de inquéritos policiais, criando, pela primeira vez em sua história, a possibilidade de requisição direta, sem intervenção do Poder Judiciário. É nesse ponto que surge a primeira função extrajudicial do Ministério Público, ligada à persecução penal e, portanto, alheia ao presente estudo.

A Constituição que se seguiu, de 1946, volta a fazer referência ao Ministério Público. Pela primeira vez na história constitucional brasileira essa instituição é desvinculada dos demais poderes. Foi nessa Carta que também se fez a previsão de um Ministério Público para as questões de interesse da União e outro para as dos Estados.[4]

A Constituição de 1967 trouxe o Ministério Público também em seção específica, mas, dessa vez, ao contrário do que havia feito a Constituição de 1946, dentro do capítulo sobre o Poder Judiciário.[5] Se,

---

[4] "Do Ministério Público:
Art. 125 – A lei organizará o Ministério Público da União, junto a Justiça Comum, a Militar, a Eleitoral e a do Trabalho.
Art. 126 – O Ministério Público federal tem por Chefe o Procurador-Geral da República. O Procurador, nomeado pelo Presidente da República, depois de aprovada a escolha pelo Senado Federal, dentre cidadãos com os requisitos indicados no artigo 99, é demissível *ad nutum*.
Parágrafo único – A União será representada em Juízo pelos Procuradores da República, podendo a lei cometer esse encargo, nas Comarcas do interior, ao Ministério Público local.
Art. 127 – Os membros do Ministério Público da União, do Distrito Federal e dos Territórios ingressarão nos cargos iniciais da carreira mediante concurso. Após dois anos de exercício, não poderão ser demitidos senão por sentença judiciária ou mediante processo administrativo em que se lhes faculte ampla defesa; nem removidos a não ser mediante representação motivada do Chefe do Ministério Público, com fundamento em conveniência do serviço.
Art. 128 – Nos Estados, o Ministério Público será também organizado em carreira, observados os preceitos do artigo anterior e mais o princípio de promoção de entrância a entrância."

[5] "Do Ministério Público:
Art. 137 – A lei organizará o Ministério Público da União junto aos Juízes e Tribunais Federais.
Art. 138 – O Ministério Público Federal tem por Chefe o Procurador-Geral da República, o qual será nomeado pelo Presidente da República, depois de aprovada a escolha pelo Senado Federal, dentre cidadãos com os requisitos indicados no art. 113, §1º.
§1º – Os membros do Ministério Público da União, do Distrito Federal e dos Territórios ingressarão nos cargos iniciais de carreira, mediante concurso público de provas e títulos. Após dois anos de exercício, não poderão ser demitidos senão por sentença judiciária, ou em virtude de processo administrativo em que se lhes faculte ampla defesa; nem removidos, a não ser mediante representação do Procurador-Geral, com fundamento em conveniência do serviço.
§2º – A União será representada em Juízo pelos Procuradores da República, podendo a lei cometer esse encargo, nas Comarcas do interior, ao Ministério Público local.
Art. 139 – O Ministério Público dos Estados será organizado em carreira, por lei estadual, observado o disposto no parágrafo primeiro do artigo anterior.
Parágrafo único – Aplica-se aos membros do Ministério Público o disposto no art. 108, §1º, e art. 136, §4º."

de uma banda, foi um retrocesso em relação à Constituição anterior, de outra, trouxe avanços, principalmente por proporcionar aos membros do Ministério Público as mesmas garantias e prerrogativas do Poder Judiciário.

Interessante observar como o Ministério Público cresceu em prerrogativas no período militar, ainda que em um primeiro momento isso aparente certa incompatibilidade com a instituição. Desde 1964 o Ministério Público avançou em prerrogativas exatamente por ser o braço jurídico-institucional do regime militar e uma importante ferramenta do regime.

Vinculado ainda — em um primeiro momento — ao Executivo, desempenhava função estratégica para os militares, que fizeram da Procuradoria-Geral da República importante agente de institucionalização da "revolução", isto é, de impor o governo pela lei.

Essa tentativa de institucionalizar o poder pela lei, inclusive constitucional (atos, emendas e a própria Constituição de 1967), servia para impor limitações a todos, menos aos "constituintes originários". Surge nesse período a ação protagonista do Ministério Público: fiscalizar a observância das leis editadas sob a batuta militar, garantindo sua observância e implementação. Havia uma ambígua preocupação dos militares em realçar a legalidade e a constitucionalidade, ganhando a instituição, em decorrência disso, mais força.

Em novembro de 1965, por meio da Emenda Constitucional nº 16, criou-se a representação por inconstitucionalidade de lei ou ato normativo, cuja legitimidade exclusiva era do Procurador-Geral da República (PGR), podendo este representar ao Supremo pleiteando a inconstitucionalidade de leis ou atos normativos, inclusive estaduais, bem como a intervenção federal nos estados da federação em decorrência dessa inconstitucionalidade. O PGR torna-se, então, fiscal dos interesses da União nos Estados.

Logo em seguida, em 1966, o Ato Institucional nº 4 convocou o Congresso Nacional, então fechado em outubro daquele ano, para aprovar a nova Constituição, que previa, no artigo 151, a atribuição do PGR para representar perante o Supremo contra aqueles que abusassem de alguns dos direitos individuais previstos no artigo 150 da mesma Carta, tais como a liberdade de manifestação, de pensamento, de convicção política, de reunião e de associação.

A junta militar que governava o país promoveu, três anos depois, uma ampla reforma constitucional, por meio da Emenda nº 1, que, mais uma vez, inseriu o Ministério Público ao Poder Executivo (estava inserido naquele momento no Poder Judiciário), retirando, ainda, a participação do Senado na escolha do chefe da instituição.

1.2.3 O Ministério Público na defesa do interesse público

Em meio a tudo isso, começaram a ser colocadas em prática, no Brasil, as ideias de Chiovenda,[6] que serviram de alicerce para o Anteprojeto Buzaid, de 1964. O autor italiano fazia referência ao elemento nuclear das funções institucionais do Ministério Público ao defender que cabia à instituição velar pelas leis, pela administração da justiça, bem como tutelar o interesse das pessoas destituídas de plena capacidade jurídica.

Essas ideias foram disseminadas no Brasil por Liebman (2005, p. 133), que definia o Ministério Público como o "órgão instituído para promover a atuação jurisdicional das normas de ordem pública".

Quase dez anos depois da apresentação do projeto, em 1973, o Código de Processo Civil, em seu artigo 82, encampou definitivamente essa ideia, estampando a necessidade de intervenção do Ministério Público em todas as causas em que houvesse interesse público, evidenciado pela natureza da lide ou pela qualidade da parte.

Quinze anos antes da Constituição de 1988, portanto, esse dispositivo do Código de Processo Civil dá o primeiro passo rumo ao novo Ministério Público, que surgiria apenas com a Constituição Republicana Democrática. Essa nova função de defensor do interesse público desencadeia uma série de ações até então inimagináveis para uma instituição com atuação marcadamente penal e vinculada aos desejos do Executivo. Não foi por acaso, portanto, que o Código de Processo Civil fez referência a essa nova atribuição ministerial.

Em 1971, um Promotor de Justiça do Rio Grande do Sul chamado Sérgio da Costa Franco (1973, p. 203) defendeu, no I Congresso do Ministério Público do Estado de São Paulo, a tese intitulada "Sobre a conveniência da ampliação das atribuições processuais do Ministério Público como *custos legis*".

Franco pretendia que o Ministério Público tivesse atuação garantida como *custos legis* nas ações envolvendo interesses de pessoas jurídicas de direito público. A intenção clara do autor era aumentar a fiscalização sobre o erário, tarefa que, segundo advogava, apenas o Ministério Público tinha condição de cumprir com isenção.

A tese de Franco acabou sendo comprada pelo Projeto Buzaid de maneira distorcida. A redação que chegou ao congresso não foi a redação aprovada. No texto sancionado, não se fez menção expressa

---

[6] CHIOVENDA, G. *Instituições de Direito Processual Civil.* São Paulo: Livraria Acadêmica Saraiva e Cia, 1942.

às pessoas jurídicas de direito público, deixando, ainda, a definição do que era interesse público para o legislador suplementar:

> Entretanto [...] o art. 84 do Projeto de Lei 810 foi novamente alterado, por iniciativa do deputado Amaral de Souza, cuja emenda restabeleceu o espírito da proposta gaúcha e acabou resultando na redação finalmente aprovada pelo Congresso: 'compete ao Ministério Público intervir em todas as demais causas em que há interesse público, evidenciado pela natureza da lide ou qualidade da parte'. Segundo o deputado, a substituição da cláusula final — na forma determinada pela lei — pela menção aos dois elementos informadores do interesse público seria a maneira mais eficiente de 'obter texto legal assegurador da intervenção do Ministério Público em todas as causas que envolvam as pessoas públicas de direito interno e suas autarquias, como *custos legis*, pois inquestionável o interesse público em tais demandas, ressaltado pela simples presença das entidades públicas. (ARANTES, 2002, p. 33)

Com o inciso III do art. 82 do Código de Processo Civil utilizando a expressão "interesse público", mas não definindo com precisão qual seria esse interesse deflagrador da atuação do Ministério Público e tampouco permitindo que legislações complementares o fizessem temendo restrição excessiva, descortina-se para a instituição um horizonte de atuação bem mais amplo do que pretendia Franco em sua tese.

Aprovado o novo código, o Ministério Público tratou de ampliar ao máximo a atuação na defesa do interesse público, ante, principalmente, a formulação genérica do artigo 82 (natureza da lide).

Ainda que a intenção original fosse criar um mecanismo de intervenção do Ministério Público nas ações em que figuravam pessoas jurídicas de direito público, sob o argumento defendido por Franco de que o Ministério Público seria um *plus* na defesa dos interesses do Estado, com a redação aprovada permitiu-se que o Ministério Público se descolasse da formulação primeira, dando início a uma noção de interesse público bem mais ampla do que a pretendida inicialmente, inclusive podendo ser contraposta aos interesses do próprio Estado.

Nessa quadra, com um dispositivo legal a favor da instituição, surge a tese de que o Ministério Público se transformara no guardião do interesse público e não mais seria o advogado da administração ou o cocontrolador das entidades de direito público. "[...] Identificamos neste momento o ponto de inflexão na virada histórica do Ministério Público rumo à almejada posição de tutor dos interesses da sociedade, processo que só se completará com o texto constitucional de 1988" (ARANTES, 2002, p. 35).

Ganha coro, em decorrência disso, o discurso de que não fazia sentido uma instituição ser vocacionada à defesa do interesse público que, segundo Antônio Cláudio da Costa Machado (1989, p. 333), é evidenciado pela natureza da lide ou pela qualidade da parte, dois critérios reduzidos à indisponibilidade que justifica a atuação do Ministério Público, inclusive contra, em grande medida, o Poder Executivo, e ser essa instituição integrante desse mesmo Executivo. Com essa construção, o Ministério Público dá início a um novo pleito, dessa vez em busca da autonomia e independência em relação aos clássicos "poderes" do Estado.

Desse rápido *replay* histórico percebe-se que o Ministério Público se agigantou durante o regime militar, que utilizava a instituição como instrumento de controle dos cidadãos e das administrações públicas estaduais e municipais. Seja como for, os membros do Ministério Público fizeram confluir os interesses da própria instituição com os interesses do regime, ganhando em atribuições.

1.2.4 A primeira lei orgânica do Ministério Público

Fechado o parêntese e retornando à linha cronológica, surge, em abril de 1977, a Emenda Constitucional nº 7, conhecida como o "Pacote de Abril". Entre outras medidas, a emenda estabeleceu a necessidade de o Presidente da República instituir, por lei complementar, a organização dos Ministérios Públicos Estaduais. Foi o passo inicial para a primeira Lei Orgânica do Ministério Público, que surgiria quatro anos depois, fruto, principalmente, da pressão exercida pela Confederação das Associações Estaduais do Ministério Público, criada em 1970, quando da realização do III Congresso Fluminense do Ministério Público.[7]

Já no artigo 1º da Lei Complementar nº 40, de 1981, o Ministério Público foi definido como instituição permanente e essencial à função jurisdicional do Estado, além de responsável, perante o Judiciário, pela defesa da ordem jurídica e dos interesses indisponíveis da sociedade, pela fiel observância da Constituição e das leis. A unidade, a indivisibilidade e a autonomia funcional foram também previstas na LC nº 40, além de ser, pela primeira vez, prevista em um diploma a possibilidade de o Ministério Público poder ajuizar ação civil pública nos termos da Lei.

---

[7] Em agosto de 1978, na Assembleia Geral extraordinária realizada em Goiânia, alterou-se o nome para Confederação Nacional do Ministério Público e, mais tarde, em 1993, finalmente, para Associação Nacional do Ministério Público, mantendo-se a abreviação CONAMP.

O grande mérito da Lei Orgânica, além de ter lançado as bases para o Ministério Público independente que surgiria em seguida com a Constituição da República de 1988, foi pavimentar a via para a unidade organizacional dos Ministérios Públicos Estaduais. A partir de então, os Procuradores-Gerais seriam escolhidos por membros da própria carreira, que confeccionariam lista tríplice, de onde o chefe do Executivo apontaria o Procurador-Geral.

1.2.5 O nascimento da "ação civil pública"

Para o presente estudo, mais importante que a LC nº 40 foi a Lei nº 6.938, de 02 de setembro de 1981, conhecida como Lei da Política Nacional do Meio Ambiente, que marcou juridicamente a existência de um direito difuso — o meio ambiente —, que seria defendido em juízo com o manejo de um novo instrumento processual, qual seja, a ação de responsabilização civil e criminal. Essa norma é, pois, o embrião da tutela pelo Ministério Público dos interesses metaindividuais.

A Lei nº 6.938/81 não apenas formalizou a existência de um direito transindividual e forneceu o instrumento para tutelá-lo, mas atribuiu ao Ministério Público a exclusividade no manejo dessa ferramenta (ação de responsabilidade), fazendo surgir, exatamente por isso, o nome de batismo desse instrumento, "ação civil pública", um paralelo em relação à ação penal pública, cuja titularidade tradicionalmente sempre foi atribuída ao Ministério Público.

Três meses depois, a já citada Lei Complementar nº 40 fazia referência expressa, no artigo 3º, inciso III, à função institucional do Ministério Público de promover a ação civil pública.

Interessante perceber que, ao contrário do que erroneamente se costuma afirmar, a ação civil pública para a tutela de interesses transindividuais preexistiu à própria lei de ação civil pública.

Nessa altura, e por dizer respeito essencialmente ao núcleo desta pesquisa, abrir novo parêntese para demonstrar a origem, no Brasil, da doutrina de tutela de interesses coletivos, mostra-se essencial.

1.2.6 A doutrina de tutela dos interesses de metaindividuais

Anos antes da Lei de Política Nacional do Meio Ambiente, em meados da década de 1970, a doutrina nacional, fortemente influenciada por doutrinadores italianos como Andrea Proto Pisani, Vittorio Denti,

Vincenzo Vigoriti, Nicolò Trocker, e, em especial, Mauro Cappelletti e seu artigo denominado "Formazioni sociali e interessi di gruppo davanti allá guistizia", publicado em 1975, começaram a debater a forma ideal de tutela dos direitos e interesses que transbordavam a esfera individual.

O jurista italiano, após demonstrar que o direito processual estava passando por uma grande transformação ante a complexidade da sociedade da época e da insuficiência dos meios de tutela de interesses individuais, questionava o acesso à justiça dos interessados em proteger os direitos coletivos.

As soluções possíveis, afirmava Cappelletti (1988), quais sejam, a de possibilitar que os próprios indivíduos lesados buscassem a tutela de interesses que lhes transcendiam ou, de outra banda, a de buscar uma solução pública, outorgando ao Ministério Público a defesa desses direitos, eram sofríveis, principalmente por, no primeiro caso, ser patente a desvantagem do indivíduo na tutela dos interesses transindividuais e, no segundo, por serem os Promotores de Justiça incapazes, por falta de conhecimento técnico específico, de defenderem juridicamente esses novos direitos, bem como por estarem muito ligados ao Poder Executivo, muitas vezes o próprio causador da lesão. Concluía Cappelletti (idem, p. 51):

> [...] a triste constatação é que, tanto em países de *common law*, como em países de sistema continental europeu, as instituições governamentais que, em virtude de sua tradição, deveriam proteger o interesse público, são por sua própria natureza incapazes de fazê-lo. O Ministério Público dos sistemas continentais e as instituições análogas, incluindo o *Staatsanwalt* alemão e a *Prokuratura* soviética, estão inerentemente vinculadas a papéis tradicionais restritos e não são capazes de assumir, por inteiro, a defesa dos interesses difusos recentemente surgidos.

Na esteira de sua conclusão, Cappelletti sugere a criação de um órgão especializado na tutela dos interesses difusos, a exemplo dos *ombudsman* suecos, bem como a extensão da legitimidade de agir a indivíduos e associações privadas, somadas a atribuição de novos poderes aos juízes para que fosse possível, em tutelas metaindividuais, a ampliação dos efeitos de suas decisões.

A proposta de Cappelletti tinha a intenção de fortalecer os entes intermédios na tutela de direitos metaindividuais, garantindo-se, assim, o acesso à justiça, a subsidiariedade da atuação estatal e a emancipação da sociedade. Essa doutrina, aliás, é fruto de forte influência de algumas encíclicas papais, entre elas a *rerum novarum*.

Referido trabalho causou impacto na doutrina brasileira, que também debateu o tema, em especial Barbosa Moreira, com seu trabalho "A ação popular no direito brasileiro como instrumento de tutela jurisdicional dos chamados interesses difusos" (1977), Waldemar Mariz de Oliveira Júnior, no artigo intitulado "Tutela jurisdicional dos interesses coletivos" (1978) e Ada Pellegrini Grinover, em "A tutela jurisdicional dos interesses difusos" (1979). Todos esses autores passaram também a rejeitar a legitimidade do Ministério Público no manejo de instrumentos jurídicos destinados à proteção de interesses transindividuais.

Houve, obviamente, pronta reação do Ministério Público, em especial de Édis Milaré, Nelson Nery Jr. e Antônio Augusto Mello de Camargo Ferraz, que, no começo da década de 1980, elaboraram um trabalho intitulado "A ação civil pública", no qual defendiam a possibilidade de o Ministério Público ser o guardião dos novos interesses coletivos.

1.2.7 A lei de ação civil pública

Em 1982 realizou-se, na Faculdade de Direito do Largo de São Francisco, o primeiro seminário brasileiro sobre interesses difusos, coordenado pela Professora Ada Pellegrini Grinover. Ao cabo daquele evento, formou-se uma comissão de juristas, composta pela própria organizadora e pelos professores Cândido Rangel Dinamarco e Kazuo Watanabe para a confecção de um anteprojeto de lei relativo à tutela dos interesses metaindividuais. Em 1983, concluído o projeto, este foi amplamente debatido e, finalmente, apresentado ao Congresso Nacional pelo deputado Flávio Bierrenbach (Projeto de Lei nº 3.034/84), em 1984.

Todavia Nery, Milaré e Camargo Ferraz, aproveitando o esqueleto do anteprojeto confeccionado pela comissão de juristas, fizeram modificações pontuais que fortaleciam o Ministério Público na tutela dos interesses metaindividuais, retirando força das associações civis e demais entes intermediários. Essa proposta foi feita no XI Seminário Jurídico dos Grupos de Estudos do Ministério Público do Estado de São Paulo, em São Lourenço, no ano de 1983.

Em junho de 1984, na esteira do que havia feito a comissão de juristas, o então presidente da CONAMP, Luiz Antônio Fleury Filho, encaminhou o projeto do Ministério Público ao Ministro da Justiça de Figueiredo, Ibrahim Abi-Ackel, que, após longo estudo e debate com membros da instituição, enviou também o projeto ao Congresso Nacional.

O projeto do Ministério Público tramitou rapidamente e seguiu para a sanção do então presidente José Sarney no início de julho de 1985. Durante todo o mês e até a promulgação, que aconteceu no dia 24, houve intenso debate, inclusive envolvendo a mídia, sobre a nova lei que estava prestes a ser sancionada. De um lado, o Ministério Público pedia ao presidente a sanção; de outro, a comissão de juristas pedia o veto ao artigo 9º, que, segundo eles, priorizava o Ministério Público em detrimento das associações.

A reação contra o artigo 9º fazia todo o sentido em 1985, considerando que o Ministério Público ainda integrava o Poder Executivo, sendo serviente, portanto, naquela quadra da história brasileira, muito mais aos interesses do Estado do que propriamente aos dos cidadãos.

Ao final, todavia, a lei foi sancionada, o que significou um enorme avanço para o Ministério Público, especialmente por ter sido colocado à sua disposição, e, mais relevante ainda, apenas à sua disposição, o inquérito civil público, que não estava sequer previsto no projeto da comissão de juristas.

1.2.8 O surgimento da atuação extrajudicial

O artigo 5º, §1º, do projeto apresentado pelo Ministério Público previa a possibilidade de o integrante do Ministério Público instaurar, sob sua presidência, inquérito civil, ou requisitar das autoridades competentes ou de qualquer organismo público ou particular as certidões e informações que julgassem necessárias, bem como a realização de perícias no prazo que assinalar. O dispositivo foi aprovado, transformando-se no artigo 8º, §1º, da LACP.

A previsão de um instrumento de investigação pré-judicial presidido pelo Ministério Público, um dos legitimados para o ajuizamento de ações civis públicas, não encontra correspondente no direito comparado e inaugura uma nova arena de solução de litígios transindividuais em fase extrajudicial.

Os críticos desse instrumento indicam que, ao adotar o nome de "ação civil pública" e permitir somente ao Ministério Público instaurar e presidir ICP e expedir requisições, prevendo inclusive crime para o caso de seu descumprimento, torna clara a diferença entre as associações e o Estado (Ministério Público) na tutela do interesse transindividual. Não obstante o Ministério Público não ser o único legitimado para propor as ações para tutela de interesse metaindividual, é o único que possui as ferramentas capazes de buscar elementos, por meios próprios, necessários à formação de sua convicção. Isso significa que, conquanto os demais legitimados ajuizarão ações coletivas com as informações que lhes chegaram, muitas vez insuficientes, o Ministério Público tem a possibilidade de, ante informações superficiais, investigar e buscar mais elementos para o sucesso de suas ações.

Esse quadro é terreno fértil para o fenômeno do tipo *free-riding*, em que as associações não agem aguardando que o Ministério Público o faça. Isso torna a sociedade, portanto, sempre dependente da ação ministerial e, em consequência, fortalece cada vez mais a instituição em detrimento da sociedade. "Causa e consequência se reforçam num discurso imbatível: uma sociedade civil incapaz requer um Ministério Público forte e o Ministério Público deve ser forte porque a sociedade civil é incapaz" (ARANTES, 2002, p. 75).

Em 1985, o Ministério Público passa a ser municiado não apenas com a ação civil pública, instrumento judicial de solução de litígios de metaindividual, mas, e principalmente, com o inquérito civil público, em cujo bojo passará a poder valer-se de outras ferramentas, como a recomendação e o ajustamento de conduta, que, como se verá mais tarde, redundará na edificação de uma nova rinha de soluções não judicializadas de conflitos de metaindividual.

Havia, todavia, uma grande falha no sistema de atuação ministerial, qual seja, a dependência do Poder Executivo. Ainda naquele ano de 1985, com o apoio financeiro do Governo do Estado de São Paulo, na época sob a batuta de Franco Montouro, a CONAMP realizou o V Congresso Nacional do Ministério Público, com o tema "Ministério Público e Constituinte", no qual foram iniciados os debates sobre o futuro do Ministério Público na Constituinte que, possivelmente, se avizinhava. Naquele evento, a CONAMP apresentou um questionário aos membros do Ministério Público, sendo a primeira questão sobre onde deveria ser alocado o Ministério Público na Constituição, tendo a maioria respondido que deveria ser independente de quaisquer "poderes".

É exatamente por tal motivo que se mostra fundamental demonstrar o "trabalho de bastidores" de membros do Ministério Público na Constituinte de 1988, o que é sonegado pela *doutrina engajada* — expressão cunhada por Floriano de Azevedo Marques Neto —, possibilitando, assim, uma interpretação mais complexa das novas funções e dos princípios garantidores de prerrogativas aos membros do Ministério Público.

1.3 O novo Ministério Público brasileiro

1.3.1 A Constituinte[8]

Se o Ministério Público alcançou, na Constituição de 1988, a independência e a autonomia em relação aos outros "poderes", isso aconteceu graças, uma vez mais, à atuação dos membros da própria instituição, que laboraram, como visto, durante toda a história ministerial recente, como *institucional builders*, e, em especial, nessa nova luta, no anteprojeto conhecido como "Carta de Curitiba".

A "Carta de Curitiba"[9] foi basicamente a harmonização de cinco fontes, quais sejam, os textos legislativos já existentes, as teses aprovadas no VI Congresso Nacional do Ministério Público, as respostas dadas pelos membros do Ministério Público a um questionário apresentado pela CONAMP, o anteprojeto de Sepúlveda Pertence apresentado à Comissão Afonso Arinos e o texto provisório, elaborado por uma comissão designada pela CONAMP, oriunda do encontro dos Ministérios Públicos do Brasil, em junho de 1986, em Curitiba.

Com a morte de Tancredo Neves, Sarney assumiu a Presidência da República e, com a Mensagem Presidencial nº 330, de 18 de junho de 1985, mudou os rumos do país, submetendo ao Poder Legislativo a proposta que resultaria na Emenda Constitucional nº 26, de 27 de novembro de 1985, ato este que convocou a Assembleia Nacional Constituinte, que se instalou em 1º de fevereiro de 1987, sob a presidência do Ministro José Carlos Moreira Alves, na qualidade de Presidente do Supremo Tribunal Federal.

No dia seguinte, 02 de fevereiro de 1987, foi empossado como presidente da Assembleia Constituinte Ulisses Guimarães, coordenando a maior bancada, que era a do PMDB.

Instalada a Assembleia, Antônio Araldo Ferraz Dal Pozzo tomou frente nos trabalhos da Constituinte, na condição de Secretário-Geral da CONAMP. Essa Assembleia foi dividida em 24 subcomissões temáticas,

---

[8] A pesquisa sobre o Ministério Público na Constituinte foi desenvolvida levando-se em conta os anais da Constituinte. Contei com o apoio especial do Dr. Tito Amaral, que me abasteceu com o acervo do Senado Federal. Foi-me igualmente útil as entrevistas por mim realizadas com o Dr. Antônio Araldo Dal Pozzo, em 03.12.2008 e Dr. Luiz Antônio Guimarães Marrey, em 04.11.2010.

[9] "Na Carta de Curitiba escrevemos um sonho, que, felizmente, a Assembléia Nacional Constituinte celeremente ultrapassou!" (Antônio Araldo Ferraz Dal Pozzo, em palestra proferida no auditório do Ministério Público em Goiânia, no dia 03 de dezembro de 2008, na qual descreveu a atividade dos membros do Ministério Público na Assembleia Nacional Constituinte de 1988).

dentre elas a Subcomissão do Poder Judiciário e do Ministério Público. Plínio Soares de Arruda Sampaio, então Deputado Constituinte do PT paulista, que havia sido Promotor de Justiça mas fora cassado pelo golpe de 1964, apresentou texto sobre o Ministério Público elaborado por ele próprio, sem a participação, até então, da CONAMP.

Dal Pozzo, naquele momento, marcou uma visita à casa do deputado e, juntamente com Cláudio Ferraz de Alvarenga, então Procurador-Geral de Justiça do Estado de São Paulo, apresentaram-lhe a "Carta de Curitiba", detalhando a Sampaio o desenho do Ministério Público que seus membros queriam na Constituição que estava por vir. O deputado, receptivo, acatou as ideias que, mais tarde, apareceram em seu "Relatório sobre a organização do Poder Judiciário e do Ministério Público".

Não obstante, esse texto apenas surgiu depois da audiência pública designada pela subcomissão, que, por sua vez, pertencia à Comissão de Organização dos Poderes e Sistema de Governo.

Essa histórica audiência pública, realizada no dia 13 de abril de 1987 — exatamente dez anos após a EC nº 07, que havia dado ao Ministério Público a possibilidade de contar com uma Lei Orgânica (nº 40/81) —, foi presidida pelo Deputado José Costa. Contou, ainda, com a presença de dezenas de constituintes e mais de uma centena de membros do Ministério Público de todo o Brasil, entre eles José Paulo Sepúlveda Pertence, e iniciou-se com uma exposição de Dal Pozzo, que narrou a todos o Ministério Público sonhado por seus membros.

Após essa audiência pública, Dal Pozzo foi aclamado para o cargo de Presidente da CONAMP e, assim que tomou posse, nomeou Walter Paulo Sabella como seu Secretário Executivo, determinando que fosse efetuada pesquisa detalhada sobre a vida, interesses e posicionamentos dos constituintes.

Cada associação dos Ministérios Públicos também enviou para Brasília membros para que auxiliassem na abordagem e convencimento dos Deputados e Senadores que participaram da Constituinte.

A CONAMP elaborou uma cartilha, com linguagem acessível a todos, que seguia acompanhada da "Carta de Curitiba". Essa cartilha foi distribuída aos constituintes em jantares e almoços cujas temáticas e pautas eram, sempre, o Ministério Público.

Em um grande fichário foram mantidas as informações e opiniões de cada constituinte sobre o Ministério Público, facilitando, assim, as estratégias de persuasão. Os constituintes classificados como "duvidosos" eram constantemente visitados por membros do Ministério Público, que faziam um exaustivo trabalho de convencimento.

Um dos constituintes arredios à ideia de um novo Ministério Público era o então deputado Ibsen Pinheiro, que, depois de muita conversa, inteirou-se das razões dos membros do Ministério Público, encampou as ideias, passou a defendê-las, e fez do seu gabinete verdadeira trincheira ministerial.

Dessa forma, o texto de Plínio de Arruda Sampaio, que veio à luz após a audiência pública, foi publicado, e a ele foram apresentadas 583 emendas pelos integrantes da subcomissão.

Plínio, assim, solicitou auxílio da CONAMP para a análise de todas as propostas. A associação, então, analisando-as, relatou todas, opinando pela aprovação ou rejeição, de acordo com os interesses da classe.

Com isso, pôde o Ministério Público, inclusive, aproveitar as propostas de emenda para adequar o texto original, no qual não havia, por exemplo, um conceito da instituição, sendo esta dividida em dois grupos:

1. o primeiro, o Ministério Público Federal, atuaria junto aos Tribunais Superiores e às Justiças Especiais (Federal, Eleitoral, do Trabalho, Agrária e Tribunal de Contas da União);
2. o segundo, os Ministérios Públicos Estaduais, do Distrito Federal e Territórios, atuaria perante as Justiças e os Tribunais de Contas respectivos.

Já no texto final, aprovado pelo relator, havia:

a) o advento de duas leis complementares diversas, sendo uma para os Ministérios Públicos Federal, dos Territórios e do Distrito Federal e outra para os Estaduais;

b) o fato de a Administração Superior ser exercida por um Promotor-Geral (ele queria acabar com o termo "Procurador"), pelo Colégio Superior, pelo Conselho Superior e pelo Corregedor-Geral;

c) o Promotor-Geral seria eleito dentre integrantes da carreira para mandato de dois anos, permitida uma recondução;

d) a independência funcional;

e) a paridade de vencimentos e vantagens e de regime jurídico com a Magistratura.

No tocante às atribuições:

I) com exclusividade:

a) promover a ação penal pública;

b) promover inquérito para instruir ação civil pública.

II) sem exclusividade:

a) conhecer de representações por violação de direitos humanos e sociais, por abusos do poder econômico e administrativo, apurá-las e dar-lhes curso, como defensor do povo, junto ao poder competente;

b) promover a ação civil pública e tomar medidas administrativas executórias, em defesa dos interesses difusos, coletivos e indisponíveis, bem como, na forma da lei, de outros interesses públicos;

c) referendar acordos extrajudiciais, na forma da lei;

d) representar por incompatibilidade de lei ou ato normativo com normas de hierarquia superior;

e) representar por constitucionalidade ou inconstitucionalidade de lei ou ato normativo estadual ou municipal em face da Constituição do Estado, de lei ou ato normativo municipal em face desta Constituição e para fins de intervenção do Estado no Município;

f) defender, judicial e extrajudicialmente, os direitos e interesses das populações indígenas quanto às terras que ocupam, seu patrimônio material e imaterial, incluída a preservação e restauração de direitos, reparação de danos e promoção de responsabilidades dos ofensores;

g) o exercício de outras funções que lhe foram atribuídas por lei, desde que compatíveis com sua finalidade, sendo-lhe vedada a representação judicial e consultoria das pessoas jurídicas de direito público.

Também se fez previsão, ao contrário do que se costuma ainda hoje dizer — antes, obviamente, do Conselho Nacional do Ministério Público — do controle dos atos do membro da instituição, ao se prever que qualquer cidadão poderia recorrer ao Colégio de Procuradores de decisão do Procurador-Geral de Justiça que determinasse o arquivamento de inquérito policial ou peças informativas em caso de crimes imputados a autoridades públicas. Ficou expressa ainda a independência funcional e a autonomia orçamentária nessa primeira etapa.

Esse texto, que resguardava as ideologias do Ministério Público que estava nascendo, foi aprovado com 49 emendas aceitas integralmente e 239 parcialmente, chegando-se ao Anteprojeto da Subcomissão do Poder Judiciário e do Ministério Público.

A próxima etapa foi a elaboração do Anteprojeto da Comissão chamado "Organização dos Poderes e Sistema de Governo", do qual aquele fazia parte.

Egídio Ferreira Lima, relator dessa comissão, apresentou um substituto ao anteprojeto de Plínio Arruda Sampaio no dia 06 de junho de 1987, desprezando todo o trabalho já feito até aquele momento.

Começava, então, uma nova luta. Ibsen Pinheiro foi mais uma vez procurado por membros do Ministério Público e estabeleceu o contato entre Egídio Ferreira, que havia sido juiz de direito no Estado do Pernambuco, e os membros do Ministério Público.

A "Carta de Curitiba", os trabalhos e as ideologias ministeriais da década de 1980 foram apresentadas ao deputado com a ajuda de Sepúlveda Pertence, amigo de Ferreira, que, todavia, ao contrário da CONAMP, defendia a possibilidade de os membros do Ministério Público advogarem e terem como uma das atribuições a representação da Fazenda em juízo.

Narrou Dal Pozzo[10] que a redação de Egídio Ferreira Lima foi então negociada à exaustão até as três horas do dia em que a impressão da redação final seria feita no PRODASEN. Concluídas as negociações, os membros da CONAMP foram para o hotel, quando, pouco mais de uma hora depois, um informante os contatou narrando que, após sua saída, o relator recebeu Pertence e que o texto encaminhado para o processamento de dados continha a possibilidade de advocacia.

Todos então se dirigiram ao PRODASEN, na companhia de Ibsen Pinheiro, onde encontraram mais uma vez o relator que, exausto, ouviu uma vez mais as razões pelas quais o membro do Ministério Público não poderia advogar. O relator disse que não havia mais o que fazer, pois o texto já estava na gráfica. Foi então que, insistindo, pediram-lhe que escrevesse uma errata, retirando a possibilidade de advocacia.

Finalmente as coisas se resolveram e às nove horas o texto estava pronto. Às catorze horas daquele dia seria levado à votação e, até então, os Procuradores da República, então defensores da advocacia para membros do Ministério Público, não sabiam da errata.

Naquele articulado, especificamente em seu artigo 98, havia o conceito de Ministério Público extraído da "Carta de Curitiba" ("Instituição permanente, essencial à função jurisdicional do Estado, incumbindo-lhe a defesa do regime democrático, da ordem jurídica e dos interesses sociais e individuais indisponíveis").

O texto, quanto aos princípios institucionais, incorporou a redação da Lei Orgânica de 1981, modificando, todavia, a expressão "autonomia funcional" por "independência funcional".

---

[10] Evento realizado em Goiânia, em 2008, na sede do Ministério Público do Estado de Goiás.

Essa nova expressão — independência funcional — já havia surgido de uma proposta do Deputado Paulista Darcy Passos, líder do PMDB à época, a Emenda Constitucional nº 11 (Emenda Figueiredo), que tramitava no Congresso em 1984, mas não prosperou. O Deputado defendia, na justificativa do projeto, que o Ministério Público, para bem cumprir com imparcialidade suas novas atribuições, principalmente nas ações que versam sobre interesses metaindividuais, necessitava de garantias institucionais, as mesmas atribuídas ao Poder Judiciário (vitaliciedade, inamovibilidade e irredutibilidade de vencimentos). Prosseguia afirmando que, para que o Ministério Público se mantivesse imune às pressões políticas, deveria o membro da instituição, antes de qualquer coisa, gozar de "independência funcional", que, segundo o cunhador da expressão, traduzia-se "na subordinação funcional do membro do Ministério Público apenas à lei e à própria consciência" (PASSOS, 1985):

> Foi exatamente essa definição de independência funcional que emergiu da Constituição de 1988, graças a um conjunto espetacular de garantias ao exercício de funções e que tem permitido, desde então, a cada membro do Ministério Público transformar-se numa espécie de agente político da lei rigorosamente independente, livre de constrangimentos significativos, exceto os colocados pela própria consciência. Evidentemente a expressão "agente político de lei" é um jogo de palavras, mas que tem a intenção de mostrar o paradoxo criado em 1988: um agente com independência típica dos órgãos judiciais inertes e neutros, porém destinado à ação política de defesa de interesses da sociedade, num quadro em que a lei, como o céu, é o limite. (ARANTES, 2002, p. 80)

Todavia, não obstante as vitórias alcançadas, o artigo 103 do articulado ainda trazia um retrocesso, quando conferia ao Ministério Público da União a representação judicial da União. Os membros dos Ministérios Públicos dos Estados lutavam pela quebra do ciclo nascido sob o signo de Filipe, O Belo, em 1803. Queriam o Ministério Público defensor apenas da sociedade. Assim, no dia 08 de junho de 1987, tomaram ciência de que o Primeiro Substituto, já comentado, iria receber emendas dos integrantes da Comissão da Organização dos Poderes e Sistema de Governo.

Membros do Ministério Público de todo Brasil reuniram-se, então, no Hotel Bristol, em Brasília, onde funcionava a sede da CONAMP, para, juntamente com Ibsen Pinheiro, estudar o texto. Ao final, concluíram que apenas alguns melhoramentos seriam necessários.

A partir daquele momento, o foco do Ministério Público passou a ser a retirada da atribuição de representar judicialmente a União e a criação da Advocacia-Geral da União.

Ainda na tarde de 08 de junho de 1987, com o auxílio de Cláudio Ferraz de Alvarenga, que era muito próximo a Sampaio, aconteceu a reunião na qual se firmou uma parceria entre este, Pinheiro, Agassis de Almeida e Nelson Jobim, para que eles apresentassem as emendas necessárias para a criação da Advocacia da União.

Alguns promotores de justiça foram, então, encarregados de elaborar as emendas que seriam, mais tarde, entregues a esses deputados, que as apresentariam. Esse "plano de ataque" foi cuidadosamente pensado, cada emenda tinha uma justificativa, tendo sido recebidas e assinadas pelos deputados citados e por Ivo Mainardi e Leopoldo Peres.

Em 09 de junho de 1987, protocoladas as emendas, os membros do Ministério Público que trabalhavam na redação reuniram-se no gabinete de Jobim, juntamente com Pinheiro e Sampaio, para montarem as emendas no texto consolidado.

Isso mostra as principais controvérsias entre os Ministérios Públicos dos Estados, representados pela CONAMP, e o Ministério Público Federal, representado por Pertence. O Ministério Público Federal queria que a instituição continuasse representando o Estado (pessoa jurídica de direito público) em juízo, bem como que seus membros seguissem com a possibilidade de advogar, enquanto os demais Ministérios Públicos entendiam que esses dois pleitos do MPF eram absolutamente incompatíveis com a instituição que estava para ser criada.

A maioria dos demais pleitos dos promotores de justiça foi aprovada, quase se aproximando da redação final. Com isso, apresentou-se o segundo substitutivo, com vários aperfeiçoamentos e retirando do texto, dessa vez definitivamente, a representação da União e a vedação do exercício de advocacia, retornando, assim, à antiga redação de Sampaio.

Ao final, a CONAMP saiu vitoriosa, com o troféu estampado no artigo 129, inciso IX, do texto aprovado, separando, definitivamente, o Ministério Público do Poder Executivo, e demonstrando que o interesse público que seria tutelado pelo Ministério Público em nada se confundia com os interesses da Administração Pública.

Até esse momento a luta dos membros dos Ministérios Públicos dos Estados e do Distrito Federal foi uma sucessão de vitórias. A próxima etapa seria enfrentar a Comissão de Sistematização, cujo relator era Bernardo Cabral.

Não havia previsão de surpresas, fora as já enfrentadas, quando, de súbito, eclodiu em São Paulo um movimento liderado pelo constituinte Roberto Cardoso Alves, chamado "Centrão", que pretendia eliminar do texto o que eles reputavam ser "da esquerda", e entre esses temas estava o Ministério Público. O constituinte propunha que a instituição fosse tratada em um único artigo. Por sorte, o movimento acabou sendo debelado por questões políticas e os membros do Ministério Público que laboravam na Constituinte puderam voltar suas forças para a votação que aconteceria na Comissão de Sistematização.

O substitutivo de Bernardo Cabral, com 501 artigos, foi publicado em 26 de agosto de 1987, e os membros da CONAMP tiveram muita facilidade em dialogar com o relator.

Nessa comissão podiam ser apresentadas emendas de mérito e emendas de adequação. O Ministério Público, então, valeu-se dessas possibilidades para corrigir algumas imperfeições, como a existência de um Ministério Público de Contas, que se pretendia fosse apenas mais uma função do Ministério Público.

Chegando ao plenário, a votação do texto sobre o Ministério Público foi a mais longa de toda a Constituinte, tendo a matéria sido discutida por cinco sessões. No primeiro dia de votação, uma terça-feira, Ibsen Pinheiro havia combinado com Plínio Sampaio um pedido de adiamento, pois entendeu que se corria o risco de o texto não ser aprovado. O Presidente Ulisses Guimarães, que repetia insistentemente o bordão "Vamos votar minha gente, vamos votar!", concordou com o pedido com muita má vontade.

Na quarta, quinta e sexta-feira seguintes, a mesma coisa aconteceu. A composição do plenário não estava propícia à aprovação do projeto e, por provocação, sempre, de Ibsen Pinheiro, a votação foi suspensa. Chegada à decisiva segunda-feira, Dal Pozzo foi chamado às pressas para o gabinete do líder do PMDB, Mário Covas, para negociar um acordo para aprovar o texto do Ministério Público, pois, do contrário, a instituição não iria adiante da forma desejada. Dois eram os problemas: a reinclusão do Ministério Público junto ao Tribunal de Contas, apartado do Ministério Público que nascia ali, e a isonomia com os Delegados de Polícia e os Procuradores de Estado.

Dal Pozzo, então, combinou com o Desembargador do Tribunal de Justiça do Estado de São Paulo Odyr José Pinto Porto, então presidente da Associação Nacional da Magistratura, que os magistrados seriam absolutamente contra a isonomia do Ministério Público à Magistratura. Assim, Dal Pozzo pôde justificar a negativa de isonomia do Ministério Público para com as Polícias Judiciárias e as Procuradorias. Dessa forma foi feito.

Quanto ao Ministério Público no Tribunal de Contas foi necessário ceder e, às pressas e valendo-se de uma máquina de escrever velha e emperrada, o próprio Dal Pozzo redigiu o art. 130 da Constituição, criando uma "instituição" até ali sem qualquer função.

Assim, sanado o problema do Ministério Público junto ao Tribunal de Contas e impossibilitado o acordo da isonomia — tributado à Magistratura —, procedeu-se, finalmente, à votação do bloco do Ministério Público. O painel eletrônico do Congresso ficou quase totalmente verde, tendo o bloco do Ministério Público recebido apenas onze votos contrários.

Foram vinte e dois meses de gestação, nascendo, então, o Ministério Público brasileiro do Estado Democrático, que sintetizou, no texto constitucional, todas as conquistas da instituição, inclusive as nascidas sob o signo da ditadura militar.

1.3.2 Os alicerces do novo Ministério Público

O Ministério Público da Constituição de 1988 foi a apoteose de uma instituição que deitou raízes em momentos sombrios da história brasileira. Nessa curta história do Ministério Público brasileiro contemporâneo, houve a ampliação de suas atribuições em matérias cíveis, crescimento esse fundamentado, basicamente, em três inovações legais e um componente ideológico fortíssimo (ARANTES, 2007).

Juntamente com o nascimento dessa "nova" instituição surgiu, também, a normatização dos interesses difusos e coletivos, a ação civil pública e a independência da instituição. Passa, ademais, o Ministério Público, a ser não apenas ator nas ações civis públicas para tutela de interesses transindividuais, mas também tributário de instrumentos extrajudiciais potentes, como o inquérito civil público — cujo único órgão com competência para manejar é o próprio Ministério Público — as recomendações e os ajustamentos de conduta.

Mais interessante ainda é perceber que a Constituição da República disciplinou as ações coletivas na seção do Ministério Público, mesmo não sendo ele o titular exclusivo desses instrumentos.

Reconhece Arantes, ainda, o voluntarismo político — componente ideológico na construção desse novo Ministério Público — como responsável pela ampliação da atuação do Ministério Público nas tutelas de interesse transindividual. Voluntarismo político, segundo o autor, é o movimento endógeno da instituição em reivindicar a condição de agente político de lei, decorrente da consciência coletiva ministerial que

CAPÍTULO 1
O MINISTÉRIO PÚBLICO | 53

a sociedade civil é incapaz de defender-se de grupos econômicos ou do próprio Estado de forma autônoma — sendo, portanto, incapaz ou hipossuficiente —, bem como por possuir visão pessimista dos poderes político-representativos — corrompidos e incapazes de cumprir suas funções — e, finalmente, por entenderem os integrantes do Ministério Público que apenas essa instituição possui capacidade para representar essa sociedade incapaz frente aos administradores ineptos.

Em verdade, a decepção com o sistema de funcionamento da democracia representativa e com o sistema político, somado à fragilidade da sociedade civil, que não conseguia, por si, só garantir e efetivar seus direitos, propiciou a criação do Ministério Público como instituição composta por profissionais externos à política partidário-representativa, com mecanismos capazes de garantir o *enforcement* das normas. Com o sistema que se criou, deslocou-se em grande medida a fiscalização e a efetivação de direitos transindividuais da esfera política *stricto sensu* para a esfera jurídica.

Não é dado olvidar, ademais, que, com a abertura constitucional para que o Ministério Público tutelasse "outros interesses difusos e coletivos", após a Constituição muitos diplomas normativos intumesceram não apenas a carta de atribuições da instituição, mas também, e principalmente, o ferramental colocado à disposição dos membros do Ministério Público.

Dois diplomas, em especial, merecem destaque justamente por criar uma nova ferramenta que passaria a ser o principal meio de atuação do Ministério Público na defesa dos interesses transindividuais, quais sejam, o Estatuto da Criança e do Adolescente, de 13 de julho de 1990, e o Código de Defesa do Consumidor, de 11 de setembro do mesmo ano.

Ao contrário do que muitos creem, foi o Estatuto da Criança e do Adolescente que previu, pela primeira vez, a possibilidade de o Ministério Público compor extrajudicialmente um litígio, formando um título executivo extrajudicial.[11] Ainda em 1990, o Código de Defesa do Consumidor (artigo 113) modificou a Lei de Ação Civil Pública, possibilitando, no §6º do artigo 5º, a tomada de compromisso de ajustamento de conduta por parte dos órgãos públicos legitimados, um deles o Ministério Público.

---

[11] "Art. 211. Os órgãos públicos legitimados poderão tomar dos interessados compromisso de ajustamento de sua conduta às exigências legais, o qual terá eficácia de título executivo extrajudicial."

Mesmo sendo esses os diplomas que estamparam no ordenamento jurídico, pela primeira vez, da forma atualmente utilizada, o compromisso de ajustamento de conduta, forçoso reconhecer, principalmente ao se buscar a base histórica de formação de institutos, que a possibilidade de o Ministério Público compor com as partes tem bases ainda mais remotas.

Nas duas décadas que antecederam o surgimento do compromisso de ajustamento de conduta, o Ministério Público, mormente em cidades do interior, mantinha como hábito o atendimento ao público, que acabava desembocando em uma recomendação informal às partes, em uma admoestação ou, até mesmo, em providências policiais e judiciais.

Percebendo a possibilidade de busca concertada de solução de conflitos, várias leis orgânicas estaduais do Ministério Público previram, na década de 1980, a possibilidade de o Ministério Público homologar acordos extrajudiciais quando a matéria conflituosa envolvesse incapazes. Temendo questionamentos sobre a base legal dessa homologação, membros do Ministério Público iniciaram forte *lobby*, ainda nos anos 1980, para que o projeto de lei que trataria dos juizados especiais previsse a possibilidade de a instituição homologar acordos mesmo entre partes maiores e capazes. A pressão do Ministério Público rendeu frutos e a possibilidade ficou estampada na Lei nº 7.244/84, cujo artigo 55, parágrafo único, afirmava que o Ministério Público poderia referendar acordos extrajudiciais de qualquer natureza ou valor, sendo esse documento título executivo extrajudicial.

A Lei nº 7.244/84 foi revogada pela Lei nº 9.099/95, que acabou mantendo a mesma possibilidade no artigo 57. Mais; o próprio Código de Processo Civil, no artigo 585, II, com a redação dada pela Lei nº 8.953/94, já havia consagrado, antes mesmo da Lei dos Juizados Especiais, tal possibilidade.

Na sequência da Constituição de 1988, as Leis Orgânicas dos Ministérios Públicos, em especial a Lei Complementar nº 75/93 e a Lei nº 8.625/93, previram outro importantíssimo instrumento de *enforcement*, que seria manejado pelo Ministério Público, qual seja, a recomendação.

Em síntese, desde 1981, com a Lei da Política Nacional do Meio Ambiente, somada à abertura conferida pelo artigo 84 do Código de Processo Civil brasileiro de 1973, o Ministério Público iniciou sua trajetória do que neste trabalho se denomina *construcionismo institucional*, que encontra seu ápice em 1988, mas permanece, mesmo após a Constituição, principalmente com as normas pós-constitucionais que continuaram municiando a instituição com novos instrumentos de atuação, com destaque para os extrajudiciais (inquérito civil público, compromisso de ajustamento de conduta e recomendação), bem como alargando as suas atribuições.

Nessa trilha, ainda que a edificação do sistema judicial de tutela dos interesses metaindividuais tenha sido sempre a prioridade, a criação, no artigo 8º, §1º, da Lei de Ação Civil Pública, do inquérito civil público, presidido com exclusividade pelo Ministério Público, apresenta-se como a certidão de nascimento da atuação extrajudicial da instituição, que seria, posteriormente, como foi todo o sistema, reforçada pela Constituição da República e pelas legislações esparsas que sobrevieram.

Essa abertura — tutela extrajudicial dos interesses metaindividuais — mostrou-se, na prática, como alternativa aos problemas que surgiram na inflexão das medidas judiciais, em que o Ministério Público era apenas a ignição do sistema. A efetividade e a celeridade almejadas pelos integrantes da instituição esbarraram na demora do Poder Judiciário em sentenciar os pedidos definitivamente, ora pela incultura de seus integrantes no tocante aos direitos materiais e processuais transindividuais, ora pelo elevado número de recursos passíveis de manejo para protelação do resultado definitivo:

> [...] passados pouco mais de dez anos da Carta de 1988, a lentidão do método judiciário e os parcos resultados processuais das ações coletivas comprometeram decisivamente o êxito do novo modelo constitucional e têm levado o Ministério Público a um sinuoso movimento de privilegiar a fase pré-processual — por meio do uso intensivo de procedimentos administrativos, do inquérito civil e do chamado termo de ajustamento de conduta — para antecipar a solução de litígios sem ter que recorrer ao Judiciário. (ARANTES, 2007, p. 89)

1.4 A natureza jurídica do Ministério Público — Aspecto orgânico

A par de todo avanço do Ministério Público no momento anterior à Constituinte, que acabou sendo abarcado pelo *novel* diploma em 1988, a internalização da primeira pergunta formulada pela CONAMP e dirigida aos membros da instituição em 1985, que acabou alocando o Ministério Público, geograficamente, apartado dos demais "poderes" do Estado, demonstrando, assim, sua independência e autonomia em relação aos demais órgãos e instituições, acabou criando, também, uma controvérsia ainda hoje pendente de resposta definitiva, qual seja, a natureza jurídica dessa nova instituição.

A resposta a essa questão não é meramente acadêmica. Situar o Ministério Público no Estado de Direito auxilia na identificação e na realização de sua missão constitucional.

O princípio da separação de poderes, surgido atrelado aos ideais liberais, serviu, naquela quadra histórica, como fator limitante do poder e, logo em seguida, como instrumento de manutenção do poder da burguesia. A formulação deste, o principal dogma do Estado Liberal, passou por mentes como a de Aristóteles, Locke, Rousseau e Kant. Todavia, quem lhe deu a roupagem ainda hoje aceita foi Montesquieu, em *De l'espirit des lois*.

A partir dessa construção, a maioria dos Estados Democráticos surgidos após o século XVIII ergueu-se sobre as bases da tripartição dos poderes do Estado. O critério tradicional sugere a tripartição das funções legislativa, executiva e judicial. Desde ali, não são poucos os que se dedicaram às questões do poder estatal e suas funções.

Kelsen (1939, p. 69-70), *e.g.*, asseverou que, em verdade, o que é classicamente chamado de três poderes, ou três funções do Estado, nada mais é do que a "[...] forma jurídico-positiva de certos apoios relativos do processo de criação jurídica particularmente importante sob o ponto de vista político". E prossegue:

> Se num caso se fala em 'justiça' e no outro em 'administração', a diferença consiste unicamente na situação do juiz, explicável por motivos históricos. Se a administração e a justiça são funções diferentes, a única diferença consiste em a primeira ser um caso de administração direta. (*idem*, p. 69-70)

Em se permanecendo atrelado à vetusta concepção tripartida de poderes do Estado, alocar o Ministério Público torna-se tarefa inglória.

Aliás, nessas aberturas acadêmicas resta possível pesquisar instituições e institutos, não tentando engavetá-las em antigas escolas classificatórias — sem qualquer demérito, pois foram e são fundamentais para a compreensão das bases científicas —, buscando freneticamente encaixá-las em algum ponto do que a doutrina admite como verdadeiro, mas, ao contrário, estudar o que de fato temos, para que a ciência não se preste apenas à academia, mas, principalmente, àqueles que tornam a ciência algo vivo.

> Neste plano [...] já advertia Paulo Modesto, que a separação de poderes (ou órgãos) é insuscetível de receber tratamento adequado pela ciência do direito, restando como objeto de consideração da história ou da ciência política. (RIBEIRO, 2008, p. 54)

O sistema de separação dos "poderes" está vinculado a uma engenhosa concepção doutrinária que acabou por criar um sistema de freios e contrapesos, em que cada "poder" era freio de outro.

Ocorre que, como destaca Celso Ribeiro Bastos, há um corrente equívoco na utilização da palavra "poder" como algo divisível. O poder é um só, qualquer que seja a forma por ele assumida, sendo todas as manifestações de vontades emanadas em nome do Estado. Já função é um determinado modo de o Estado manifestar sua vontade. Essa função é desempenhada por um órgão, instrumentos de que se vale o Estado para exercitar suas funções (BASTOS, 1998).

Fundamental, assim, para localizar o Ministério Público no Estado de Direito brasileiro, fazer a devida separação entre poder e função.

O princípio da separação dos poderes deve ser visto hoje como uma técnica de distribuição de funções distintas entre órgãos relativamente separados, em íntima cooperação, harmonia e equilíbrio, sem nenhuma linha que marque uma separação entre os poderes em si: "Não temos dúvida por conseguinte em afirmar que a separação de poderes expirou desde muito como dogma da ciência. Foi dos mais valiosos instrumentos de que se serviu o liberalismo para conservar na sociedade seu esquema de organização do poder" (BONAVIDES, 1999).

O que existe, assim, são várias funções dentro da estrutura conglobante do poder, o Estado.

Bem antes de se questionar a tripartição dos poderes, a Constituição Portuguesa de 1876, para ficar apenas com um exemplo, já não utilizou o vocábulo "poder" para designar as funções desempenhadas por órgãos do Estado. Os portugueses se valeram da expressão "órgãos de soberania", enquanto os alemães, de igual modo, se utilizam da expressão "órgãos especiais":

> O Estado concebe-se como ordenação de várias funções constitucionalmente atribuídas aos vários órgãos constitucionais. Repartida ou separada aparecernos-á a actividade do Estado e não o poder do Estado e a resultante desta divisão não é a existência de vários poderes mas uma diferenciação de funções do Estado. (CANOTILHO, 1999, p. 503)

Se assim é, parece ter o Ministério Público, em sua doutrina e documentos legislativos, trilhado a boa técnica.

De fato, não é o Ministério Público um poder, como também não são poderes o Executivo, o Legislativo ou o Judiciário. São órgãos ou instituições que exercem funções que, juntas, formam o feixe de poder do Estado.

A Constituição de 1988 atribui ao Ministério Público a grave missão de controlar todos os demais órgãos que exercem funções de destaque no Estado, quando, no artigo 127, *caput,* determinou que o Ministério Público zelasse pelo efetivo respeito dos Poderes Públicos e dos serviços de relevância pública aos direitos assegurados na Constituição.

Sendo assim, para não abordar por ora as demais atribuições ministeriais, o Ministério Público exerce função impregnada de relevância estratégica no Estado brasileiro, na medida em que é ator de destaque no controle dos demais "poderes" do Estado.

Não bastasse, cabe a esse órgão a defesa da ordem jurídica e do regime democrático, justificando, assim, as garantias isonômicas com os magistrados: "Possui função fiscalizadora e de controle, em defesa da sociedade (e não do governo), utilizando-se, para tanto, de meios próprios e judiciais" (FINGER, 2010, p. 28).

O Ministério Público, bem como o Legislativo, o Judiciário e o Executivo, integram a carta de órgãos de soberania.

Se o que se busca é a natureza jurídica do Ministério Público, parece correto importar as ponderações de Canotilho (1999, p. 522), que considera o Ministério Público verdadeiro "órgão constitucional de soberania":

> [...] a eles pertence o exercício do poder superior do Estado, quer na sua dimensão externa quer na sua dimensão interna. Daqui se deduz também que os **órgãos constitucionais de soberania** além de deriva-rem imediatamente da constituição são coessenciais à caracterização da forma de governo, constitucionalmente instituída. Ao contrário de outros órgãos constitucionais, previstos na lei fundamental mas que não concorrem para a configuração da forma de governo, a alteração ou supressão dos órgãos constitucionais da soberania implica a própria transformação da forma de governo. (grifo nosso)

A prova constitucional de que o Ministério Público no Brasil é, de fato, um "órgão constitucional de soberania", pode ser extraída do artigo 85, II, da Constituição da República, que estabelece ser crime de responsabilidade do Presidente da República atentar contra a Constituição Federal e, em especial, contra o livre exercício do Poder Legislativo, do Poder Judiciário, do Ministério Público e dos Poderes constitucionais das unidades da Federação.

A propósito, ainda que o art. 60, §4º, da Constituição Federal, não tenha arrolado de forma explícita o Ministério Público como cláusula pétrea, é inegável que há um limite textual implícito. Se o Ministério Público é essencial para o Estado Democrático de Direito e para a Constituição, não poderá ser abolido sob pena de se romper com o próprio Estado e com a Constituição.

Em outras palavras, se o inciso I, do §4º, art. 60 da CF, arrola o regime democrático como cláusula pétrea, também o é o Ministério Público, eis que o guardião do regime democrático e da ordem jurídica.

À guisa de conclusão, pode-se, por certo, continuar invocando Liebman (1985, p. 67), para quem:

> O Ministério Público é, ele próprio, um órgão do Estado, ao qual cabe tutelar um específico interesse público (administrativo *lato sensu*), que tem por objetivo a atuação da lei por parte dos órgãos jurisdicionais nas áreas e nos casos em que as normas jurídicas são ditadas por razões de utilidade geral ou social: trata-se de casos em que a concreta observância da lei é necessária à segurança e ao bem-estar da sociedade, não podendo a tarefa de provocar a sua aplicação pelos juízes ser deixada à iniciativa dos particulares.

A controvérsia, então, sobre a natureza jurídica do Ministério Público é facilmente resolvida na medida em que há o afastamento de antigos dogmas e classificações não mais atualizados com a realidade social e Estatal de nossos dias.

A tentativa de erigir o Ministério Público ao *status* de poder é tão inútil quanto continuar tratando o Legislativo, Executivo e Judiciário como poder, como se esse rótulo tributasse a quaisquer dessas instituições prerrogativas e garantias que as diferenciasse, por exemplo, das prerrogativas e garantias atribuídas ao Ministério Público e aos seus membros.

É, pois, o Ministério Público, no sistema constitucional brasileiro, um órgão constitucional de soberania.

CAPÍTULO 2

ATRIBUIÇÕES EXTRAJUDICIAIS DO MINISTÉRIO PÚBLICO

2.1 Atribuições do Ministério Público

Desde que deixou de exercer apenas a titularidade da ação penal, ainda antes da Constituição da República de 1988, o Ministério Público foi se agigantando, como demonstrado no capítulo anterior, até que, com os artigos 127 e 129 da Constituição da República, o auge das funções não penais do Ministério Público foi atingido.

O artigo 127, ao atribuir à instituição a defesa da ordem jurídica, do regime democrático e dos interesses sociais e individuais indisponíveis, antes de encerrar o que seriam as funções ministeriais dali em diante, abre para a instituição uma gama de outras tantas funções que lhe seriam conferidas por legislações infraconstitucionais.

Interessante perceber, da mera leitura do artigo 129 da Constituição Federal, que, ao contrário do que ocorreu no inciso I, em que o legislador constituinte incumbiu expressamente o Ministério Público de promover (privativamente) a ação penal pública, atrelando, dessa forma, no *ius puniendi*, Ministério Público e Poder Judiciário, já que, de um lado, o Ministério Público seria o deflagrador e o Judiciário o finalizador, um não tendo efeito concreto sem o outro, nos demais incisos do mesmo dispositivo, em especial na abertura do inciso IX, o legislador constituinte não afunilou a forma com que o Ministério Público deveria tutelar os demais interesses e direitos que lhe cabe defender. Mais: albergou no artigo 129 o inquérito civil público, as notificações, as requisições, além de ter permitido o exercício de outras funções compatíveis com as finalidades previstas no artigo 127.

Não é tarefa fácil, portanto, arrolar as atribuições do Ministério Público, mesmo partindo do texto constitucional. Elas estão espalhadas, difusas, encravadas em vários textos normativos, o que demanda labor de garimpo. Todavia, é possível buscá-las inicialmente em blocos temáticos, partindo pelas legislações que tratam especificamente sobre o Ministério Público, como a Lei Orgânica Nacional[12] (8.625/93) e, a partir dali, para as Leis Orgânicas dos vários outros Ministérios Públicos.

---

[12] "CAPÍTULO IV
Das Funções dos Órgãos de Execução
SEÇÃO I
Das Funções Gerais
Art. 25. Além das funções previstas nas Constituições Federal e Estadual, na Lei Orgânica e em outras leis, incumbe, ainda, ao Ministério Público:
I – propor ação de inconstitucionalidade de leis ou atos normativos estaduais ou municipais, em face à Constituição Estadual;
II – promover a representação de inconstitucionalidade para efeito de intervenção do Estado nos Municípios;
III – promover, privativamente, a ação penal pública, na forma da lei;
IV – promover o inquérito civil e a ação civil pública, na forma da lei:
a) para a proteção, prevenção e reparação dos danos causados ao meio ambiente, ao consumidor, aos bens e direitos de valor artístico, estético, histórico, turístico e paisagístico, e a outros interesses difusos, coletivos e individuais indisponíveis e homogêneos;
b) para a anulação ou declaração de nulidade de atos lesivos ao patrimônio público ou à moralidade administrativa do Estado ou de Município, de suas administrações indiretas ou fundacionais ou de entidades privadas de que participem;
V – manifestar-se nos processos em que sua presença seja obrigatória por lei e, ainda, sempre que cabível a intervenção, para assegurar o exercício de suas funções institucionais, não importando a fase ou grau de jurisdição em que se encontrem os processos;
VI – exercer a fiscalização dos estabelecimentos prisionais e dos que abriguem idosos, menores, incapazes ou pessoas portadoras de deficiência;
VII – deliberar sobre a participação em organismos estatais de defesa do meio ambiente, neste compreendido o do trabalho, do consumidor, de política penal e penitenciária e outros afetos à sua área de atuação;
VIII – ingressar em juízo, de ofício, para responsabilizar os gestores do dinheiro público condenados por tribunais e conselhos de contas;
IX – interpor recursos ao Supremo Tribunal Federal e ao Superior Tribunal de Justiça;
Parágrafo único. É vedado o exercício das funções do Ministério Público a pessoas a ele estranhas, sob pena de nulidade do ato praticado.
Art. 26. *No exercício de suas funções, o Ministério Público poderá:*
I – instaurar inquéritos civis e outras medidas e procedimentos administrativos pertinentes e, para instruí-los: (grifo nosso)
a) expedir notificações para colher depoimento ou esclarecimentos e, em caso de não comparecimento injustificado, requisitar condução coercitiva, inclusive pela Polícia Civil ou Militar, ressalvadas as prerrogativas previstas em lei;
b) requisitar informações, exames periciais e documentos de autoridades federais, estaduais e municipais, bem como dos órgãos e entidades da administração direta, indireta ou fundacional, de qualquer dos Poderes da União, dos Estados, do Distrito Federal e dos Municípios;
c) promover inspeções e diligências investigatórias junto às autoridades, órgãos e entidades a que se refere a alínea anterior;

CAPÍTULO 2
ATRIBUIÇÕES EXTRAJUDICIAIS DO MINISTÉRIO PÚBLICO | 63

O Código de Processo Civil também estabeleceu genericamente, atribuições ao Ministério Público (a – exercerá o direito de ação em todas as hipóteses em lei previstas, com os mesmos poderes e ônus que às partes cabem, nos termos do artigo 81; e b – intervirá em feitos

---

II – requisitar informações e documentos a entidades privadas, para instruir procedimentos ou processo em que oficie;

III – requisitar à autoridade competente a instauração de sindicância ou procedimento administrativo cabível;

IV – requisitar diligências investigatórias e a instauração de inquérito policial e de inquérito policial militar, observado o disposto no art. 129, inciso VIII, da Constituição Federal, podendo acompanhá-los;

V – praticar atos administrativos executórios, de caráter preparatório;

VI – dar publicidade dos procedimentos administrativos não disciplinares que instaurar e das medidas adotadas;

VII – sugerir ao Poder competente a edição de normas e a alteração da legislação em vigor, bem como a adoção de medidas propostas, destinadas à prevenção e controle da criminalidade;

VIII – manifestar-se em qualquer fase dos processos, acolhendo solicitação do juiz, da parte ou por sua iniciativa, quando entender existente interesse em causa que justifique a intervenção.

§1º As notificações e requisições previstas neste artigo, quando tiverem como destinatários o Governador do Estado, os membros do Poder Legislativo e os desembargadores, serão encaminhadas pelo Procurador-Geral de Justiça.

§2º O membro do Ministério Público será responsável pelo uso indevido das informações e documentos que requisitar, inclusive nas hipóteses legais de sigilo.

§3º Serão cumpridas gratuitamente as requisições feitas pelo Ministério Público às autoridades, órgãos e entidades da Administração Pública direta, indireta ou fundacional, de qualquer dos Poderes da União, dos Estados, do Distrito Federal e dos Municípios.

§4º A falta ao trabalho, em virtude de atendimento à notificação ou requisição, na forma do inciso I deste artigo, não autoriza desconto de vencimentos ou salário, considerando-se de efetivo exercício, para todos os efeitos, mediante comprovação escrita do membro do Ministério Público.

§5º Toda representação ou petição formulada ao Ministério Público será distribuída entre os membros da instituição que tenham atribuições para apreciá-la, observados os critérios fixados pelo Colégio de Procuradores.

Art. 27. Cabe ao Ministério Público exercer a defesa dos direitos assegurados nas Constituições Federal e Estadual, sempre que se cuidar de garantir-lhe o respeito:

I – pelos poderes estaduais ou municipais;

II – pelos órgãos da Administração Pública Estadual ou Municipal, direta ou indireta;

III – pelos concessionários e permissionários de serviço público estadual ou municipal;

IV – por entidades que exerçam outra função delegada do Estado ou do Município ou executem serviço de relevância pública.

Parágrafo único. No exercício das atribuições a que se refere este artigo, cabe ao Ministério Público, entre outras providências:

I – receber notícias de irregularidades, petições ou reclamações de qualquer natureza, promover as apurações cabíveis que lhes sejam próprias e dar-lhes as soluções adequadas;

II – *zelar pela celeridade e racionalização dos procedimentos administrativos;*

III – dar andamento, no prazo de trinta dias, às notícias de irregularidades, petições ou reclamações referidas no inciso I;

IV – promover audiências públicas e emitir relatórios, anual ou especiais, e recomendações dirigidas aos órgãos e entidades mencionados no caput deste artigo, requisitando ao destinatário sua divulgação adequada e imediata, assim como resposta por escrito."

alheios, quando presentes quaisquer das circunstâncias elencadas nos três incisos do artigo 82, quais sejam, quando houver interesse de incapazes, nas causas concernentes ao estado da pessoa, pátrio poder, tutela, curatela, interdição, casamento, declaração de ausência e disposições de última vontade e nas ações que envolvam litígios coletivos pela posse da terra rural **e** *nas demais causas em que há interesse público evidenciado pela natureza da lide ou qualidade da parte*).

De várias outras normas é possível extrair atribuições de competências ao Ministério Público: do artigo 1.549 do Código Civil de 2002 decorre a participação na declaração de nulidade de casamentos, no artigo 155 da Lei nº 8.069/90 fixa-se sua atribuição para ajuizar ação de perda do poder familiar. O artigo 497, III, do Código de Processo Civil legitima o Ministério Público para ação rescisória, o artigo 1.218, VII, do mesmo diploma, para dissolução de sociedade que promover atividade ilícita ou imoral, o Decreto-Lei nº 41/1966 para dissolução de sociedade civil de fins assistenciais.

Do Código Civil advieram também as atribuições de curador das fundações, curador dos bens dos ausentes, o controle de legalidade de negócios jurídicos quando couber ao Ministério Público intervir, audiência em habilitação de casamento, suspensão ou extinção do poder familiar, entre outros.

Emerson Garcia (2008) arrola ainda diversas outras competências, a saber, a promoção de *actio civillis ex delicto*, a ação de investigação de paternidade na condição de substituto processual, a responsabilização de ex-administradores de instituições financeiras, ação para defesa do patrimônio genético, para defesa das crianças e adolescentes, para defesa da saúde, do meio ambiente equilibrado, dos idosos, dos deficientes, dos consumidores, para atuar na defesa dos interditos, como curador do réu ausente, para promover ações de inconstitucionalidade, sem abordar sua amplíssima atuação na esfera criminal, seja na fase de investigação (ainda pendente de decisão definitiva pelo Supremo Tribunal Federal), seja na fase judicial, bem como para exercer amplamente o controle externo da atividade policial.

Cita o autor, ainda, a atuação do Ministério Público em matéria de registros públicos, divórcio e separação judiciais, usucapião, ações populares, pesquisas minerais, processos de jurisdição voluntária, ações falimentares, mandados de segurança, medidas decorrentes da Lei nº 9.807/99 (programa de proteção à testemunha) e fiscalização do terceiro setor em geral.

O que importa nesta trilha não é detalhar, como já dito, de forma taxativa, todas as atribuições do Ministério Público, até porque a

Constituição da República e as Leis Orgânicas dos Ministérios Públicos não fixaram rol fechado, mas um quadro, uma noção, sendo possível ao Ministério Público exercer atividades até então impensadas na defesa de interesses metaindividuais ou de pessoas consideradas hipossuficientes por lei, acompanhando, assim, o desenvolvimento da sociedade.

O relevante para esta pesquisa, ao se sondar as atribuições múltiplas do Ministério Público, é perceber que parte dessas atribuições é exercida judicialmente, seja promovendo ações judiciais, seja atuando como *custos legis* conquanto outra parte, muito fortemente imbricada com a tutela de interesses de metaindividuais, será exercida pelo Ministério Público independentemente da atuação judicial, sendo possível, inclusive, chegar-se à completa tutela desses interesses sem a interferência judicial, desde que, obviamente, haja consenso.

Chega-se, então, no ponto em que se faz necessário um corte nas várias atribuições ministeriais, cisão essa que ocorrerá na linha em que o Ministério Público não conseguirá, com ferramental próprio, tutelar os interesses que, por dever de ofício, deve advogar. Tudo o que é anterior ao ajuizamento de ações judiciais será tratado neste trabalho como atividade extrajudicial ou protojudicial do Ministério Público, sendo este o núcleo da presente pesquisa.

2.2 Atribuições extrajudiciais do Ministério Público

Conforme demonstrado anteriormente, as atividades do Ministério Público não ligadas diretamente ao Poder Judiciário parecem ter surgido com o enraizamento das funções ministeriais em searas cíveis. Ainda que historicamente a instituição tenha exercido, por muitos anos, tipicamente, atribuições criminais, o que poderia justificar um desenvolvimento do consensualismo nessa área, antes das leis dos juizados penais criminais a possibilidade de falar-se em direito penal do consenso não existia no direito brasileiro. Portanto, reafirma-se, a possibilidade de atuação concertada em litígios que lhe eram apresentados surgiu primeiro ao Ministério Público em questões cíveis.

2.2.1 A gênese: os atendimentos ao público

Com as atribuições cíveis, especialmente na tutela dos incapazes, o Ministério Público, de forma espontânea, passou a fazer atendimentos ao público, e as partes interessadas em suas atividades procuravam diretamente o promotor de justiça para buscar o que reputavam seus direitos. Igualmente e não raro aqueles contra quem o Ministério Público poderia demandar na tutela de interesses de incapazes também buscavam a instituição informalmente, trazendo suas lamúrias e dificuldades em adimplir suas obrigações.

Com esse quadro, a instituição passou a agir como conciliadora, firmando acordos entre o que tinha uma pretensão e o que a ela resistia, que até então não valiam como título executivo. Assim, ainda na década de 1980, algumas leis orgânicas passaram a fazer a previsão expressa de que os acordos firmados com a supervisão do Ministério Público entre partes, na tutela de interesses de incapazes, valeriam como título executivo extrajudicial. Em seguida, a Lei nº 7.244/84 (artigo 55, parágrafo único) garantiu à instituição o direito de firmar acordos extrajudiciais de qualquer natureza ou valor, sendo que tais seriam títulos executivos extrajudiciais. Essa norma acabou sendo repetida na Lei nº 9.099/95 (artigo 57) e no Código de Processo Civil, em seu artigo 585, II.

Especificamente quanto ao atendimento ao público, gerador das primeiras atuações extrajudiciais do Ministério Público, percebe-se que ele foi primeiramente revelado por sua existência fática, para apenas depois receber guarida legal. Não parece ter sido diferente no Ministério Público francês, que também se revelou primeiro por suas ações, recebendo apenas no segundo plano o tratamento das ordenanças francesas, já quando a instituição utilizava plenamente ferramental não previsto em lei: "Ces ordonnances ne le créent pas, elles l'adoptent" (GARRAUD, 1913, p. 93).

2.2.1.1 O Ministério Público resolutivo

Falar-se em soluções de conflitos por mecanismos ministeriais próprios poderia causar espécie em um primeiro momento. Todavia, parece ter o Estado, há muito, como visto nos antecedentes históricos do Ministério Público no capítulo anterior, ter optado por atribuir a essa instituição ferramentas para que ela própria se valesse de um viés muito mais consensual do que "acusatório", que acaba por desbordar no Judiciário.

Em uma pesquisa como esta, não é possível olvidar que a maioria dos conflitos são resolvidos pelos próprios interessados, seja diretamente, seja por meio de mediação feita, em grande medida, por terceiros que exercem algum tipo de liderança sobre as partes — liderança religiosa, familiar, política, etc. — restando, ao final, parcela de litígio que apenas será solucionada pelo Poder Judiciário e outra que se convencionou chamar de litigiosidade contida, qual seja, aquela não resolvida por ninguém, pelo fato de as partes terem preferido não verem suas pretensões satisfeitas a irem buscar o Judiciário.

Esse fenômeno da litigiosidade contida, adverte Kazuo Watanabe (1985, p. 2), é "extremamente perigoso para a estabilidade social, pois é ingrediente a mais na panela de pressão social, que já está demonstrando sinais de deteriorização do seu sistema de resistências (quebra-quebra ao atraso dos trens, cenas de violência no trânsito, recrudescimento de outros tipos de violência)":

> A morosidade e a falta de eficiência na prestação jurisdicional, antes por ter sido mal concebida como estrutura de serviço do que pela falta de esforços dos profissionais do direito, são problemas crônicos que têm levado ao descrédito popular na justiça. As soluções extrajudiciais ou, ao revés, o próprio abandono do direito são entre nós alternativa muito mais comum do que se pensa.

Certamente, a opção do Estado em instrumentalizar o Ministério Público na tutela de interesses de transindividuais com ferramentas próprias de soluções de litígios foi, em grande medida, pela busca de uma alternativa a essa morosidade e burocracia do sistema judicial:

> Hoje, certamente, os juízes têm uma grande responsabilidade na vida do Direito [...]. Mas os juízes não são senhores do Direito no mesmo sentido em que eram os legisladores do século passado. São mais exatamente os garantes da complexidade estrutural do Direito no Estado constitucional, vale dizer, os garantes da necessária e dúctil coexistência entre lei, direitos e justiça. E mais, poderíamos afirmar como conclusão que entre Estado constitucional e qualquer 'senhor do Direito' há uma radical incompatibilidade. O Direito não é um objeto de propriedade de um, senão que deve ser objeto de cuidado de todos. (ZAGREBELSKY, 1999, p. 153)

Em um primeiro momento, a possibilidade de consenso emergiu dos atendimentos ao público com a confecção de documentos que valeriam entre as partes, para apenas depois, com o reconhecimento legal dessa forma de atuação, esse mesmo trato receber o rótulo de título executivo extrajudicial.

Anteriormente, tudo era resolvido pelo promotor de justiça, entre duas partes, com pouco tempo de conversa, e todos saíam, quase sempre, satisfeitos com a rapidez do acordo e com a solução para seus problemas. Contudo, nas últimas décadas, as demandas sociais ficaram cada vez mais complexas, muitas vezes envolvendo não mais apenas duas pessoas interessadas em algum bem da vida, mas grupos, massas e, muitas vezes, o próprio Estado.

Com isso, obviamente, o singelo atendimento ao público não mais comportava as pesquisas, os aprofundamentos e a complexidade das novas questões postas ao Ministério Público para que este conseguisse, por ferramental próprio, a solução dos litígios, ou acionasse o Judiciário buscando a imperatividade e a definitividade. Isso fica longe de significar que a prática não permanece ou não tenha relevância. Ao contrário: os dados da Corregedoria-Geral do Ministério Público do Estado de São Paulo comprovam incremento, de 2002 a 2009, no número de atendimentos ligados aos direitos e interesses transindividuais:

Figura 1 – Dados de 2002 a 2009. Número de atendimentos ligados aos direitos e interesses transindividuais do Ministério Público do Estado de São Paulo

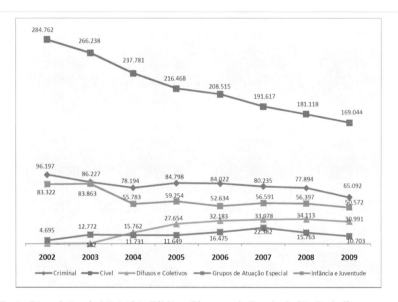

Fonte: Diagnóstico do Ministério Público. Cômputo do Estado de São Paulo.[13]

---

[13] Diagnóstico do Ministério Público. Cômputo do Estado de São Paulo. Disponível em: <http://www.mp.sp.gov.br/portal/page/portal/home/banco_imagens/flash/Relatorio Diagnostico2009/p_diagnostico1.htm>.

Portanto, desde que se embrenhou em questões cíveis, sejam matérias ligadas aos direitos dos hipossuficientes ou incapazes, seja em questões metaindividuais, passou a desenvolver técnicas e instrumentos para buscar a efetividade de sua atuação, tangenciando, na medida do possível, o Judiciário.

Maria Tereza Sadek,[14] aliás, chega a afirmar que a face mais importante do Ministério Público nessa quadra da história jurídica nacional é o que ela chama de *resolutiva*, entendendo por resolutivo o Ministério Público que é "intermediador e pacificador da conflituosidade social, distinguindo-se do Ministério Público demandista — que aciona o Judiciário em busca de prestação jurisdicional". Sobre essa atividade consensual no Estado Contemporâneo, aliás, preciosas as observações de Diogo Figueiredo Moreira Neto (2008, p. 133):

> Embora a imperatividade seja da própria essência da atuação do Estado, que tem como atributo a concentração monopolista do poder coercitivo, é indubitável que o progresso das relações sociais, notadamente beneficiadas com os avanços nos campos da educação, da informação, da comunicação e, destacadamente, da democracia, tem proporcionado um campo cada vez mais amplo para a atuação consensual do poder Público. Assim, se tem somado aos tradicionais pactos públicos — contratuais ou não contratuais — uma cópia de relações negociadas em que se privilegia o consenso como forma de atingimento mais fácil, mais célere e menos dispendioso de interesses públicos específicos postos a cargo do Estado.

Se desde o início da década de 1980 o Ministério Público deveria ter assumido para si o papel de mediador de conflituosidade transindividual, é fato também que, mesmo entre os órgãos de execução com atribuições específicas em áreas nas quais essa mediação seria mais eficaz que a busca de uma solução judicial, ainda existe muita resistência no manejo das soluções concertadas, seja pela cultura do demandismo, seja pela raiz acusatória da instituição, seja pelo voluntarismo político presente em parcela da instituição, que acaba por priorizar a busca pela sanção em detrimento da garantia dos direitos dos cidadãos e dos grupos.

Se ao Judiciário foi tributado o império de suas decisões em última instância, o que foi legado ao Ministério Público foi exatamente

---

[14] SADEK, M. T. *Diagnóstico dos Ministérios Públicos dos Estados*. Disponível em: <http://www. conamp.org. br/04_arquivos/pesquisa/diagMP171006.pdf>. Acesso em: 05 abr. 2010.

a possibilidade de convencimento, que fez Carnelutti (1958, p. 276) afirmar há muito que "si è detto che il giuridico del giudicato è un rimedio contro la deficienza del suo valore logico: in uma parola il giudice comanda perché non riesce a persuadere".

Para que a instituição não seja vista apenas como uma engrenagem da morosa máquina judicial, como defende Geise de Assis Rodrigues (2008, p. 199),

[é] preciso que o Ministério Público, mais do que nunca, seja uma instituição que, como guardiã da lei, supere as bitolas do maniqueísmo, e saiba contribuir para a mitigação dos dramas da sociedade contemporânea, sobretudo quando se atua em áreas em que a culpa pela realização de determinadas condutas é totalmente irrelevante como na matéria ambiental. Assim, sempre que possível, deve-se em todo o inquérito civil público reservar um momento para ouvir o responsável pela conduta lesiva ao direito transindividual para se avaliar a possibilidade de conciliação.

Ademais, segundo Miranda (2008, p. 366)

Não se concebe hodiernamente que os membros do Ministério Público se transformem em meros e contumazes repassadores de demandas ao Poder Judiciário, como se acometidos do chamado 'complexo de Pilatos', caracterizado por lavar as mãos e transferir a responsabilidade pela resolução de determinado problema à terceira pessoa.

2.2.1.2 A eficiência dos mecanismos extrajudiciais do Ministério Público

De recente diagnóstico de atividade, publicado pelo Ministério Público do Estado de São Paulo, é possível visar que entre os anos de 2003 e 2009 houve incremento significativo no número de inquéritos civis públicos instaurados, com igual crescimento no número de promoção de arquivamentos. O que não restou apurado e, para esta pesquisa, é relevantíssimo, é quanto desses arquivamentos foram acompanhados de tutela satisfatória do bem da vida que se pretendia tutelar, conforme se depreende da figura 2:

Figura 2 – Inquéritos Civis Instaurados (2003-2009)

Ano	Inquéritos Civis		Ações Civis Publicas	
	Instaurados	Arquivados	Propostas - MP	Sent. Procedentes
2002	4.078	2.337	2.404	1.485
2003	4.327	2.749	2.395	592
2004	5.425	3.504	3.306	335
2005	4.976	3.187	2.454	459
2006	6.540	3.184	2.656	495
2007	16.368	7.330	2.938	646
2008	14.327	9.445	3.117	875
2009	12.631	9.890	3.827	1.373

Fonte: Diagnóstico do Ministério Público. Cômputo do Estado de São Paulo.[15]

Não obstante o número de inquéritos civis públicos instaurados entre o ano de 2002 e 2009 ter apresentado crescimento na ordem de 67,71%, o número de ações civis públicas ajuizadas no período apresentou crescimento significativamente menor, de apenas 37,18%.

Da figura a seguir colacionada, aliás, é fácil verificar que, conquanto houve visível incremento de número de procedimentos instaurados, não houve correspondência com o número de ações propostas:

Figura 3 – Relação de inquéritos civis instaurados e ACP propostas (2003-2009)

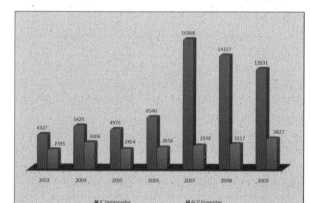

Fonte: Diagnóstico do Ministério Público. Cômputo do Estado de São Paulo.

---

[15] Diagnóstico do Ministério Público. Cômputo do Estado de São Paulo. Disponível em: <http://www.mp.sp.gov.br/portal/page/portal/home/banco_imagens/flash/Relatorio Diagnostico2009/p_diagnostico1.htm>.

Fundamental seria identificar, no total de inquéritos civis públicos instaurados, quantos garantiram, por meios ministeriais próprios, os interesses ou direitos que visavam tutelar, quantos foram arquivados por não ter sido apurada infração móvel da atuação do Ministério Público, e quantos redundaram em ajuizamento de ações.

Todavia, há informações do número de ajustamento de condutas realizado pelo Ministério Público do Estado de São Paulo, conforme extrai-se da figura a seguir:

Figura 4 – Termos de ajustamento de conduta firmados – 2002-2009

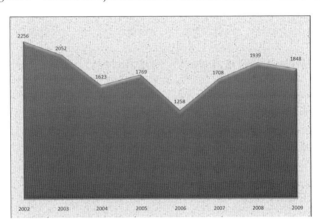

Fonte: Diagnóstico do Ministério Público. Cômputo do Estado de São Paulo.

Ao se cruzar todos esses dados, percebe-se, no Ministério Público do Estado de São Paulo, uma tendência demandista, na medida em que, na maioria absoluta dos anos, há mais ajuizamento de ações do que busca de soluções concertadas.

Não obstante, o levantamento realizado pela instituição paulista permitiu visualizar que, de 2005 a 2009, houve sensível incremento no número de ações civis públicas ajuizadas pelo Ministério Público com julgamentos totalmente procedentes. Enquanto no ano de 2005 a relação entre ações propostas e sentenças procedentes era de 18%, número que se repetiu em 2006, no ano de 2007 a relação subiu para 21%, saltando para 28% em 2008 e fechando 2009 com 35%.

Não se sondou, e não será possível fazê-lo na presente pesquisa por ser tema que lhe é alheio, se o incremento do número de ações julgadas procedentes representa amadurecimento institucional ou mudanças no Poder Judiciário.

A análise torna-se completa quando se soma aos números anterior — das ações julgadas totalmente procedentes — o total das ações julgadas parcialmente procedentes, comparando-as, assim, com o número de ações julgadas improcedentes, como feito a seguir:

Figura 5 – Ações civis públicas com sentenças (2003-2009)

Ano	Sentenças	
	Sentenças procedente e parcialmente procedentes	Sentenças improcedentes
2002	1.485	431
2003	592	198
2004	504	210
2005	618	240
2006	693	200
2007	792	203
2008	1.082	228
2009	1.601	267

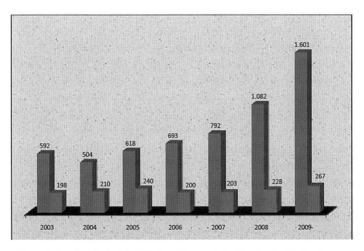

Fonte: Diagnóstico do Ministério Público. Cômputo do Estado de São Paulo.

Ao se considerar, agora sim, a relação entre inquéritos civis públicos instaurados e o número de ações julgadas improcedentes, divisa-se melhora significativa no índice de procedência de ações, enquanto o número de julgamentos improcedentes mantêm-se relativamente estável.

O diagnóstico do Ministério Público Paulista não conseguiu aprofundar-se em questões que interessavam a esta pesquisa, principalmente as relativas à eficiência dos mecanismos ministeriais comparados à atividade jurisdicional. Fez-se, portanto, necessário, sair a campo para agregar um levantamento empírico que pudesse confirmar ou infirmar o que é dito pela doutrina, que muitas vezes apenas narra que "é de conhecimento notório" ou que "é fato" que a tutela extrajudicial é bastante mais eficaz e célere que a judicial, não trazendo dado que comprove ou infirme.

Em um primeiro momento, considerou-se a possibilidade de se efetuar o levantamento de toda atuação na tutela de interesses transindividuais, tanto do Ministério Público quando do Poder Judiciário, em um Estado da Federação. Logo se percebeu que, pela imensa capilarização das atividades dessas duas instituições, a pesquisa beiraria o impossível.

Chegou-se, então, à conclusão de que a melhor opção seria uma pesquisa por amostragem. O primeiro passo foi eleger uma cidade. Para tanto, buscou-se uma que ficasse na média da realidade do Estado de Goiás — eleito o *standard* desta pesquisa por ser de mais fácil acesso para o pesquisador —, seja em tamanho territorial, número de habitantes e, principalmente, que tivesse a possibilidade de agregar tanto os litígios transindividuais das grandes cidades quanto das menores, mais afastadas da capital, possibilitando certa *estandardização*.

Foi também preocupação buscar uma cidade em que tivesse conhecido, no marco temporal da pesquisa, ao menos três representantes do Poder Judiciário responsáveis por julgar questões transindividuais, bem como, no mínimo, três órgãos distintos do Ministério Público com atribuições na tutela dessas mesmas questões. A cidade eleita foi Bela Vista de Goiás, localizada na região metropolitana de Goiânia, a sudeste da capital do Estado.

Bela Vista de Goiás conta com um desenvolvimento na região noroeste de sua base territorial que muito a aproxima das grandes cidades do Estado. Nos quadrantes sul e leste de sua base territorial, o município mantém atividades tipicamente agrícolas, que equivalem às atividades de tantas outras cidades do interior do Estado.

O passo seguinte foi marcar o tempo da pesquisa, optando-se por efetuar um corte de 11 (onze) anos — de janeiro de 2000 a janeiro de 2011 — o que possibilitaria sondar a desenvoltura tanto do Poder Judiciário quando do Ministério Público em atuações ligadas à tutela metaindividual.

Dado relevante que deverá ser considerando é que, no período selecionado, a comarca contou com 4 (quatro) juízes de direito, com atribuições em interesses difusos e coletivos, e 3 (três) promotores de justiça, com funções na área, o que acaba por reduzir a marca de pessoalidade na pesquisa.

No período selecionado, constatou-se que o Ministério Público instaurou 207 (duzentos e sete) inquéritos civis públicos ou procedimentos de investigação preliminar. Em 98 (noventa e oito) destes, por meios próprios, seja recomendação ou ajustamento de conduta, garantiu-se o bem da vida sem a necessidade de ajuizamento de qualquer ação judicial, significando que 47% (quarenta e sete por cento) de todos os inquéritos/procedimentos chegaram ao cabo com a garantia, no bojo desses procedimentos ministeriais, do bem da vida que era tutelado.

Dos 207 (duzentos e sete) inquéritos ou procedimentos, 46 (quarenta e seis) foram arquivados por não ter sido constatada qualquer lesão aos interesses de metaindividuais, totalizando 22% (vinte e dois por cento) de arquivamentos. Treze, do total, permanecem tramitando e outros cinquenta, 24% (vinte e quatro por cento) de todos os procedimentos acabaram desbordando no Poder Judiciário por não ter conseguido a satisfação do bem da vida na arena extrajudicial.

Realizado, finalmente, o levantamento das questões ligadas aos interesses metaindividuais que desbordaram no Poder Judiciário, tem-se que, no período, houve o ajuizamento de 54 (cinquenta e quatro) ações civis públicas. Desse total, cinquenta, vale dizer, 92% (noventa e dois por cento) de todas as ações ajuizadas no período, foram deflagradas pelo Ministério Público.

Das 54 (cinquenta e quatro) ações ajuizadas, houve pedido de liminar ou de antecipação de tutela em 29 (vinte e nove) delas. Desses pleitos, 24 (vinte e quatro) foram deferidos completamente, três parcialmente e dois indeferidos.

Nesse ponto levantou-se que, em média, o Poder Judiciário gastou 23 (vinte e três) dias para analisar os pedidos de liminares ou de antecipação de tutela, totalizando, o pedido mais demorado para ser analisado, 165 (cento e sessenta e cinco) dias.

Dos 23 (vinte e três) requerimentos antecipatórios, houve recursos contra dez, sendo que, destes, quatro sequer foram recebidos pelo Tribunal de Justiça do Estado de Goiás, cinco foram conhecidos e improvidos, e um foi conhecido e provido parcialmente.

Dessa forma, do que até aqui se apresenta, tem-se que apenas 53% (cinquenta e três por cento) do total de ações ajuizadas teve um atendimento precário dado pelo Poder Judiciário no prazo médio de 23 (vinte e três) dias.

No tocante às decisões de mérito, a situação apresentada é bastante mais preocupante.

Das 54 (cinquenta e quatro) ações civis públicas ajuizadas no período, apenas 19 tiveram sentença em primeiro grau, vale dizer, 35% (trinta e cinco por cento) delas. Dessas 19 sentenças, quatro foram homologatórias de transação judicial realizada entre o Ministério Público e os réus, o que significa dizer que, ainda que, em uma fase anterior ao ajuizamento da ação, não houve êxito na busca de uma solução consensual pelo Ministério Público, uma vez a ação em curso um acordo foi alcançado.

Dessas dezenove sentenças proferidas em primeiro grau, de um total de 54 (cinquenta e quatro) ações ajuizadas no período, apenas 10 delas ingressaram no mérito, sendo consideradas, nas demais, a antecipação de tutela satisfativa. Trocando em miúdos, apenas 18% das ações civis públicas ajuizadas foram apreciadas no mérito pelo primeiro grau do Poder Judiciário no período da pesquisa. Desse total, de 10 sentenças de mérito, uma foi improvida, uma foi parcialmente provida e as demais foram integralmente providas, havendo um índice de provimento na ordem de 85% (oitenta e cinco por cento). Dessas 10 sentenças que ingressaram no mérito, três receberam recursos, duas apelações e um embargo de declaração. As duas apelações sequer foram recebidas pelo Tribunal de Justiça e o embargo ainda pende de decisão.

Acentua-se que a ação civil pública mais antiga tramitando na comarca ainda pendente de julgamento data do ano de 2000.[16] Não obstante, todavia pendem de julgamento ações ajuizadas em 2003, 2004, 2005, 2007, 2008, 2009 e 2010.

Outro fato observado foi que, do total das 25 (vinte e cinco) ações ajuizadas nas quais não se pleitearam provimentos antecipatórios, apenas cinco delas foram julgadas, significando dizer que, dessas, 20 estão sem resposta de qualquer espécie do Poder Judiciário.

Tratando um pouco os dados colhidos, constata-se que, de 100% de todos os procedimentos instaurados pelo Ministério Público com o fim de tutelar interesses metaindividuais, apenas 24% acabaram no Judiciário, sendo que, desse total, 47% garantiram, nos próprios procedimentos ministeriais, o bem da vida que se resguardava.

---

[16] Ação Civil Pública por prática de ato de improbidade administrativa nº 027/002000.034.737.88, movida pelo Ministério Público do Estado de Goiás em desfavor do então Prefeito Municipal, na qual se questiona a probidade da determinação do gestor municipal em inscrever em todos os uniformes dos servidores públicos municipais e alunos da rede municipal de ensino o seu nome.

Esses dados, por si sós, já prestam a confirmar, fazendo inclusive coro às afirmações de que o Poder Judiciário é uma arena ineficaz para a solução de questões coletivas.

Se, somando-se a isso, percebermos que, dos 24% dos procedimentos que redundaram em ações judiciais, apenas 18% desses acabaram recebendo efetiva apreciação em decisão judicial de piso — perceba-se que sequer se trabalha com decisões transitadas em julgado, pois são apenas duas — a ineficácia da prestação jurisdicional fica ainda mais flagrante.

2.3 Ferramentas extrajudiciais do Ministério Público para a solução de conflitos metaindividuais

Se é, portanto, agora com confirmação empírica, a fase extrajudicial a faceta mais relevante do Ministério Público na tutela de interesses cíveis, principalmente na defesa de direitos difusos e coletivos, resta saber, com precisão, de qual ferramental dispõe a instituição para alcançar soluções para os conflitos sem a necessidade de deflagrar a atuação judicial.

Nesta fase do trabalho, serão arrolados os instrumentos de que dispõe o Ministério Público para a solução extrajudicial dos conflitos de metaindividuais. Essas ferramentas serão dispostas em uma ordem cronológica ideal, que aqui se nominará de *iter* extrajudicial do Ministério Público, por mais que distorções sejam muitas vezes observadas na condução dessas medidas. As críticas ao que se observa na flexão desses mecanismos, com sugestões para melhorias, serão expostas em seguida, observando a seguinte ordem: a) arrolamento dos mecanismos extrajudiciais de atuação do Ministério Público; b) rápida visita no direito comparado para sondar se as instituições que em terras alienígenas exercem funções similares às que aqui são atribuídas ao Ministério Público possuem funções extrajudiciais no cível; c) a natureza jurídica das funções extrajudiciais; d) a eventual existência de discricionariedade no exercício dessas funções pelo Ministério Público, bem como alguns excessos observados e os limites que podem servir de filtro à atuação do Ministério Público; e, finalmente, e) as arenas de controle das funções extrajudiciais do Ministério Público.

2.3.1 Inquérito civil

O Ministério Público, desde a Lei nº 7.347/85, portanto, antes da roupagem constitucional contemporânea, é o titular exclusivo do inquérito civil público, instrumento extrajudicial criado com a finalidade inicial de colher elementos de convicção para o ajuizamento de ações de responsabilidade por danos morais e patrimoniais causados ao meio ambiente, consumidor, bens e direitos de valor artístico, histórico, turístico e paisagístico.

Três anos depois, a Constituição previu a possibilidade de o Ministério Público presidir inquéritos civis para "promover a proteção do patrimônio público e social, do meio ambiente e de outros interesses difusos e coletivos".[17]

A abertura semântica utilizada no inciso supracitado, somada à fórmula final do dispositivo — "[...] e de outros interesses difusos e coletivos" — possibilitou a ampla utilização do inquérito civil público, em áreas até então não atingidas pelo texto restritivo do artigo 1º da Lei de Ação Civil Pública.

Esses novos domínios do inquérito civil público deram-se tanto por modificações legislativas quanto pela atuação do Ministério Público, que passou a utilizar-se da abertura da parte final do inciso III do artigo 129 da Constituição da República como fonte legitimadora de novas atuações até então não previstas.

Isso fez com que o campo de utilização do inquérito civil público sofresse tanto ampliação legislativa, desde 1988, quanto jurisprudencial,[18] que acabava por sufragar ou não a atuação do Ministério Público em outros campos de direitos e interesses difusos e coletivos.

Ao ser municiado com informações que imponham sua atuação, é dever do membro do Ministério Público, entendendo serem suficientes para formar a convicção negativa sobre eventual lesão ao interesse que tutela, promover imediatamente o arquivamento das peças, sem a necessidade, sequer, de se instaurar inquérito civil.

De outro lado, sendo essas informações levadas ao órgão ministerial, suficientes para formar a convicção positiva, sendo inequívoca a necessidade de sua atuação, poderá o Ministério Público até mesmo ajuizar ação civil pública sem a necessidade da instauração de inquérito civil.

Essa hipótese, todavia, apesar de ainda frequente, é altamente proscrita, salvo em medidas judiciais de urgência, pois não haverá a possibilidade de se solucionar, sem afogar o Poder Judiciário, questões passíveis de serem resolvidas na fase extrajudicial. Ademais,

---

[17] Constituição Federal de 1988, art. 129, inciso III.
[18] *E.g.*, Súmulas nºs 643, do STF, e 329, do STJ.

o ajuizamento de ações civis públicas sem um procedimento preliminar pode municiar a instituição com informações equivocadas e, não raro, falsas, atingindo pessoas, grupos ou bens que, se descobrirá apenas quando da bilateralidade de audiência, não deveriam figurar no polo passivo de ações civis públicas.

Se, finalmente, os dados colhidos pela instituição apontarem para possível lesão aos direitos ou bens que cabem ao Ministério Público tutelar, sem, contudo, haver dados suficientes, deverá o Ministério Público instaurar o inquérito civil público.

Uma posição, intermediária, todavia, pode surgir. Ela ocorre quando ao Ministério Público chegam elementos de convicção que apontam para possível lesão a interesse metaindividual, sem que essas informações sejam suficientes para que se instaure o inquérito civil público ou para que se delibere sobre seu arquivamento ou, ainda, quando a notícia chega ao Ministério Público de forma apócrifa. Nesses casos, e apenas nesses casos — mais adiante, ao abordar os desvirtuamentos e a má utilização do sistema, voltar-se-á ao tema — será possível, antes mesmo de se instaurar propriamente o inquérito civil, buscar elementos, por meio de diligências preparatórias, que afastem as dúvidas sobre a necessidade ou não de se instaurar o inquérito civil público.

Essa possibilidade, destaca-se, deverá ser utilizada quando houver dúvidas sobre os fatos que chegam ao conhecimento do Ministério Público, quando houver carência de lastro probatório mínimo ou quando, por qualquer outro motivo, não for possível, de plano, formar o convencimento sobre a necessidade ou não de atuação do Ministério Público naquela matéria.

Se em uma fase primeira, o inquérito civil público prestava à colheita de elementos de convencimento para o ajuizamento de ações civis públicas, outros instrumentos foram sendo agregados ao ferramental do Ministério Público, convertendo o inquérito em uma primeira etapa de um *iter* de atuação extrajudicial na tutela de interesses de metaindividuais.

Instaurado o inquérito civil, é dever do Ministério Público trazer para seu bojo o máximo de informações possíveis sobre o evento investigado, tanto trazidos pelos possíveis lesados quanto pelo possível causador do dano.

Para tanto, fundamental requisitar todos os documentos de que tenha conhecimento e que se relacionem com a matéria, ouvir o máximo de pessoas que possa impactar na formação do convencimento e carrear ao inquérito, sempre que possível, laudos periciais.

Obviamente que, dependendo do direito tutelado, o número de possíveis lesados é tão grande que a tramitação do inquérito civil público, de forma célere, ficaria prejudicada. Para tanto, dispõe o Ministério Público de um instrumento extremamente eficaz, especialmente nessas questões, qual seja, a audiência pública.

2.3.1.1 Instrumentos de pluriparticipação nas atividades extrajudiciais do Ministério Público

A Lei Orgânica Nacional do Ministério Público dispõe que, para exercer seus misteres, poderá o Ministério Público promover audiências públicas (artigo 27). Essa ferramenta, entronizada nas legislações ministeriais, há muito é utilizada em outros países como forma de participação popular nas decisões do Estado, com origem no *public hearing* e na *enquête*.

As audiências públicas são poderosos instrumentos de governança, cuja essência é colocar a democracia em prática. E democracia que caminha predica, necessariamente, verdadeira participação dos cidadãos na tomada de decisões do Estado.

Se o Ministério Público, na defesa dos interesses metaindividuais, tutela interesses de toda gente, com muita justeza deverá ouvir os titulares desses direitos e os grupos de pessoas que poderão sofrer os reflexos de suas ações. Ninguém melhor do que eles para dizer se estão ou não sendo lesados e como o estão.

Praticar boa governança no bojo de inquéritos civis, seja valendo-se das audiências públicas, seja valendo-se dos ouvidores, abrindo consultas públicas, seja com os *amicus curie* ou com qualquer outra forma de participação em suas atividades, redundará em melhor desempenho das atividades extrajudiciais do Ministério Público, que terá ao seu lado os titulares dos direitos em tese violados, os mesmos que, por outro turno, farão o controle social das medidas tomadas. Isso acaba por, também, promover a cidadania, função institucional do Ministério Público.

Mais, "quando se fala em audiência pública se está a reverenciar o princípio, segundo o qual toda pessoa tem o direito de ser ouvida em matéria na qual esteja em jogo o seu interesse" (FERRARI, 1993, p. 36).

O uso dos instrumentos participativos gera multilateralidade de audiências, exigindo não apenas motivação para posterior tomada de decisão, mas, antes, ponderação, no sentido de dar às opiniões colhidas equalização que lhes dê máxima efetividade. Isso gera a chamada administração paritária ou, no Ministério Público, *atividade ministerial pariparticipativa*.

As audiências públicas podem ser consideradas as verdadeiras pontes do falido sistema democrático puramente representativo para um sistema efetivamente participativo, onde os cidadãos serão ouvidos e terão suas pretensões consideradas. Paulo Roberto Decomain (1994, p. 112), comentando a Lei Orgânica Nacional do Ministério Público, assevera:

> [...] as audiências públicas revelaram-se mecanismos eficientes de equacionamento de problemas ligados a direitos e interesses difusos e coletivos de modo geral, como aqueles relacionados ao meio ambiente, ao consumidor, etc. Também são eficazes em matéria de serviços públicos, porque permitem um debate amplo em torno da atuação da Administração Pública, que tem sua eficiência analisada e questionada publicamente pelos destinatários dela, ou seja, pelas pessoas da coletividade de modo geral. Cabe ao Ministério Público então promover referidas audiências, conduzindo durante elas os debates. Com isso toma plena ciência daquilo que a coletividade realmente deseja em determinado assunto, informando-se e formando um juízo mais próximo dos verdadeiros interesses comunitários, antes de empreender quaisquer providências.

Devido a sua grande importância, a audiência pública promovida pelo Ministério Público deve ocorrer amiúde. No leito do inquérito civil deverá, sempre que possível, designar dia, hora e local para a realização de audiência pública para buscar a melhor forma de solucionar determinados problemas.

Importantíssima é a elaboração de um regulamento para a audiência, que deverá ser publicado para que todos tomem conhecimento do que será debatido e de como esse debate acontecerá. Em seguida, deverá o órgão de execução dar publicidade à audiência pública, convidando todos os interessados.

Em dia, hora e local previamente designados, o membro do Ministério Público presidirá a audiência pessoalmente, não devendo se fazer representar por assessores ou secretários, ouvindo todos os inscritos para o debate. É bom que se grave a audiência e que, em seguida, faça-se a degravação do áudio para que, dessa forma, seja mais facilmente visualizada no inquérito civil.

Finda a audiência, deverá ser lavrado um termo em que, considerando todas as opiniões ali colhidas, motivadamente, tomará o membro do Ministério Público uma das possíveis medidas (arquivamento, recomendação, ajustamento da conduta ou ajuizamento da ação).

Avançando um pouco mais na possibilidade do que se nominou neste trabalho de *atividade ministerial pariparticipativa* e tomando de empréstimo as considerações feitas por Diogo de Figueiredo Moreira Neto (2001, p. 213), é possível que se faça, também, a coleta de opinião, não obstante ausência de previsão legal expressa.

Ora, se o que se busca é a celeridade, a consensualidade e, principalmente, a cidadania em máximo expoente, é plenamente possível valer-se da coleta de opinião, processo pelo qual o Ministério Público confrontaria opiniões e pontos de vista de grupos interessados em um mesmo direito ou interesse para que se tome, assim, a melhor medida, a menos gravosa.

Também possível a realização, pelo Ministério Público, de consultas públicas, que seria a abertura de prazo, dentro do inquérito civil, para que quaisquer interessados possam dar suas opiniões por escrito. Essas consultas, se bem utilizadas, podem trazer para o inquérito opiniões de *experts*, que darão lastro à futura atuação do Ministério Público.

Questão recorrente e que merece nota diz respeito ao efeito que se dará a esses instrumentos de participação. Quer-se indagar qual o grau de eficácia e vinculação que esses instrumentos geram para a atuação do Ministério Público.

Contudo, diante do silêncio legal, esses instrumentos não possuem caráter deliberativo, terminativos, vinculantes, o que não quer, em absoluto, significar que serão apenas um meio de trazer ao inquérito civil ares democráticos, pelo contrário.

Quando o Ministério Público resolver atuar de maneira diversa do que foi dito pelos participantes, ao menos em sua maioria, deverá provar quais motivos o levaram à escolha diversa. O mínimo que se exige é que o agente ministerial exerça juízo de ponderação, com ampla fundamentação, explicando por qual razão tomou uma e não outra decisão.

Dessa forma, colhidos dados suficientes para formar o convencimento do órgão de execução ministerial sobre o assunto sob investigação, é fundamental que se busque, antes do ajuizamento de qualquer medida judicial, o que aqui se denomina solução "semiespontânea" do litígio, que será formalizada por meio de recomendações.

2.3.1.2 Recomendação

A recomendação encontra previsão no ordenamento jurídico brasileiro desde 1993, por meio tanto da Lei nº 8.625/93, em seu artigo

26, inciso VII,[19] quanto do artigo 6º, inciso XX, da Lei Complementar nº 75/93.[20]

Para se expedir recomendações é condição essencial uma investigação prévia dos fatos. Essa é a razão pela qual o inquérito é o primeiro momento de atuação extrajudicializada, sendo a recomendação a terceira etapa, posterior à fase de colheita de elementos, até porque, obviamente, para que se expeça uma recomendação, é necessário que o órgão tenha provas para demonstrar que serviços públicos, serviços de relevância pública ou interesses e bens que lhe cabem tutelar estejam necessitando de adequação.

Em outras palavras, a recomendação deverá ser expedida após a ciência plena dos elementos fáticos que evolvem a questão, única forma que propiciará, inclusive, a correta motivação fática e jurídica que leva ao manejo desse instrumento. Com isso, notifica-se o recomendado para que dê publicidade à recomendação e responda, por escrito, em prazo razoável.

Não obstante, a recomendação não possui qualquer caráter vinculante ou impositivo, pois quem a recebe apenas fica ciente das conclusões a que chegou o Ministério Público sobre aqueles fatos, bem como poderá antever que o não acatamento da recomendação poderá redundar em prosseguimento do inquérito civil público, desbordando, inclusive, se não houver solução concertada, em uma ação civil pública.

A recomendação, por ela só, muito se assemelha ao efeito antes dado nas ações de inconstitucionalidades por omissão ou nos mandados de injunção, em que o Poder Judiciário apenas notificava ao omisso sua omissão, não impondo nenhuma medida, tampouco substituindo-o na prática do ato omitido.

Mais que isso, a recomendação representa o exercício pelo Ministério Público das funções em muitos países atribuídas ao *Ombudsman* sueco, o *Parliamentar Commissioner* Inglês, Provedor de Justiça Português, *Mediateur* francês ou o *Defensor del Pueblo* espanhol, argentino e peruado.[21]

Em todos esses casos, que guardadas variáveis que não impactam nesta pesquisa, tais órgãos, dotados de independência frente ao

---

[19] "Sugerir ao Poder competente a edição de norma e a alteração da legislação em vigor, bem como a adoção de medidas propostas, destinadas à prevenção e controle da criminalidade."

[20] "Expedir recomendações, visando à melhoria dos serviços públicos e de relevância pública, bem como ao respeito aos interesses, direitos e bens cuja defesa lhe cabe promover, fixando prazo razoável para a adoção de providências cabíveis."

[21] MEDAUAR, Odete. *Controle da Administração Pública*. 2. ed. São Paulo: Revista dos Tribunais, 2012, p. 148-163.

parlamento e à administração executiva, possuem amplos poderes de informações (inspeções, exames de documentos ou requisições, poderes inquisitórios, etc.), mas sua atuação final, após investigação, restringe-se a enviar críticas, censuras e recomendações estimulando a autotutela da Administração Pública.[22]

Isso, longe de significar um mecanismo imprestável, é genuinamente um aparelho de orientação, auxílio e consenso. É o momento em que o Ministério Público, um dos órgãos de controle do Estado, tomando ciência de alguma irregularidade, antes de qualquer medida coercitiva judicial, dá, ao possível causador de dano, a oportunidade de corrigi-lo, por meios próprios, o que entende o Ministério Público ser seu dever corrigir.

Em situações mais drásticas, *e.g.*, em inquéritos civis em que se investigam condutas ímprobas praticadas por gestores públicos, a recomendação poderá ter dois efeitos, dependendo da conduta tomada, a partir do recebimento dela, pelo seu destinatário. Uma vez atendida a recomendação, ficará o Ministério Público impossibilitado de ajuizar ação por improbidade administrativa, principalmente ao se adotar, como parece ser o mais correto, a postura de que, para se imputar práticas ímprobas, necessário agregar à subsunção o elemento subjetivo doloso.

Trocando em miúdos, tomando o possível réu em ação de improbidade, ciência, por meio de recomendação, de conduta que poderá ser entendida, em um segundo momento, como ímproba pelo órgão ministerial, e corrigindo as irregularidades, ficará salvaguardado de responder judicialmente por improbidade.

Por outro lado, recebendo o gestor público a recomendação e não regularizando sua atuação, será difícil usar a alegação de ausência de dolo, pois, mesmo advertido, permaneceu na prática da conduta lesiva.

Mas, se mesmo valendo-se da recomendação, o Ministério Público não obtiver êxito na solução do conflito, ainda terá à sua disposição outro instrumento de solução extrajudicial, qual seja, o termo de ajustamento de conduta, comumente conhecido como TAC.

2.3.1.3 Ajustamento de conduta

Essa ferramenta pode ser conceituada como compromisso gerado pelas pessoas jurídicas de direito público e seus órgãos legitimados para

---

[22] VERGOTTINI, Giuseppe. *Diritto Costituzionale Comparato*. 7. ed. Milano: LAEL, 2007. v. 1. p. 580-584

tais, que firmam obrigações de fazer e não fazer com eventuais possíveis causadores de danos a interesses metaindividuais, com o fim de sanar ou de reparar lesão, fixando sanções para o caso de descumprimento do acordo, tendo esse documento, por comando legal, força de título executivo judicial (art. 5º, §6º, Lei nº 7.347/85).

Este valiosíssimo instrumento surgiu pela primeira vez no ordenamento jurídico brasileiro no Estatuto da Criança e do Adolescente, sendo, posteriormente, repetido pelo Código de Defesa do Consumidor, cujo artigo 113 introduziu o §6º no artigo 5º da Lei de Ação Civil Pública, permitindo, com isso, que o termo de ajustamento de conduta fosse utilizado na defesa de qualquer interesse transindividual.

O "beneficiário" do TAC, em verdade, não fará acordo com o titular do direito eventualmente violado ou na eminência de violação. Ao contrário, o compromisso será firmado com alguma pessoa jurídica legitimada por lei para tutelar aquele direito ou interesse de que não é titular.

É precisamente dessa forma que ocorrerá quando o Ministério Público firmar ajustamento de conduta. Estará atuando na defesa de direito ou interesse que não titulariza, razão pela qual não há a possibilidade de o Ministério Público abdicar daquele direito ou interesse, nem mesmo em parte, pois não lhe pertence.

Importantíssimo também observar que, não obstante o artigo 17, §1º, da Lei nº 8.429/92 ter vedado a transigência em questões de improbidade, não fere a norma acordar sobre a concessão de prazo para regularização ou pagamento da dívida, sendo sempre esta uma alternativa melhor que o ajuizamento de ações.

Não é raro, todavia, haver ajustes parciais, que não se dediquem ao objeto total ou a todos os sujeitos, a estes se denominando, então, de compromissos preliminares. Nessa circunstância, obviamente, o Conselho Superior do Ministério Público, instância interna controladora da atuação extrajudicial do Ministério Público, conforme se verá adiante, homologará o arquivamento do inquérito civil público apenas na parcela ajustada, autorizando ou não o prosseguimento das investigações na fração restante.

É comum, por motivos já declinados, o causador do dano não ter qualquer interesse em ajustar sua conduta extrajudicialmente, confiando, muitas vezes, na falta de celeridade judicial. Todavia, é possível ocorrer que, no curso de eventual ação, o réu apresente interesse — certamente advindo de decisões acautelatórias — em firmar acordo com o Ministério Público, o que é plenamente possível e, inclusive, desejável. A única diferença será que, ao contrário de termo de ajustamento de conduta, ter-se-á uma transação judicial, com valor, exatamente por isso, de título executivo judicial, sem que haja formação, todavia, de coisa julgada material.

Importa também lembrar que o ajustamento de conduta poderá ser revisado. Nesse caso, após a fixação dos termos do novo ajuste, ele deverá ser submetido ao Conselho Superior, pois é evidente que gerará automaticamente a revogação e arquivamento do anterior.

Firmado o TAC, passará a ter eficácia imediata, conforme dispõe o artigo 5º, §6º, da LACP.

Como já dito, pelo fato de o TAC versar sobre as condições de cumprimento das obrigações, servirá como garantia mínima, e não de limite máximo de responsabilidade. Quer-se dizer com isso que, não obstante o ajustamento da conduta — até porque, como já dito, o Ministério Público não é o titular do direito, mas apenas aquele que o tutela —, qualquer lesado poderá ir a juízo com sua pretensão sobre o mesmo objeto.

O que não é possível é que o próprio tomador do ajustamento de conduta, sem rescindir previamente o ajuste, ajuíze ação civil pública contra os mesmos sujeitos e tendo os mesmos objetos.

Mazzili (2008, p. 83), aliás, apresenta excelente síntese do que é vedado no ajustamento de conduta:

> [...] a) como são garantia mínima e não máxima de responsabilidade do causador do dano a interesses transindividuais, consequentemente não podem os compromissos estipular cláusulas limitativas de responsabilidade do comprometente nem impeditivas de acesso dos lesados à jurisdição, e se o fizerem, tais cláusulas serão tidas como não existentes; b) pelo mesmo motivo, não podem os compromissos incluir renúncia, por parte dos compromissários, a quaisquer direitos materiais, de que não são titulares os órgãos públicos legitimados a domarem os compromissos; c) ainda por isso, não se admite que, nesses compromissos, haja transação quanto ao objeto material do litígio, até porque não tem os legitimados ativos à ação civil pública ou coletiva a disponibilidade sobre o direito material controvertido; d) porque não se admite transação nem mesmo em juízo em matéria atinente à improbidade administrativa, com maior razão não se admite compromissos de ajustamento que importe renúncia ou dispensa de exercício de direitos em prejuízo do patrimônio público.

Finalmente, não considerando conveniente ou não tendo surtido efeito nenhuma das possibilidades de soluções concertadas anteriores, deverá o membro do Ministério Público ajuizar a competente ação civil pública, conforme determinação da Lei nº 7.347/85.

O artigo 25, IV, da Lei nº 8.625/93 diz que a ação civil pública é o instrumento adequado para a proteção, prevenção e reparação de danos causados ao meio ambiente, ao consumidor, aos bens e direitos de valores artísticos, estéticos, históricos, turísticos e paisagísticos, e a outros interesses difusos, coletivos e individuais homogêneos.

Tem-se, com isso, um panorama do ferramental de que dispõe o Ministério Público para solucionar, por meios próprios, questões que lhe são dever solucionar.

2.4 Funções extrajudiciais no direito comparado

Surge, neste ponto, a curiosidade em saber como o direito comparado trata a atividade do Ministério Público nessas questões. Para tanto, ainda que rapidamente, serão trazidos alguns exemplos de Ministérios Públicos alienígenas, ainda que a instituição não receba precisamente esse nome, bem como pesquisado se a essas instituições foram atribuídas funções similares às do Ministério Público na tutela de interesses não criminais, destacadamente os cíveis metaindividuais.

2.4.1 Portugal

Iniciando a pesquisa pelo Estado que nos deu origem, encontramos o Ministério Público, no direito lusitano, como instituição estável e permanente já no século XIV. Não obstante, a organização do Ministério Público Português apenas ocorreu em 1832, com o Decreto nº 24, de 16 de maio.

Após longa evolução histórica, alheia ao tema desta pesquisa, encontra-se, a partir da Constituição de 1976, com as revisões de 1982, 1989, 1992 e 1997, um incremento tanto nas garantias quanto nas atribuições da magistratura do Ministério Público Português.

A Lei nº 60/98, surgida na sequência da revisão constitucional de 1997, redefiniu as atribuições do Ministério Público, que passou a ser "representante do Estado, defensor dos interesses que a lei delimitar, participante da execução da política criminal desenvolvida pelos órgãos de soberania, exercente da ação penal pública e defensor da legalidade democrática" (artigo 1º, nº 1), modificando a redação da Lei nº 47/86, a denominada Lei Orgânica do Ministério Público daquele país.

Percebe-se que, em Portugal, quase simultaneamente com o Brasil, passa-se a reconhecer os interesses de transindividuais, legitimando o Ministério Público para sua tutela, nos termos do artigo 3º, 1, "e", da LOMP ("especialmente, ao Ministério Público, assumir, nos casos previstos em lei, a defesa de interesses colectivos e difusos").

Há também a previsão, no mesmo diploma, de composições extrajudiciais de conflitos, nos termos do artigo 80º, "a", embora não haja registro em lei de ferramentas mais sofisticadas, como as de que dispõe o Ministério Público brasileiro.

2.4.2 Espanha

Já o Ministério Público Espanhol, com previsão na Constituição de 1978, especialmente no artigo 124 dispõe que

> sin perjuicio de las funciones encomendadas a otros órganos, tiene por misión promover la acción de la justicia en defesa de la legalidad, de los derechos de los ciudadanos y del interés público tutelado por la Ley, de oficio o a petición de los interesados, así como velar por la independencia de los Tribunales y procurar ante éstos la satisfacción del interés social.

A moldura de atribuições do Ministério Público Espanhol, lá chamado de *Ministerio Fiscal*, muito se aproxima das funções atribuídas à nossa instituição. Todavia, na parte final do dispositivo supracitado, parece o legislador constituinte ter indicado a via adequada para que "*los fiscales*" exerçam suas atribuições, qual seja, a via judicial.

O diploma básico do *Ministerio Fiscal*, o *Estatuto Orgánico del Ministério Fiscal*, aprovado pela Lei nº 50/81 e modificado pela Lei nº 24/2007, modernizou a forma de atuar da instituição, hierarquizando-a e descentralizando-a, mas permanecendo, já no "*artículo 1*", atrelando a atividade do Ministério Público na defesa da legalidade, dos direitos dos cidadãos e do interesse público tutelado em lei à promoção de ações judiciais, alinhado, assim, com o texto constitucional.

Há previsão de diligências praticadas pelos próprios "*fiscales*" meramente em questões criminais, sendo digno de nota, todavia, a advertência feita no próprio Estatuto Orgânico de que as diligências encabeçadas pela instituição deverão observar o contraditório e a proporcionalidade.

Em matéria de tutela, por mecanismos próprios, de interesses metaindividuais, o Ministério Público Espanhol mostra-se retardado mesmo em relação ao de Portugal.

2.4.3 França

Na França, o Ministério Público permanece praticamente o mesmo desde o Código de Processo Penal Napoleônico de 1808, sendo até hoje negado à *"magistrature débout"* e aos *"magistrats du parquet"* a independência de que dispõem os magistrados judiciais. Nesse país, os magistrados do Ministério Público marcam suas atividades praticamente apenas em questões criminais, na titularidade de ações penais e na direção de investigações.

Todavia, recentemente, a partir de 1990, com a reforma da *Ordenance 58-1270*, de 22.12.1958, o Ministério Público passou a ter alguma atividade cível e um primeiro ensaio de atribuição em questões de metaindividuais, quando lhe foram outorgadas funções em políticas das cidades.

Por não gozar de nenhuma autonomia, pelo fato de os magistrados do *parquet* estarem subordinados hierarquicamente ao "Garde des Sceaux, ministre de la justice", conforme dispõe o artigo 5º da *Ordenance 58-1270*,

> o corpo dos magistrados do Ministério Público é frequentemente diabolizado. De fato, no espírito do grande pública, a visão da justiça é extremamente maniqueísta, em que de um lado estão os juízes, independentes e garantes das liberdades individuais e, de outro, o Ministério Público, submetido ao poder político e animado de vontade constante de acusar. (TRASSARD, 2008, p. 136)

Se há um adágio que sintetiza o Ministério Público Francês é "le plume est serv, mais la parole est libre" (LIMA, 2007, p. 59).

Não há sequer ambiente para que a instituição, nos moldes em que está estruturada, tenha atribuições e ferramentas para, por ela mesma, liquidar litígios metaindividuais.

2.4.4 Itália

Ainda na base europeia, depara-se com o *Pubblico Ministero Italiano* previsto na *Costituzione della Repubblica del 1 gennaio 1948*, em especial nos artigos 107, 108 e 112, sendo esse último o único dispositivo constitucional que trata de uma das funções da instituição naquele país, dizendo ser obrigatório ao Ministério Público exercer a ação penal.

O artigo 73 da RD nº 12, de 30 de janeiro de 1941, *l'Ordenamento Giudiziario*, traz, genericamente, as demais atribuições do Ministério

Público, estabelecendo ser funções da instituição velar pela observância das leis, pela pronta e regular administração da justiça, pela tutela dos direitos do Estado, das pessoas jurídicas e dos incapazes, requerendo, nos casos de urgência, os provimentos necessários, além de ser sua função promover representação para aplicação de medida de segurança e acompanhar os atos judiciais em outros procedimentos estabelecidos por leis.[23]

Percebe-se também, no Ministério Público Italiano, um grande distanciamento da realidade nacional, em que a instituição muito avançou, pelas razões históricas e mesmo endógenas já mencionadas, por terrenos que não lhe eram típicos.

2.4.5 Inglaterra

Para finalizar a pesquisa no continente europeu, pesquisou-se o Ministério Público na Inglaterra. Ali, até a década de 1980, não havia nenhum órgão com funções assemelhadas ao desta instituição, pois até mesmo a titularidade da ação penal cabia à polícia, que a executava por meio dos *prosecuting solicitors*.

Em 1995, todavia, a Inglaterra criou o *Crown Prosecution Service*, por meio da *Prosecution of Offenses Act*,[24] cuja função é garantir a responsabilização de quem praticou um delito.

Essa instituição, única que desempenha alguma função similar à típica função ministerial de outrora, qual seja, a de promover a ação penal, não dispõe de qualquer autonomia e tampouco pratica ação cível, sendo de sua competência meramente as ações penais (*Code for Crown Prosecutors*, 4.1).

> Destaque-se que tal modelo influenciou diretamente países como a Austrália, o Canadá e a Nova Zelândia, que conservam estreitos liames com a antiga metrópole, cujo direito é fonte e paradigma, ainda hoje, para as instituições políticas das antigas colônias. Por outro lado, há

---

[23] Art. 73 del R.D. 30 gennaio 1941, n. 12 "Il pubblico ministero veglia alla osservanza delle leggi, alla pronta e regolare amministrazione della giustizia, alla tutela dei diritti dello Stato, delle persone giuridiche e degli incapaci, richiedendo, nei casi di urgenza, i provvedimenti cautelari che ritiene necessari; promuove la repressione dei reati e l'applicazione delle misure di sicurezza; fa eseguire i giudicati ed ogni altro provvedimento del giudice, nei casi stabiliti dalla legge. Ha pure azione diretta per fare eseguire ed osservare le leggi d'ordine pubblico e che interessano i diritti dello Stato (e per la tutela dell'ordine corporativo) sempre che tale azione non sia dalla legge ad altri organi attribuita."

[24] Disponível em: <http://www.archive.official-documents.co.uk/document/cps/custody/sec3/htm>.

que notar que, não obstante integrada ao Reino Unido, possui a Escócia instituições jurídicas próprias, de raízes romano-germânicas, como os Estados continentais. O Ministério Público escocês está mais próximo, pois dos congêneres francês, italiano e espanhol. Intitula-se *Crown Office* e é dirigido pelo *Lord Advocate*, também membro do Gabinete. Atua em feitos criminais, com controle sobre a oportunidade da acusação e, em feitos cíveis, representa o governo. (LIMA, 2007, p. 53)

Tem-se, então, na Europa, poucas instituições que se assemelham às funções do Ministério Público nacional, especialmente em Portugal, havendo outras, em maioria, que nem de longe apresentam desenvolvimento e atribuições que as aproximam da instituição brasileira do pós-1988.

2.4.6 Estados Unidos da América

Já no continente americano, depara-se, ao norte, com o já citado Canadá, que possui instituição que muito se aproxima da inglesa, com atribuições meramente criminais, e com os Estados Unidos.

Nos Estados Unidos da América, a instituição que faz as vezes do Ministério Público é dividida em *United States Attorney General,* o órgão de cúpula da instituição nomeado pelo Presidente da República e com atribuições cíveis e criminais, os *Attorney General of the State*, que corresponderiam aos Ministérios Públicos Estaduais, com a peculiaridade de seus membros serem eleitos por voto popular para mandatos de quatro anos e os *District Attorneys*, que são os representantes nos condados.

Não bastasse a divisão territorial, há também clara divisão de matéria entre eles, desempenhando, o *United States Attorney*,[25] funções cíveis, especialmente em questões ligadas à lei antitruste, direitos civis, proteção ambiental e do consumidor.

Já os *Attorneys of the States* desempenham atribuições destacadas na defesa de direitos transindividuais, com ênfase para questões tributárias, ambientais, saúde, promoção da transparência na administração e boa governança.[26]

Finalmente, nos *counties*, as atribuições se restringem às questões criminais.

---

[25] THE UNITED STATES DEPARTMENT OF JUSTICE. Disponível em: <www.justice.gov>.
[26] NEW YORK STATE OFFICE OF THE ATTORNEY GENERAL. Disponível em: <www.ag.ny.gov>.

Tem-se, portanto, ali, instituições que, em alguma medida, se aproximam da brasileira, principalmente em suas atribuições metaindividuais, inclusive com ferramental que propicia a busca de soluções extrajudiciais, sendo típica as negociações entre as instituições e eventuais causadores de danos coletivos.

2.4.7 Argentina

Na América do Sul, tem-se, na Argentina, desde a Constituição de 1994, um Ministério Público que, conforme o artigo 120, é órgão independente, com autonomia orçamentária e financeira, com a função de defender a legalidade e os interesses gerais da sociedade.

Assim como no Brasil, portanto, e talvez por influência de seu vizinho, o Ministério Público Argentino é completamente independente das outras instituições do Estado, possuindo funções em direitos coletivos e não apenas em matérias criminais.

Há, todavia, como acontece nos Estados Unidos da América, uma divisão geográfica que redunda em distribuição de competências.

Ao Ministério Público Fiscal (artigo 25 a 33 da Lei nº 24.946/98, Lei Orgânica do Ministério Público – LOMP) cabe, dentre as dezoito atribuições previstas no artigo 25, a defesa do interesse público previsto em lei, os interesses da sociedade, zelar pelo efetivo respeito e cumprimento às leis e à Constituição.

Também é atribuição do Ministério Público Fiscal atuar, obrigatoriamente, como *custos legis* nas ações civis e laborais em que exista aplicação de normas jurídicas indisponíveis, *e.g.*, quando está em jogo o "superior interesse da criança", condições mínimas de trabalho do empregado, etc.

De outra banda, o Ministério Público de Defesa é responsável, basicamente, por assegurar o acesso à justiça a todos os habitantes da Argentina no diz respeito à defesa dos direitos humanos frente às cortes nacionais e aos organismos internacionais.

A Lei Orgânica do Ministério Público Argentino, a exemplo do que ocorre no Brasil, possibilita, no artigo 26, que a instituição requisite quaisquer informações necessárias ao cumprimento de suas funções, havendo, pois, um procedimento similar ao que aqui nominamos de inquérito civil público, sem haver, contudo, mecanismos de soluções não judiciais de litígios.

Vale dizer que, na Argentina, a instituição foi aparelhada para colher dados, por ela própria, necessários ao ajuizamento de ações, não tendo competência para buscar soluções consensuais de conflitos.

Passar em revista alguns modelos de instituições que exercem funções congruentes com as que exercem por aqui o Ministério Público é, antes de curiosidade, um parâmetro seguro para se medir o grau de interesse de determinada sociedade em solucionar questões ligadas a algumas mazelas que a afligem como um todo.

Interessante perceber, todavia, que em países com IDH mais elevado, e história democrática mais densa, o Ministério Público quase nunca é inchado com funções metaindividuais. Talvez — e o talvez é utilizado porque isso demandaria outra espécie de pesquisa, com atenção aos aspectos históricos, sociológicos e políticos — a necessidade de se ter órgãos que tutelem os interesses de metaindividuais até mesmo contra o Estado faz com que surja a necessidade de instituições mais fortes.

Isso é mais facilmente percebido ao comparar o que pode se chamar de Ministério Público Inglês ou o Francês, para tomar apenas dois exemplos, com a *Provedoria de Justicia* Venezuelana, com previsão constitucional de promoção, defesa e vigilância dos direitos e garantias estabelecidas na Constituição (1999) e nos Tratados Internacionais sobre Direitos Humanos, além de tutelar os interesses difusos e coletivos dos cidadãos, função essa, aliás, já prevista desde a Constituição de 1961. Se não há naqueles países uma instituição que tutele interesses metaindividuais, é certamente pelo fato de o Estado ter adotado uma postura de agir subsidiária aos outros atores sociais ou porque não há a necessidade de haver uma instituição dotada de atribuições específicas nessas áreas.

O agigantamento das atribuições ministeriais ou de instituições que lhe são próximas em outros Estados está muito fortemente associado à necessidade de defesa dos cidadãos contra as investidas de grupos mais fortes ou do próprio Estado.

A conclusão, ao se revistar o Ministério Público em outros países, pode ser tomada de empréstimo da Professora Maria Tereza Sadek que, verificando a instituição nacional e comparando-a com outras, como aqui se fez, sentenciou que "se o Brasil tem alguma jaboticaba, é o Ministério Público. Não há outro no mundo com a atuação na área cível que o nosso tem".[27]

---

[27] SADEK, M. T. *Excesso de poder:* cada juiz é uma ilha e tem muito poder em suas mãos. Entrevista concedida a Conjur. Disponível em: <http://www.conjur.com.br/2009-fev-08/entrevista-maria-teresa-sadek-cientista-politica> Acesso em: 9 fev. 2009.

2.5 Natureza jurídica das funções extrajudiciais do Ministério Público brasileiro

Passada em revista a extensa carta de atribuições do Ministério Público, é chegado o momento de se tentar desvendar a natureza jurídica das funções extrajudiciais da instituição.

Se parcela das atividades do Ministério Público são dependentes e coligadas ao desempenho pelo Judiciário de sua função típica, outra grande parte, conforme visto nos tópicos anteriores, não é, *a priori*, dependente de pronunciamento judicial.

Aliás, como já dito, no delineamento constitucional do Ministério Público não se vincula peremptoriamente a atividade da instituição à promoção de ações judiciais. É o que se pode depreender do artigo 127, *caput*, e 129, incisos II,[28] III,[29] VI,[30] VIII[31] e IX.[32] Da simples leitura dos dispositivos, percebe-se a possibilidade de o Ministério Público satisfazer as imposições atribuídas a ele pela Constituição, por meios não judicializados.

2.5.1 Função

Ao se falar em atribuições de competências pela Constituição ou pela lei a determinado órgão, como ocorre com o Ministério Público, está-se laborando com a ideia de função, que pode ser sintetizada pela repetida lição de Celso Antônio Bandeira de Mello (1991, p. 23): "Quando alguém está investido de dever de satisfazer dadas finalidades em prol do interesse de outrem, necessitando, para tanto, manejar poderes requeridos para supri-los".

Todavia, mais completa e atual mostra-se a definição de função dada por Bernardo Giorgio Mattarella (2003, p. 700), para quem,

---

[28] "II – zelar pelo efetivo respeito dos Poderes Públicos e dos serviços de relevância pública aos direitos assegurados nesta Constituição, *promovendo as medidas necessárias a sua garantia;*" (grifo nosso)

[29] "III – *promover inquérito civil público* e ação civil pública, *para proteção do patrimônio público e social, do meio ambiente e de outros interesses difusos e coletivos;*" (grifo nosso)

[30] "VI – *expedir notificações em procedimentos administrativos de sua competência, requisitando informações e documentos para instruí-los,* na forma da lei complementar respectiva;" (grifo nosso)

[31] "VII – exercer o controle externo da atividade policial, na forma da lei complementar mencionada no artigo anterior;"

[32] "IX – *exercer outras funções que lhe forem conferidas, desde que compatíveis com sua finalidade,* sendo-lhe vedada a representação judicial e a consultoria jurídica de entidades públicas." (grifo nosso)

[...] per funzione si intende un'attività volta alla cura di interessi alieni e quindi non interamente libera né interamente vincolata, rilevante nella sua globalità (al di là dei singoli atti in cui si estrinseca), svolta normalmente attraverso procedimenti e soggetta a forme di controllo.[33]

Sob outro ponto de vista, o conceito de Gabino Fraga (1973, p. 21), para quem o conceito de função "se refiere a la forma y a los medios de la actividad del Estado. Las funciones constituyen la forma de ejercicio de las atribuciones", alinha-se à ideia que se pretende desenvolver neste capítulo.

Portanto, fixar-se, de partida, o que são as atividades exercidas pelo Ministério Público por ordem constitucional ou infraconstitucional não é tarefa difícil. É, inegavelmente, como ocorre com qualquer outro órgão incumbido de determinada competência, exercício de funções.

O complicador surge quando se pretende sondar, como se faz aqui, qual é essa função, vale dizer, qual sua natureza jurídica, partindo das típicas funções exercidas pelo Estado. Percorrer, portanto, as funções típicas, buscando algum espaço em que seja possível alocar as competências extrajudiciais do Ministério Público, é o ponto de partida.

2.5.2 As funções típicas do Estado

Apartar e caracterizar as funções tipicamente desenvolvidas pelo Estado é labor de que já se ocuparam grandes pensadores do Direito do Estado, em especial do Direito Administrativo. Portanto, o terreno mais seguro para se iniciar a perquirição sobre a natureza jurídica das atividades extrajudiciais do Ministério Público é precisamente fazendo-se uma revisão das conclusões a que chegaram alguns desses acadêmicos sobre as funções do Estado, limitando-se a alguns nomes. Em seguida algumas rápidas conclusões serão tomadas sobre o tema, para, aí sim, trazer novamente ao debate as funções extrajudiciais do Ministério Público, alocando-as ou tentando fazê-lo no que foi desenvolvido.

Deixando de lado os *doctrine makers* da tripartição das funções estatais, inicia-se por Otto Mayer (1982), doutrinador alemão que teve sua primeira versão do curso de Direito Administrativo publicada em 1755, e sustentava que a atividade judicial destaca-se das demais por ser

---

[33] "[...] por função se entende uma atividade voltada ao atendimento de interesses alheios e, portanto, não inteiramente livre nem vinculada, revelando em sua totalidade (além dos atos singulares extrínsecos), desenvolvida normalmente por meio de procedimento e sujeita a controle."

destinada à garantia da ordem jurídica. Assim, seria judicial a atividade desenvolvida pelo Estado que visasse manter a ordem jurídica, sendo essas atividades, à época, desempenhadas pelos tribunais incumbidos de questões de Direito Civil e Direito Penal.

Otto Mayer distinguia as atividades estatais a partir de critérios orgânicos — desenvolvidas pelos tribunais — e materiais — destinadas à manutenção da ordem jurídica, excluindo da função judicial os atos de gestão do próprio órgão encarregado do desempenho da função judicial. Para o autor (*apud* STROPPA, 1994, p. 148), a função judiciária: "[...], dessa forma, opor-se-ia à Administração pela ocorrência de dois elementos: um orgânico, ao levar em conta o órgão que exerce a atividade, e outro material, ligado à própria atividade".

Já por atividade legislativa entendia o autor, em um primeiro momento, que se tratava do estabelecimento, pelo soberano, de regras gerais e obrigatórias para os súditos. Com o Estado Constitucional, esse regramento passa a pressupor, obrigatoriamente, uma representação nacional que legitime o estabelecimento dessas normas.

Essa função, portanto, pressupõe, assim como ocorre com a atividade judicial, um elemento orgânico — representação nacional — e outro material, qual seja, a criação de norma de direito de observância geral e obrigatória.

Passa o autor, posteriormente, a sustentar que, na ausência de um dos dois elementos que caracterizam as funções judicial ou legislativa, estar-se-á diante de atividade administrativa. A conclusão óbvia de que, portanto, para Mayer, atividade administrativa é aquela que não é nem legislativa nem judicial, é logo sinalizada pelo autor como uma conclusão equivocada.

Advertiu que o Estado exerce outras atividades que não são nem legislativas nem judiciais, mas que, no entanto, não poderão ser consideradas administrativas. Cita como exemplo os atos de fundamento constitucional, como a convocação da Assembleia, ou os atos submetidos aos regramentos internacionais ou a própria "função de governo", que ele definia como a direção do Estado exercida à margem da lei.

Já para o italiano Renato Alessi (1970), as funções poderiam ser divididas em legislativa, jurisdicional e administrativa. A primeira seria a produção de regras que se caracterizariam pela inovação primária no exercício direto do poder soberano do Estado, o que, portanto, sustentava o autor, era o que faria a diferenciação entre o produto da função legislativa e um ato jurídico privado que inovasse no mundo jurídico.

A função jurisdicional, segundo ele, é destinada a garantir o cumprimento de normas. É, pois, ato subsidiário à função legislativa, pois objetiva dar concretude aos comandos oriundos desta.

Por fim, a função administrativa, assim como a jurisdicional, é complementar à atividade legislativa, buscando, portanto, a mesma finalidade desta, qual seja, dar concretude à produção jurídica primária e abstrata das normas jurídicas. A diferenciação entre ambas as funções seria possível, portanto, não em razão da matéria, do conteúdo, mas da circunstância de o órgão estatal incumbido da atividade administrativa ser parte das relações a que se referem os atos, conquanto o órgão encarregado da função jurisdicional "permanece acima e à margem das relações a que os atos se referem" (STROPPA, 1994, p. 148).

Agustin Gordillo (s/d, p. IX-3), por sua vez, inicia sua incursão pelo tema das funções do Estado partindo da crítica de que "la práctica y la doctrina han ido elaborando soluciones para casos concretos, antes que lineamentos generales convincentes", tentando comprovar que, ainda que tipicamente seja possível arrolar a função de um órgão, ele certamente exercerá as demais funções que não lhe são típicas:

> Normalmente se considera que la función legislativa es la creación de normas generales de conducta, imperativas, para todos los habitantes, y que la función jurisdiccional es la decisión imperativa de continiendas entre partes, determinando el derecho aplicable, pero no hay hasta el presente un concepto de función administrativa que pueda ser armonizado con los dos anteriores. Todos los conceptos existentes de 'función administrativa' son incompatibles en alguna medida con las otras dos nociones y si bien ello ha sido evidente, los nuevos intentos buscan en general dar un nuevo concepto de función administrativa antes que modificar o precisar específicamente el de función legislativa o jurisprudencial. (*idem, ibidem*)

Critica, com razão, o conceito residual de função administrativa, como o faz com as tentativas encontradas na doutrina em fixar-se positivamente os sinais característicos da função administrativa, em especial as encontradas em Zanobini,[34] Alessi,[35] Jellinek[36] e Villegas Basavilbaso.[37]

---

[34] "La actividad práctica que el Estado desarrolla para cuidar, de modo inmediato, los intereses públicos que asume en los fines propios."

[35] "La actividad concreta del estado dirigida a la satisfacción de las necesidades colectivas, de manera directa e inmediata."

[36] "La actividad del Estado dirigida a la creación o prohibición de algo nuevo en casos individuales."

[37] "Una de las funciones del Estado que tiene por objeto la satisfacción directa e inmediata de las necesidades colectivas por actos concretos, dentro del orden jurídico y de acuerdo con los fines de la ley."

Afasta, pois, a tentativa de caracterização positiva, pois há atos materialmente legislativos que são organicamente administrativos, há atos materialmente administrativos que são organicamente legislativos, bem como atos materialmente administrativos que são organicamente judiciais. Sustenta Gordillo que, pelo aspecto material, há órgãos administrativos que realizam funções legislativas e jurisdicionais. Esse entrelaçamento de funções materiais demonstra, pois, que não é possível caracterizar tipicamente a função administrativa apenas por esse critério, sendo necessário (passando aí o autor a desenvolver sua teoria) um critério que ele chama de *mixto*, combinando elementos materiais e orgânicos.

Conjugando, pois, os critérios espraiados na doutrina especializada, conclui Gordillo que a função administrativa é, em primeiro plano, toda atividade realizada por órgãos administrativos e autoridades administrativas independentes — critério subjetivo —, bem como toda atividade que realizam os órgãos encarregados tipicamente da função de legislar, excluída ela própria — critério material e orgânico — e, finalmente, toda atividade que realizam os órgãos judiciais, excluída a jurisdição — critério residual.

Bénôit (1977), por seu turno, embrenha-se no tema cindindo o Estado em nação e coletividade, sendo a primeira a nação politicamente organizada, responsável por desincumbir-se da missão de criar o direito e traçar as diretrizes gerais do país, conquanto a coletividade seria a parte cometida da realização dos serviços públicos em regime de subordinação às normas emanadas da nação.

Distingue, então, as funções típicas do Estado, partindo de três premissas, quais sejam: (a) o afastamento necessário da teoria desenhada por Montesquieu, que não é ciência, mas arte, por estar atrelada a uma idealização do que deveria ser a constituição inglesa, não analisando o direito posto; (b) definir os órgãos do Estado com suas respectivas missões; e (c) a necessidade de conceber como transitória a noção científica das funções do Estado, visto estar este em constante modificação.

Nesse quadro, conclui que as funções do Estado-coletividade representam o conjunto dos serviços prestados ao povo e exercitados pelos corpos administrativos, arrolando, dentre elas, as funções administrativa, agrupando missões da administração geral, polícia e gestão de patrimônio público, a função judicial, responsável por decidir controvérsias jurídicas, assegurando seu cumprimento, a função educacional, a função de segurança, a função de pesquisa, dentre outras regidas e subordinadas pelo direito administrativo.

No México, Gabino Fraga (1973) dedicou parte relevante de sua obra *Derecho Administrativo* às funções do Estado, analisando-as a partir dos critérios orgânicos e materiais. Sustenta o autor que a função legislativa é desempenhada formalmente, pelos órgãos que constitucionalmente formam o Poder Legislativo, conquanto, materialmente, a função legislativa é aquela exercida quando determinado órgão produz atos dotados de abstração e impessoalidade, bem como de generalidade, inovando no ordenamento jurídico e tendo caráter imperativo. A conjugação desses traços característicos, segundo o autor, serve para diferir a função legislativa das demais.

Ao tocar na função judicial, Fraga a caracteriza como sendo aquela formalmente desempenhada por um órgão incumbido de solucionar litígios em caráter de definitividade, alertando, contudo, que esse critério, por si só, é incapaz de solucionar questões, como se, de fato, a função jurisdicional é de ordem jurídica ou mesmo se é distinta da administrativa.

Para tanto, o autor inicia seu corte entre função administrativa e judicial pelo elemento "conflito". Para ele, o traço que marca qualquer início de atividade judicial é a existência de um conflito preexistente. Arrola, em seguir, e como decorrência dessa marca, outra característica do ato jurisdicional, qual seja, o fato de o fim desta função ser, segundo defende, dar proteção ao direito, "para evitar la anarquía social que se produciría si cada quien se hiciera justicia por su propia mano" (*idem*, 47).

Finalmente, ao se dedicar à caracterização da função administrativa, diz também ser possível, embora inócuo, classificar a função administrativa a partir de quem a exerce, sendo possível, nesse caso, afirmar que essa seria a função característica do Executivo.

Já tocante ao conteúdo da função administrativa, considera igualmente inadequada, como fazem alguns autores, a caracterização pelo fim da atividade, pela forma de sua execução ou, até mesmo, como propunha Duguit, pela natureza dos atos praticados no exercício da função administrativa.

Rejeitando, portanto, todas as tentativas doutrinárias de arrolar as principais características materiais que diferenciam a função administrativa das demais funções do Estado, Fraga (*idem*, p. 62) sustenta ser capaz de dar um conceito completo de função administrativa desde o ponto de vista de sua natureza intrínseca, dizendo:

> [...] es la que el Estado realiza bajo un orden jurídico, y que consiste en la ejecución de actos materiales o de actos que determinan situaciones jurídicas para casos individuales. [...] Desde luego, con la legislación

se realza la diferencia, ya que por virtud de ésta nunca se realizan actos materiales, ni se determinan situaciones jurídicas para casos individuales. La esencia del acto legislativo es, como se recordará, la creación de situaciones jurídicas generales, abstractas, impersonales. De la función jurisdicional se distingue la administrativa porque en ésta no se recurre a la idea del motivo y fin, como sucede con la primera. La función administrativa no supone una situación preexistente de conflicto, ni interviene con el fin de resolver una controversia para dar estabilidad al orden jurídico. La función administrativa es una actividad ininterrumpida que puede prevenir conflictos por medidas de policía; pero cuando el conflicto ha surgido, se entra al dominio de la función jurisdicional. Si la función administrativa llega en algún caso a definir una situación de derecho, lo hace, no como finalidad, sino como medio para poder realizar otros actos administrativos.

Por sua vez, Jean Rivero distingue a função administrativa da legislativa e judicial, a partir do ponto de vista material. Para o autor, legislar é anunciar normas gerais que ditam as atividades públicas e privadas de uma coletividade determinada. A ação legislativa, pois, se exaure com a edição da norma. Já a função de julgar, aplicando o direito na resolução dos litígios, pressupõe intervenção, indicando a norma a ser aplicada naquele caso concreto, valendo dizer, portanto, que essa função finda quando, em cada caso, é ditado o direito.

Os traços, pois, diferenciadores da atividade administrativa das demais, estão no fato de que, ao contrário da legislativa e da judiciária, a função administrativa não se finda. "L'action administrative est donc, tout à la fois, continue et concrète" (RIVERO, 1970, p. 12).[38] Difere, igualmente, da função judicial, porque a função administrativa age por iniciativa própria, sendo o direito, para essa função, um limite e não um fim. A finalidade da função administrativa, sustentava Rivero (*idem*, p. 13), é a satisfação das necessidades que lhe competem. Sintetiza, ao final, com um conceito de atividade administrativa: "[...] l'administration apparaît donc comme l'activité par laquelle les autorités publiques pourvoient, em utilisant le cas échéant les prérogatives de la puissance publique, à la satisfaction des besoins d'intérêt public".[39]

Finalmente, já entre nós, Oswaldo Aranha Bandeira de Mello não fazia diferenciação de essência entre a ação legislativa e a ação

---

[38] Tradução nossa: "a ação administrativa é pois, simultaneamente, contínua e concreta".

[39] Tradução nossa: "[...] a administração aparece-nos como a atividade por meio da qual as autoridades públicas provêm à satisfação das necessidades do interesse público, valendo-se, se for o caso, das prerrogativas do poder público".

executiva, chegando a afirmar que as duas são, em verdade, momentos distintos da mesma função, chamando-as de "função administrativa", mediante a qual o Estado-poder pratica os atos jurídicos como parte.

Para o autor, a função judicial se distingue da administrativa/legislativa pela natureza do seu objeto — aspecto formal-objetivo —, pois se destina a manter a ordem jurídica em vigor, assegurando o direito vigente e garantindo a efetividade de sua decisão.

Em síntese, para o autor brasileiro a função administrativa engloba tanto essa própria quanto a legislativa, buscando, por meio da promulgação de normas jurídicas e da execução de atos jurídicos concretos e atividades materiais complementares, dar efetividade à utilidade pública.

Por seu turno, a atividade jurisdicional objetiva o próprio direito, com o fim de manter a ordem jurídica normativa vigente através da declaração ou da decretação, em definitivo, do direito das partes e da determinação de seu acatamento.

Portanto, como já se advertia inicialmente, a tentativa de vários doutrinadores nacionais e alienígenas de esboçar definitivamente as características das funções típicas levadas a cabo pelo Estado restou frustrada. As conclusões, desalinhadas e assimétricas, ora considerando os aspectos orgânicos de cada uma das funções, ora fixando-se nos aspectos materiais, são incapazes, de maneira peremptória, de compartimentar as várias atividades, principalmente nessa quadra, levando-se em conta a realidade do Estado brasileiro, nas três funções típicas reconhecidas pela doutrina.

Uma conclusão preliminar é que, para essa pesquisa, a sondagem das características das funções estatais a partir do ponto de vista orgânico[40] em nada soluciona a busca da natureza jurídica das funções extrajudiciais do Ministério Público. Isso se deve ao fato, já debatido neste trabalho, de o legislador constituinte de 1988, atendendo aos reclames da CONAMP, oriundos da Carta de Curitiba, ter alocado a instituição fora dos três "poderes" clássicos do Estado.

O aspecto orgânico, portanto, prestou apenas para aquele momento inicial da pesquisa, onde se concluiu que, assim como ocorre em Portugal, o Ministério Público brasileiro recebeu da Constituição da República carta de atribuições que lhe são próprias e fundamentais ao Estado, sendo, portanto, um órgão constitucional de soberania.

---

[40] "La substancia de un acto estatal no varía según la cualidad de su autor o según la forma en que se ha gestado" (MALBERG, 2001, p. 261).

Essa conclusão em nada resolve a questão da natureza jurídica das atividades, marcadamente as extrajudiciais, exercidas pela instituição.

2.5.3 Função administrativa

A solução que mais se aproxima da ideal, ao que parece, é buscar a caracterização das funções do Estado a partir de um estudo detalhado da consequência jurídica que desbordará do exercício de cada uma das funções.

Para ficar apenas com o que aqui se reputa oportuno, parece fora de qualquer questionamento que dentro das funções extrajudiciais do Ministério Público na defesa de interesses que a Constituição da República lhe impôs tutelar, não se observa qualquer indício — ainda que as posições aqui arroladas sejam repletas de críticas e questionamentos passíveis de serem feitos — de exercício de função judicial ou de função legislativa. Será, então, tentada uma caracterização pela lente das atividades que encerram funções administrativas.

Paulo Modesto, pesquisando sobre o mesmo tema, após também buscar em doutrinadores clássicos a resposta para a caracterização positiva da função administrativa, concluiu que é no controle que será possível destacar a função administrativa das demais. A pesquisa sobre a característica da função, pois, segundo o autor, deveria recair sobre o procedimento específico para o exercício de cada uma.

A estrutura escalonada, segundo Modesto, caracteriza a atividade administrativa e torna possível falar-se em hierarquia em qualquer atividade que se caracterize como função administrativa, permitindo controle permanente de legalidade e da própria oportunidade e conveniência dos atos administrativos, repousando raízes, segundo o autor, na indisponibilidade do interesse público. Sustenta, ademais, que mesmo nos atos praticados no último grau hierárquico ainda remanescem o controle e a possibilidade de revisão, a qualquer tempo, do ato praticado:

> A nota da complementariedade, analisada por Renato ALESSI, reduzida aos devidos termos por Celso Antônio Bandeira de MELLO, bem como a nota da dupla sindicabilidade jurídica (sujeição a dois tipos de controle jurídico, o jurisdicional e o administrativo, incluindo neste o controle dito parlamentar), [...] parecem indicar e delimitar bem os limites formais em que se exercita a função administrativa em face das demais funções públicas. (MODESTO, 2006, s/p)

Conceitua, ao final, a função administrativa, como sendo

> atividade subalterna e instrumental exercitada pelo Estado (ou por quem lhe faça as vezes), expressiva do poder público, realizada sob a lei ou para dar aplicação estritamente vinculada a norma constitucional, como atividade emanadora de atos complementares dos atos de produção jurídica primários e originários, sujeita a dupla sindicabilidade e dirigida à concreção das finalidades estabelecidas no direito positivo. (*idem*, p. 17)

Acerta Paulo Modesto ao afastar-se do critério orgânico, reconhecendo, exatamente, o caráter policêntrico das atividades administrativas. Também acertadamente reconhece a atividade administrativa como sendo uma função complementar, instrumental e vinculada, sempre, à lei ou a normas jurídicas outras, não propriamente emanadas do legislativo, mas alinhadas à Constituição Federal. Assim, concorda-se plenamente com o autor até nesse ponto.

Ao observar o autor que os atos administrativos, desde os produzidos no mais baixo grau hierárquico até os emanados no último nível, são sujeitos à dupla sindicabilidade, ou seja, podem ser revistos judicialmente — pela inafastabilidade da apreciação judicial — e hierarquicamente ou valendo-se de outro meio de controle administrativo, pela própria esfera produtora do ato ou outra ao qual ela esteja ligada, reconheceu ali o traço marcante da função administrativa.

É, portanto, e acertadamente, segundo parece, a hierarquia existente no módulo orgânico produtor do ato e, por consequência, a possibilidade de dupla revisão do que foi produzido a marca que diferenciará o exercício de função administrativa das demais funções tipicamente desempenhadas pelo Estado.

Destaca o autor, por exemplo, que ao se comparar, valendo-se das notas que, de agora em diante, neste trabalho, tomar-se-ão como verdadeiras na diferenciação de função administrativa e função judicial, que no exercício de função judicial não se observa o ocorrido na produção de atos administrativos, na medida em que, uma vez prolatada a sentença, essa não mais ficará à disposição do magistrado para revisão, salvo exceções expressas em leis adjetivas, podendo ser modificada apenas por meios judiciais.

De igual maneira, na função legislativa, uma vez editada a lei, não se cogita a sua disponibilidade para modificação por aquele que é encarregado de desempenhar a função. Ademais, não existe qualquer controle, pelos órgãos legislativos, sobre os atos jurídicos produzidos no exercício dessa função. Sofre, portanto, a lei também um controle apenas judicial, mas nenhum outro controle jurídico autônomo por parte do próprio órgão legislativo.

Dessa forma, reconhece-se como características típicas da função administrativa ser ela uma: (1) atividade polinuclear; (2) instrumental e subalterna; (3) exercida pelo Estado ou por quem lhe faça as vezes; (4) realizada sob a lei ou para dar aplicação estritamente vinculada à norma constitucional; (5) produzida por órgãos hierarquizados; (6) sujeita à dupla sindicabilidade jurídica; (7) com o objetivo de dar concreção às finalidades estabelecidas pelo sistema do direito positivo como sendo dever do Estado.

2.5.4 Caracterização da atividade extrajudicial do Ministério Público como função administrativa

O primeiro item que nos interessa para averiguar a presença ou não de função administrativa é praticamente um portal — orgânico — sempre aberto. Isso pelo fato de, sendo a função administrativa polinuclear, não haver óbice institucional *a priori*. Nesse primeiro requisito, é possível que o Ministério Público, em seu mister final, exerça atividade administrativa.

O segundo item que marca a atividade administrativa, ser atividade subalterna e instrumental, é facilmente identificável na atuação extrajudicial do Ministério Público. Valendo-se das lições de Alessi, que sustentava ser a função administrativa atividade jurídica que complementava a produção jurídica primária e abstrata advinda do Poder Legislativo e, portanto, subalterna a ela, é de se notar que a atividade do Ministério Público na busca de soluções de conflitos metaindividuais não é voltada à inovação no ordenamento jurídico, mas, simplesmente, a garantir a observância das normas jurídicas postas no sistema. É, por esse motivo, atividade complementar, que impõe ritmo prático à abstração legislativa.

Por ser o Ministério Público órgão integrante do sistema estatal brasileiro, como já se debateu neste trabalho, aqui entendendo-o como órgão constitucional de soberania, é parte do Estado, e, por conseguinte, o terceiro ponto identificador resta também satisfeito.

A atuação do Ministério Público, em todas as suas possíveis variáveis, não é apenas, como ocorre na atividade administrativa ordinária, exercida sob os ditames legais. Mais que isso. O legislador constituinte impôs à instituição, inclusive, a defesa da ordem jurídica. Preenchido o quarto requisito.

O grande complicador em identificar a atividade extrajudicial do Ministério Público como sendo função administrativa, nos termos precisos do conceito aqui adotado, está na hierarquização necessária ao órgão emanador das atividades investigadas.

A hierarquia, nos termos propostos por Modesto, é fundamental à função administrativa, porque dela deflui o duplo controle: o judicial, presente em qualquer atividade privada ou do Estado, e o controle hierárquico da própria instituição.

Portanto, fundamental, nesse ponto, sondar se o Ministério Público é dotado dessa hierarquia possibilitadora do duplo controle, pois esse é o ponto diferenciador, segundo Modesto, da atividade administrativa.

Tradicionalmente diz-se, em especial por vozes oriundas da própria instituição, que o Ministério Público é uma instituição não hierarquizada. Essa assertiva proveniente da *doutrina engajada* é lastreada no princípio da independência funcional.

Esse que é, sem dúvida, o princípio mais festejado dos órgãos de execução do Ministério Público, é sintetizado de forma quase uníssona, da mesma forma que emergiu da proposta de Emenda Constitucional nº 11, do Deputado Darcy Passos (1985, p. 3), que, como já citado alhures, sustentava que o Ministério Público, em sua atuação, estava subordinado "apenas à lei e à própria consciência".

Ocorre que, ao contrário do conteúdo que a doutrina engajada pretende dar ao princípio da independência funcional, o Ministério Público é estruturado de maneira hierarquizada, queira ou não, desde a Lei nº 8.625/93, quando, no Capítulo II, artigo 5º, arrolaram-se os órgãos da administração superior do Ministério Público e, apenas no artigo 6º, encontram-se as promotorias de justiça e as procuradorias, também como órgãos de administração, mas em flagrante posição hierarquicamente inferior à Procuradoria-Geral, ao Colégio de Procuradores de Justiça, ao Conselho Superior do Ministério Público e à Corregedoria-Geral do Ministério Público.

Essa clara hierarquia existente entre os órgãos de administração e os órgãos de administração superior vem reforçada em outros momentos da lei orgânica, marcadamente quando a lei arrola as atribuições dos órgãos superiores.

Tratando, citada lei, em seu artigo 10, da competência do Procurador-Geral de Justiça, tem-se, entre suas funções, a de designar membros para propor ação civil pública nas hipóteses de não confirmação de arquivamento de inquérito civil, bem como quaisquer outras peças de informações,[41] bem como a de, por ato excepcional e fundamentado, exercer as funções processuais de outro membro da instituição, submetendo sua decisão ao controle posterior do Conselho Superior do Ministério Público,[42] além de ser sua atribuição expedir recomendações aos órgãos do Ministério Público e dirimir conflitos de atribuição entre os membros.

Ora, essas atribuições afetas ao Procurador-Geral afastam, completamente, o distorcido conceito bastante sedimentado entre os órgãos de execução do Ministério Público de que não há hierarquia interna.

Não fosse bastante, o Colégio de Procuradores, igualmente órgão da administração superior da instituição composto por todos os procuradores de justiça, está em situação hierarquicamente superior aos promotores e procuradores de justiça e, inclusive, ao Procurador-Geral de Justiça, haja vista ser o órgão encarregado de analisar recurso contra a decisão do Procurador-Geral que, no exercício de competência originária, deliberar sobre arquivamento de inquérito ou de peças de informação.

A própria lei de ação civil pública (Lei nº 7.347/85), em seu artigo 9º, estampou a obrigatoriedade de o Conselho Superior do Ministério Público rever as decisões dos órgãos de execução — promotores e procuradores de justiça — que versem sobre o arquivamento de inquérito civil público ou de peças informativas.

Portanto, a assertiva de Maria Tereza Sadek[43] de que o princípio da independência funcional acaba por transformar a instituição em uma "tribo só de caciques" é verdadeira pela interpretação que se dá ao princípio, mas não propriamente pelo que ele acaba sendo no direito positivo.

Marcadamente na função extrajudicial de tutela de interesses metaindividuais, o Ministério Público apresenta claríssimo sinal de hierarquia mesmo em sua atividade final, o que é largamente negado por seus membros.

Quando uma decisão do membro com atribuição natural para defesa de tutela metaindividual é passível de revisão por órgãos da própria instituição, sendo essa revisão, inclusive, compulsória e independente de provocação — no caso de arquivamento de peças informativas ou de inquérito civil público —, não é possível afastar hierarquia e controle interno.

---

[41] Lei nº 8.625/93, artigo 10, inciso IX, "d".

[42] Lei nº 8.625/93, artigo 10, inciso IX, "g".

[43] Palestra realizada na semana do Ministério Público, em Belo Horizonte, em 08 set. 2008.

O fato de haver designação de outro membro para atuar quando o Conselho Superior entende não ser o caso de arquivamento em nada desnatura a hierarquia e o controle. Ao contrário, apenas reforça os, respeitando-se, nesse caso, o convencimento motivado do membro com atribuição natural.

Portanto, da engenharia orgânica do Ministério Público, são possíveis duas conclusões: a primeira é a de que o conteúdo jurídico que se pretende dar ao princípio da independência funcional, inclusive dele extraindo a falta de hierarquia na instituição, é absolutamente impróprio, em decorrência do direito positivo, especialmente das leis orgânicas. A segunda é que a atividade extrajudicial do Ministério Público satisfaz mais dois dos elementos caracterizadores da função administrativa, qual seja, serem os atos emanados de órgão hierarquizado, e de fato, nesse corte, a instituição é hierarquizada e, em decorrência disso, há dupla sindicabilidade, vale dizer, serem os atos passíveis de controle interno e externo pelo Poder Judiciário.

A Emenda Constitucional nº 45 pareceu querer reforçar ainda mais a hierarquia e o duplo controle, na medida em que o artigo 130-A da Constituição da República, alocado na Seção I do Capítulo IV, portanto, na seção dedicada ao Ministério Público, cria o Conselho Nacional do Ministério Público, que tem entre outras funções a de "zelar pela observância do art. 37 e apreciar, de ofício ou mediante provocação, a legalidade dos atos administrativos praticados por membros ou órgãos do Ministério Público [...] podendo desconstituí-los, revê-los ou fixar prazo para que se adotem as providências necessárias ao exato cumprimento da lei".[44]

A sondagem da natureza jurídica das funções extrajudiciais do Ministério Público é, pois, altamente impactante na competência do próprio Conselho Nacional. Isso porque, sendo essas funções entendidas como administrativas, o CNMP terá, entre suas atribuições, a revisão dessas questões, conforme se depreende do inciso II do §2º do artigo 130-A. Estaríamos, pois, diante de uma nova arena de sindicabilidade dos atos do Ministério Público.

Não obstante, o próprio Conselho, no Enunciado nº 6 de 2009, afasta-se do controle das funções extrajudiciais do Ministério Público:

> Os atos relativos à atividade fim do Ministério Público são insuscetíveis de revisão ou desconstituição pelo Conselho Nacional do Ministério Público. Os atos praticados em sede de inquéritos civis públicos,

---

[44] Art. 130-A, §2º, inciso II, CF.

procedimentos preparatórios ou procedimentos administrativos investigatórios dizem respeito à atividade finalística, não podendo ser revistos ou desconstituídos pelo Conselho Nacional do Ministério Público, pois, embora possuam natureza administrativa, não se confundem com aqueles referidos no artigo 130-A, §2º, inciso II, CF, os quais referem à gestão administrativa e financeira da instituição.

Duas observações. A primeira é que, assim como se está concluindo nesta pesquisa, as atividades extrajudiciais do Ministério Público são, inclusive com reconhecimento do Conselho, funções administrativas. A segunda observação é que o enunciado merece reparos, na medida em que interpreta restritivamente o dispositivo constitucional em tela, afastando, pois, sua competência em matéria de revisão de atos voltados à atividade final da instituição, o que acaba levando o CNMP à contradição em seus próprios atos.

Cita-se como exemplo dessa contradição a Resolução nº 23 — com as alterações trazidas pelas resoluções nº 35/09 e nº 59/10 — de setembro de 2007, em que o Conselho, regulando a lei orgânica nacional e a lei de ação civil pública, estabelecendo requisitos, prazos e limites para o exercício pelo Ministério Público de suas funções extrajudiciais e determinando aos Ministérios Públicos a adequação de seus procedimentos internos aos termos da resolução.

Ora, valeu-se o Conselho da competência do artigo 130-A, §2º, inciso I, da Constituição da República para regular a atividade extrajudicial voltada para os fins da instituição, mas no inciso II autolimitou-se sua competência, em total contradição.

Não obstante as severas críticas desferidas contra a regulamentação, seja pelas leis orgânicas, seja pelos Conselhos Superiores dos Ministérios Públicos, seja pelo Conselho Nacional, das funções extrajudiciais do Ministério Público, críticas essas apontando para a inconstitucionalidade dessas regulamentações, que, segundo Nelson e Rosa Nery acabam por desvirtuar o modelo federal da Lei de Ação Civil Pública, que já regulou os procedimentos extrajudiciais[45] e na infração de norma constitucional que estabelece qual lei federal instituirá norma geral de procedimento — crítica veiculada por Emerson Garcia — exatamente por, conforme está se entendendo nesta pesquisa, serem as atividades administrativas do Ministério Público exercício

---

[45] "[...] não poderão os Estados editar leis normatizando o inquérito civil no âmbito estadual, pois estariam ferindo o modelo federal da LACP, que já traçou o regime jurídico integral do inquérito civil" (NERY, 1997, p. 342).

pela instituição de função administrativa, bem como considerando, em especial, a competência estabelecida no artigo 130-A, §2º, inciso II, CF, é que, ao que parece, pretendeu o legislador constituinte reformador criar uma nova arena administrativa de revisão. Mais que isso, queira-se ou não, há hierarquia entre o CNMP e os vários Ministérios Públicos em questões administrativas, e, segundo entendimento aqui defendido, inclusive, em questões administrativas ligadas à atividade final.

Finalmente, para a completa caracterização da função administrativa, a atividade investigada deve buscar dar concreção às finalidades estampadas no direito positivo.

Quando o Ministério Público maneja instrumentos não judicializados para solução de conflitos metaindividuais, visa, objetivamente, dar concreção, em um primeiro plano, ao comando constitucional do artigo 127 — defender a ordem jurídica, o regime democrático e os interesses sociais e individuais indisponíveis — e, em um segundo momento, aos comandos mais concretos do artigo 129 da própria Constituição e ao que é determinado por normas infraconstitucionais as mais diversas.

Em síntese, no exercício de suas atribuições extrajudiciais na tutela de interesses metaindividuais, exerce o Ministério Público função administrativa nos termos do que aqui se entende por ela, não havendo, sequer, como pode emergir de alguma interpretação que se dê ao princípio da independência funcional, falta de alinhamento entre o conceito admitido e as funções extrajudiciais por carência de hierarquia e dupla sindicabilidade, pois, como visto, na instituição, especialmente no controle dessas atividades, há hierarquia interna e possibilidade de controle judicial.

Se, portanto, a função administrativa é essa figura heptagonal, limitada por suas sete características principais, é de se indagar quais são as atividades compreendidas, segundo a doutrina, entre essas funções.

2.5.4 1 As típicas atividades compreendidas na função administrativa

Segundo Maria Sylvia Zanella Di Pietro (2009, p. 54), "a Administração Pública abrange o fomento, a polícia administrativa e o serviço público. Alguns autores falam em intervenção como quarta modalidade, enquanto outros a consideram como espécie de fomento. Há quem inclua a regulação como outro tipo de função administrativa".

Já Carlos Ari Sundfeld (1992, p. 70) arrola como espécies de funções administrativas "as atividades instrumentais, a administração ordenadora (aqui incluídas as normalmente indicadas pela doutrina como polícia administrativa), a administração fomentadora e a administração de gestão".

Diante, pois, dessas balizas, resta sondar se o Ministério Público desempenha ou não função administrativa.

A solução estaria facilitada e seria demasiadamente simples, se a pesquisa não restringisse a indagação ao exercício de função extrajudicial do Ministério Público na tutela de interesses metaindividuais.

Isso pelo fato óbvio de que, assim como o Ministério Público, qualquer outra instituição ou órgão do Estado desempenha, em alguma medida, função administrativa, seja na estruturação da carreira, no recrutamento de pessoal, na gestão do próprio órgão, na aquisição e alienação de bens ou na contratação de serviços. Mas a questão é em verdade outra. Sonda-se se o Ministério Público, na busca pelo atingimento de suas finalidades constitucionais (artigo 127 da Constituição da República), exerce função administrativa quando desempenha suas atividades extrajudiciais.

O que pode emergir, em seguida, é o questionamento que adviria das atividades comumente admitidas pela doutrina como típicas do exercício pelo Estado de funções administrativas.

Nesse particular, sobra finalmente avaliar se as ações desempenhadas pelo Ministério Público alinham-se àquelas que doutrinadores reconhecem como sendo atividade administrativa, quais sejam, o fomento, a polícia, o serviço público, a intervenção e a regulação.

Quando se retoma, por ordem cronológica de acontecimento ideal, como já visto, as funções extrajudiciais do Ministério Público, nos deparamos, em um primeiro momento, com o inquérito civil público ou, caso não haja elementos suficientes sequer para a instauração do inquérito civil, com um procedimento preparatório.

Conforme também já se viu, esses instrumentos servem para colher elementos de convicção para que o órgão do Ministério Público com atribuições na questão investigada possa garantir o bem da vida que lhe é dever tutelar de maneira adequada.

Portanto, esse ferramental administrativo, por si só, não possui outra finalidade em si mesma senão a de dar subsídios ou ao manejo de outros instrumentos ministeriais extrajudiciais ou ao ajuizamento de ações civis públicas.

Evidentemente, quando na presidência do inquérito civil ou do procedimento preparatório, não está o Ministério Público exercendo atividade de fomento, que, segundo também define Di Pietro (2009, p. 54), é a atividade de incentivo à iniciativa privada de utilidade pública, envolvendo auxílios financeiros ou subvenções, financiamento para obras ou serviços, favores fiscais ou desapropriações para favorecer entidades privadas.

Nos limites desse conceito, nenhuma fase da atuação administrativa do Ministério Público exerce fomento, que, segundo a doutrina, é ligado aos domínios sociais e econômicos.

De outra banda, é possível falar que no desempenho de suas funções administrativas finalísticas o Ministério Público fomenta que o particular, o Estado ou quem lhe faz as vezes adapte sua conduta aos comandos legais, alinhando suas práticas aos interesses que é dever da instituição tutelar.

Em outras palavras, é possível falar-se que a atividade do Ministério Público, na fase extrajudicial, é atividade de fomento, desde que, obviamente, entenda-se por fomento, nesse momento, a atividade de incentivo à adequação, por parte do particular, de grupos, do Estado ou de quem lhe faça as vezes, às normas jurídicas garantidoras de direitos cuja atribuição de tutelar caiba ao Ministério Público.

Já quanto à polícia administrativa, que pode ser conceituada como "atividade de execução das chamadas limitações administrativas, que são restrições impostas por lei ao exercício de direitos individuais em benefício do interesse coletivo. Compreende medidas de polícia, como ordens, notificações, licenças, autorizações, fiscalizações e sanções" (DI PIETRO, 2009, p. 54), é possível identificar, em alguma medida, no curso do inquérito civil, algum rastro de polícia, na medida em que se busca, muitas vezes, fiscalizar a adequação de uma atividade aos comandos legais, valendo-se, pois, para a consecução desse objetivo, de mecanismos como a notificação, requisição ou recomendação.

Apenas a presidência de um instrumento inquisitorial de apuração e levantamento de dados sobre a questão em análise não possui caráter limitador ou impositivo, mas é, inegavelmente, uma peça fiscalizatória, na medida em que tem vez o ICP quando alguma imposição legal destinada aos cidadãos, a grupos ou ao Estado não for satisfatoriamente observada, acabando por causar danos, gerando risco ou impondo prejuízo a outros atores da vida social. Observa-se que, assim como ocorre quando se sonda se nas funções administrativas ministeriais há atividade de fomento, pode haver certa similitude, desde que se adapte ou rearranje o que a doutrina entende por atividade de polícia.

No tocante ao serviço público, há, como sintetiza Floriano de Azevedo Marques Neto (2005, p. 6), duas formas de entender o conceito:

> Em sentido amplo, pode-se entender por serviço público toda prestação estatal, incluindo desde as atividades econômicas, a jurisdição, a segurança jurídica, o poder de polícia, a ordenação urbanística e mesmo a própria regulação estatal. Em sentido restrito, pode-se conceber serviço público como as atividades dotadas de conteúdo econômico, revestidas de especial relevância social, cuja exploração a Constituição ou a Lei cometem à titularidade de uma das esferas da federação como forma de assegurar o seu acesso a toda gente, permanentemente.

Nos limites dessa pesquisa, obviamente não há qualquer aproximação do sentido restrito de serviço público às atribuições administrativas do Ministério Público.

Portanto, a se considerar meramente o sentido amplo, é inegável que a atividade ministerial, e, nesse quadrante, não apenas as extrajudiciais, mas também as judicializadas, são prestações de serviços públicos.

Parece ser precisamente nesse sentido que atualmente, no bloco europeu, se discutem as atividades exercidas pelo Ministério Público. Tanto é verdade que o tema da conferência mundial do Ministério Público de 2011, organizada anualmente pela *Internacional Association of Prosecutors* é exatamente *Prosecution as a Public Service*.[46]

A se considerar, todavia, o conceito existente no direito brasileiro de serviço público, especialmente o que se apresenta nos artigos 77 e 79 do Código Tributário Nacional, óbvio, não será a atividade prestada pelo Ministério Público espécie de serviço público.

Já a intervenção diz respeito ao ingresso do Estado em atividades econômicas, seja para regular, seja para atuar diretamente. Na atuação direta, o Estado age como privado, sendo ator nos domínios econômicos, conquanto na atuação indireta o Estado atua regulando as atividades econômicas. Esta, como destaca Floriano de Azevedo Marques Neto (2005b, p. 31), "é muito mais pautada pelo caráter de mediação do que pela imposição de objetivos e comportamentos ditados pela autoridade".

As funções extrajudiciais do Ministério Público não apresentam finalidade de intervenção em domínios econômicos, por mais que, amiúde, o exercício das funções institucionais acabem por interferir em setores econômicos por via reflexa.

---

[46] INTERNACIONAL ASSOCIATION OF PROSECUTORS. Disponível em: <www.iap-association.com>.

Em grande medida, a função administrativa do Ministério Público mais se aproxima da ordenação[47] proposta por Carlos Ari Sundfeld (2003, p. 20), na medida em que busca aplicar a lei, assim como a ordenação judicial, sem, contudo, gerar a edição de atos definitivos, com eficácia de coisa julgada, mas sempre visando, assim como esse, solver conflitos.

Necessário, todavia, pequena ampliação do conceito trazido por Sundfeld, na medida em que o Ministério Público, ao aplicar a lei buscando solver conflitos, sem, contudo, fazê-lo de forma definitiva — vale dizer, sujeito, ainda, a sindicância judicial —, pode fazê-lo, e geralmente o faz, inclusive contra o próprio Estado.

O questionamento sobre o sujeito passivo — reputa-se impróprio à utilização da expressão sujeito passivo, pois, na "ordenação" aqui defendida como função típica do Ministério Público, não há hierarquia vestibular entre os sujeitos da ordenação, ainda que possa existir autoridade de um em relação aos outros — da ordenação foi enfrentado por Sundfeld (2003, p. 22), que acabou concluindo que:

> A administração ordenadora pressupõe a titularidade, por quem a exerce, de autoridade em relação ao sujeito atingido. No sistema constitucional brasileiro, as pessoas políticas são isônomas, inexistindo em princípio supremacia de umas em relação às outras. No entanto, o Poder Público frequentemente desenvolve operações que, em seus aspectos essenciais, assemelham-se às dos particulares. Se dado ente político recebeu da Constituição a incumbência de disciplinar as operações dos particulares, deve também, por coerência, regular idênticas ações, quando de autoria de outra pessoa estatal; caso contrário, ficaria impedido de implementar o interesse público que lhe incumbe velar. O fenômeno, no caso, não é de supremacia de uma entidade política sobre a outra, mas de mera projeção da autoridade que exerce em relação aos privados. Daí ser idôneo concluir que uma pessoa politicamente estará sujeita aos condicionamentos impostos por outra ao desenvolver operações que, no essencial, não se diferencie da atividade dos particulares que a esta última caiba regular.

Ao se ter em mira as funções administrativas tipicamente exercidas pelo Ministério Público, percebe-se que, em grande medida, o Estado é o grande violador dos direitos individuais, sociais e difusos indisponíveis.

---

[47] Administração ordenadora é a parcela da função administrativa, desenvolvida com o uso de poder de autoridade, para disciplinar, nos termos e para os fins da lei, os comportamentos dos particulares no campo de atividades que lhes é próprio (SUNDFELD, 2003, p. 20).

Não faria qualquer sentido a atuação ministerial que visasse frenar, *e.g.*, degradação ambiental praticada por um privado em detrimento do direito metaindividual de um meio ambiente equilibrado e são se essa mesma instituição, que não recebeu do legislador constituinte qualquer limitação quanto ao sujeito no desempenho de suas funções, não pudesse inibir degradação praticada pelo próprio Estado.

Obviamente que a ordenação praticada pelo Ministério Público encontra limites bem definidos na Constituição Federal, nas leis orgânicas e nas legislações substantivas e adjetivas temáticas.

O que se quer dizer com isso é que o Ministério Público, no manejo dessa atividade ordenadora — função administrativa ou extrajudicial — possui ferramental predeterminado, todos inseridos no bojo do inquérito civil público, o que acaba sendo um *minus* quando comparado ao ferramental arrolado por Sundfeld ao discorrer sobre a ordenação.

2.5.4.2 Atividades extrajudiciais do Ministério Público: o reconhecimento de uma nova fronteira nas funções administrativas

Em síntese, não é possível alinhar completamente as atividades exercidas pelo Ministério Público em sua atuação administrativa finalística com as clássicas atividades desempenhadas por aqueles que exercem função administrativa com reconhecimento doutrinário.

Uma vez reconhecido que as atividades extrajudiciais constituem exercício, pelo Ministério Público, de funções administrativas, difícil caracterizá-las com precisão nas divisas estabelecidas pela doutrina como sendo as atividades que tipicamente cabem nessa função.

Isso nem de longe descaracteriza a natureza jurídica das atividades aqui pesquisadas. Ao contrário. Todos os doutrinadores que se dedicaram a sondar quais eram as atividades típicas da função administrativa reconheceram, de início, a dificuldade em traçar um escol completo.

Tal fato não significa dizer que o Ministério Público, no desempenho das funções aqui pesquisadas, não exerça efetivamente atividade administrativa. O que pode haver — e certamente ocorre — é que, geralmente, as construções teóricas que tentam justificar o Estado permanecem atreladas às origens, deixando de lado a nossa realidade constitucional; vale dizer que, como observou Rogério Ehrhardt Soares (1969, p. 14), "falta uma teoria do Estado para o nosso tempo".

Diante da não adequação de uma atividade prevista na Constituição da República, cuja competência é dirigida a uma instituição com, igualmente, previsão constitucional, o que se observa na doutrina é a tentativa de passar em branco, sem comentários, para não se abalarem as raízes de doutrinas *deusificadas*. Nas palavras de Rogério E. Soares (*idem, ibidem*), esse é o processo de "esconjurar o mal não falando do demônio".

Se parece ser difícil romper com construções tradicionais para incorporar reflexões do Estado, que se apresenta com normas positivadas, aqui se faz fundamental a tentativa. Para o fim desta pesquisa, as atividades extrajudiciais do Ministério Público resumem-se a exercício de atividade administrativa.

Essa atividade, por não se enquadrar, como se viu, nas várias construções doutrinárias, poderá ser chamada de *atípica,* ou, como se prefere neste estudo, função administrativa finalística do Ministério Público.

Nominar as atividades extrajudiciais do Ministério Público, em suas atividades-fim, como administrativa atípica ou administrativa finalística é tão somente reconhecer que nenhuma das atividades arroladas pela doutrina administrativista como integrantes das funções administrativas servem adequadamente à caracterização das atividades desempenhadas pelos membros do Ministério Público. E repete-se: nem de longe isso autoriza a descaracterização dessas atividades como não sendo administrativas.

Predica também o reconhecimento de que muita vez a doutrina produz, partindo de doutrina e não propriamente lançando os olhos sobre o direito positivo, sobre as funções exercidas pelas instituições do Estado brasileiro. Em outras palavras, não é pelo fato de a doutrina não reconhecer a atividade extrajudicial do Ministério Público como sendo uma das que integram a função administrativa que ela deixará de sê-lo na essência.

Comentando a Constituição de 1946, Pontes de Miranda (1960, p. 492) já dava sinais de que as funções desempenhadas pelo Ministério Público eram funções administrativas:

> Êle promove, postula, impetra, litiga. Nenhum ato dêle é de ordenação. É de promoção. A atividade, a que se pode aludir, é sua, e consiste em promover. O velho têrmo Promotor era expressivo. [...] esse promover é tão essencial à vida das sociedades contemporâneas, e cada vez o será mais intimamente, que constitui atividade obrigatória. [...] A inserção do Ministério Público na tratação institucional da Constituição explica-se

pela natureza obrigatória de seu ofício. Não se pode cercear, ou tolher, ou dirigir a liberdade de juízo, de pensamento e de ação do Ministério Público. O que êle se incumbe é de velar pela observância das leis, regulamentos e instruções, na tutela de certas instituições, de incapazes, de massas, e de ausentes. É o órgão ou conjunto de órgãos, pelo qual se exerce o interêsse público em que a justiça funcione.

É de se perceber que, ainda que não enfrentando a celeuma da divisão das funções, o autor reconhecia que ao Ministério Público não cabia julgar ("Nenhum ato dêle é ordenação"), tampouco legislar ("O que êle se incumbe é de velar pela observância das leis"). Exerce, pois, função administrativa que lhe é típica, que não encontra reflexo ou similar em nenhuma outra atividade administrativa do Estado.

Superado, pois, a celeuma da natureza jurídica das funções extrajudiciais do Ministério Público, resta um lançar de olhos sobre o efetivo exercício pela instituição de suas funções extrajudiciais, buscando alguns equívocos e desvios, bem como sugerindo limites e filtros, para que não seja a própria instituição a quem cabe defender a ordem jurídica, o regime democrático e os interesses sociais e individuais indisponíveis, a violadora.

CAPÍTULO 3

DISCRICIONARIEDADE NAS ATIVIDADES EXTRAJUDICIAIS DO MINISTÉRIO PÚBLICO

Como visto em linhas anteriores, o legislador constituinte, no *caput* do artigo 127, não apenas outorgou atribuições ao Ministério Público de forma geral, pois há especificações no artigo 129 e nas várias outras legislações atribuidoras de competências, como já visto, mas também fixou os limites das atuações ministeriais. De forma direta, estabeleceu-se o dever de o Ministério Público agir na defesa da ordem jurídica, do regime democrático e dos interesses sociais e individuais indisponíveis, determinando também serem esses os limites das ações do Ministério Público.

Logo em seguida, o mesmo constituinte arrolou algumas das funções da instituição, sendo várias delas exercidas à margem do sistema judicial, não havendo, sequer, um sinal de preferência por essa via, já que na parte final do inciso II do artigo 129 é facultada a utilização "das medidas necessárias" à garantia do respeito dos Poderes Públicos e dos serviços de relevância pública aos direitos assegurados na Constituição, bem como no inciso IX restou autorizado o exercício de outras funções que lhe forem conferidas, desde que compatíveis com a finalidade da instituição, esta desenhada no artigo 127.

Portanto, bom relembrar que as atribuições constitucionais e legais são, em verdade, dever — retomando o conceito já debatido de função —, na medida em que, havendo ciência de um móvel fático que se amolde aos comandos normativos, impõe-se à instituição o exercício de suas funções.

Portanto, de pronto não é possível falar-se em possibilidade de agir, mas meramente em imposição legal de agir quando presente um móvel de sua atuação.

Apesar de bastante óbvio, essas afirmações acabam por encontrar, na observação da realidade, situações que lhe contradizem, no seguinte sentido e partindo de algumas constatações notórias: a primeira é jurídica — e positivada —, pois estabelece que o Ministério Público agirá de ofício ou mediante representação; a segunda é a de que os fatos do mundo fenomênico que demandam atuação do Ministério Público são imensuráveis, principalmente na seara adstrita a essa pesquisa; a terceira é que as fileiras dos vários Ministérios Públicos do Brasil possuem número limitado de agentes e recursos francamente escassos — para tanto basta observar o gargalo que é a Lei de Responsabilidade Fiscal para a instituição — e, finalmente, é a constatação de que nem todas as demandas chegam formalmente ao Ministério Público, mas são de conhecimento do agente da instituição que, por vezes, possui dever funcional de agir.

Fixadas essas premissas, nota-se que, eventualmente, o promotor ou procurador que recebeu do direito positivo a competência para agir diante de determinada situação, percebendo a circunstância fática móvel do exercício de sua função, mas não sendo representado para tanto, pode não fazê-lo por vários motivos, mas, em especial, por fiar que seu conhecimento pessoal — que lhe impunha o agir de ofício — não é passível de correição ou de sondagem, na medida em que não há formalmente um pedido de providências oriundo de algum cidadão ou de um grupo.

Isso significa dizer que, se não houver uma representação, o membro do Ministério Público, mesmo ciente do seu dever de agir, "pode não fazê-lo", por não ser facilmente sindicável se aquele agente tinha ou não conhecimento do fato que lhe impunha a atuação.

Esse fato, antes de significar um não agir deliberado, pode descortinar a realidade de volumosas demandas de atuação em detrimento de limitada capacidade de fazê-lo, o que redunda no questionamento de ser ou não o agente do Ministério Público tributário de discricionariedade em sua atividade-fim, em especial, neste momento do trabalho, discricionariedade na seleção de quando — em que casos e em que momento — atuar.

3.1 Apontamentos sobre a discricionariedade

3.1.1 Formas de atribuição da discricionariedade

Sobre a discricionariedade, portanto, impõem-se alguns apontamentos, mesmo porque servirão para futuras observações nesta pesquisa. E esses apontamentos (parecem necessários) partirão da forma como a lei atribui competências aos agentes do Estado para o alcançamento de determinadas finalidades.

A legalidade, no Estado de Direito, é responsável pela atribuição de competências àqueles que exercem atividade administrativa, outorgando-lhes ora faculdade de atuação, ora atuação obrigatória, bem como definindo cuidadosamente seus limites.

Esses poderes/deveres atribuídos por lei possuem diferenças nucleares com os direitos subjetivos. Enquanto o direito subjetivo se caracteriza por ter sua origem em uma relação jurídica concreta, por recair sobre um objeto específico e determinado, por consistir em uma pretensão concreta e corresponder a um dever atribuído a um sujeito passivo, na atribuição de competência o sujeito fica obrigado, já que os poderes/deveres de atuação não são oriundos de uma relação jurídica, nem de pactos ou de negócios, mas nascem diretamente do ordenamento jurídico.

Isso leva à conclusão de que os poderes/deveres não se resumem a uma pretensão particular, mas em possibilidades abstratas de produzirem efeitos jurídicos:

> [...] la potestad no corresponde ningún deber, positivo o negativo, sino una simple sujeción o sometimiento de otros sujetos (normalmente de un círculo de sujetos) a soportar sobre su esfera jurídica los eventuales efectos derivados del ejercicio de la potestad (si del ejercicio de la potestad deriva pera ellos un beneficio), o desventajosa (si de la potestad surge para ellos un gravamen; sería la sujeción stricto sensu o por excelencia), o indiferente (si no llega a afectar a su esfera jurídica), pero en ningún caso implicará un deber o una obligación, los cuales podrán surgir eventualmente de la relación jurídica que el ejercicio de la potestad es capaz de crear, pero no del simple sometimiento a la potestad misma. No hay, por ello, frente a la potestad un sujeto obligado, sino una "situación pasiva de inercia" (GIANNINI), que implica un sometimiento a los efectos que la potestad puede crear en su ejercicio, la enexcusabilidad de soportar que tales efectos se produzcan y que eventualmente afecten a la esfera jurídica del sometido. (GARCÍA DE ENTERRÍA; FERNÁNDEZ, 2009, p. 452)

Se os agentes públicos recebem atribuições oriundas da lei para o cumprimento de suas funções, para o atingimento de suas finalidades, é necessário sondar como é a técnica de atribuição dessas competências.

De início, a atribuição de competências àquele que exerce funções deve ser feita de forma expressa pelo ordenamento jurídico. *Lege silente*, o órgão ou agente carece de poderes.

É preciso, todavia, matizar essa afirmação com a doutrina dos poderes inerentes ou implícitos, que surgiu no direito constitucional anglo-saxão (*inherent powers*), sendo, posteriormente, aproveitada pelo direito internacional em matéria de interpretação dos tratados. Essa implicitude ou inerência dos poderes significa que há outros poderes não consignados expressamente, mas decorrentes, de forma direta, de poderes expressos.

O segundo requisito de atribuição de competência é a necessidade de esses poderes serem específicos. Não é possível falar-se em poderes indeterminados, imprecisos.

Ademais, deve-se ter em mente que as atribuições encontram barreira necessária na liberdade do homem, que é restringida pelo sistema em casos determinados e específicos:

> El Derecho Administrativo es un hijo de la consagración del sistema revolucionario del 'reino de la Ley', el cual supone la legalización completa de toda la acción del Estado sobre los ciudadanos, a quienes únicamente 'en virtud de la Ley' se puede exigir obediencia. (GARCÍA DE ENTERRÍA, 2009, p. 56)

A atribuição expressa e específica de poderes para que os órgãos e agentes possam cumprir suas funções pode ser generalizada como padrão de atribuição de poderes:

> No Estado de Direito, que tem como um dos alicerces o princípio da legalidade, todos os poderes que a Administração Pública exerce são limitados pela lei, de forma que impeça os abusos e as arbitrariedades a que as autoridades poderiam ser levadas. [...] Por isso, todos os poderes são regrados pela lei. (DI PIETRO, 2001, p. 66)

Ocorre que poderá haver uma distinção no modo como essa atribuição se realiza.

Em alguns casos, a legislação poderá esgotar todas e cada uma das condições de exercício do poder atribuído, de modo que se identifique e demonstre o campo completo de atuação daquele que tem competência, bem como o modo, os termos e as consequências da aplicação. Isso é o que se chama "poderes vinculados".

Por outro turno, pode a lei definir apenas algumas condições do exercício do poder outorgado, remetendo à estimação subjetiva de delegação do poder às demais condições para o seu exercício. Tudo, obviamente, bitolado nos limites legais expressos. Esse é o nominado poder discricionário.

Portanto, quanto aos poderes vinculados:

> El ejercicio de las potestades regladas reduce a la Administración a la constatación ('accertamento', en el expresivo concepto italiano) del supuesto de hecho legalmente definido de manera completa y a aplicar en presencia del mismo lo que la propia ley ha determinado también agotadoramente. Hay aquí un proceso aplicativo de la Ley que no deja resquicio a juicio subjetivo ninguno, salvo a la constatación o verificación del supuesto mismo para contrastarlo con el tipo legal. La decisión en que consista el ejercicio de la potestad es obligatoria en presencia de dicho supuesto y su contenido no puede ser configurado libremente por la Administración, sino que ha de limitarse a lo que la propia Ley ha previsto sobre ese contenido de modo preciso y completo. Opera aquí la Administración de una manera que podría llamarse automática [...]. (GARCÍA DE ENTERRÍA; FERNÁNDEZ, 2009, p. 462)

Já quanto à discricionariedade existe:

> [...] la inclusión en el proceso aplicativo de la Ley de una estimación subjetiva de la propia Administración con la que se completa el cuadro legal que condiciona el ejercicio de la potestad o su contenido particular. [...] una estimación cuya relevancia viene de haber sido llamada expresamente por la Ley que ha configurado la potestad y que se la ha atribuido a la Administración justamente con ese carácter. Por eso la discrecionalidad, frente a lo que pretendía la antigua doctrina, no es un supuesto de libertad de la Administración frente a la norma; más bien, por el contrario, la discrecionalidad es un caso típico de remisión legal: la norma remite parcialmente para completar el cuadro regulativo de la potestad y de sus condiciones de ejercicio a una estimación administrativa, sólo que no realizada por vía normativa general, sino analíticamente, caso por caso, mediante una apreciación de circunstancias singulares, realizable a la vez que precede al proceso aplicativo. (*idem, ibidem*)

Maria Sylvia Zanella Di Pietro leciona que, seja como for, a discricionariedade decorre sempre do direito positivo, vale dizer, a lei deixa ao administrador um espaço para apreciação discricionária. Reconhecendo a dificuldade de se estabelecer, *a priori*, todas as hipóteses de onde podem advir discricionariedade, Maria Sylvia (1991, p. 47) arrola quatro delas, a saber:

> 1. a lei expressamente a confere à Administração, como ocorre no caso da norma que permite a remoção *ex officio* do funcionário, a critério da Administração, para atender à conveniência do serviço;

2. a lei é insuficiente, porque não lhe é possível prever todas as situações supervenientes ao momento da promulgação, hipótese em que a autoridade deverá decidir de acordo com princípios extraídos do ordenamento jurídico;

3. a lei prevê determinada competência, mas não estabelece a conduta a ser adotada; exemplos dessa hipótese encontra-se em matéria de poder de polícia, em que é impossível traçar todas as condutas diante de lesão ou ameaça de lesão à vida, à segurança pública, à saúde, ao meio ambiente;

4. a lei usa certos conceitos indeterminados ou, nas palavras de Linares, 'fórmulas elásticas', assim consideradas aquelas que encerram valorações, isto é, sentidos axiológicos, jurídicos, tais como comoção interna, utilidade pública, bem comum, justiça, eqüidade, decoro, moralidade, etc.

Floriano de Azevedo Marques Neto (2006, p. 573) sintetizou, na mesma trilha, que a discricionariedade decorre: (a) da conferência expressa pelo comando normativo; (b) da lacuna da norma jurídica quanto aos critérios de ação do administrador público; (c) de previsão legal expressa em mais de uma ação possível; e (d) da existência de conceitos jurídicos indeterminados.

Arrisca-se a sintetizar que a discricionariedade pode ser: a) decorrente expressamente da norma, quando ela confere essa valoração à autoridade competente para o ato; ou b) decorrente do uso de expressões que, por sua vagueza e imprecisão, podem outorgar discricionariedade.

Todavia, adianta-se, nem sempre o uso de termos ou signos imprecisos, aprioristicamente, outorgará à autoridade alguma margem de valoração, como em breve será analisado. Nesse ponto, pequeno parêntese para rápida abordagem sobre o tema, que interessa à compreensão da atribuição de competência discricionária.

Fernando Sainz Moreno (1976a, p. 29) parece ser aquele que com mais propriedade enfrentou a questão da imprecisão e fluidez de conceitos jurídicos. Resumiu:

a vaguidade ou indeterminação dos conceitos utilizados na linguagem cotidiana não é um defeito que se deva corrigir, mas é uma nota característica que desempenha funções positivas. Na indeterminação, a aplicação do conceito a seu objeto move-se entre dois limites: um, de certeza positiva, marca a idéia nuclear do conceito; outro, de certeza negativa. Entre ambos os limites existe uma zona de dúvida (halo de conceito).

Dizendo de outra forma, quando diante de uma expressão imprecisa ou plurissignificativa, encontraremos situações que, inequivocamente, encaixam-se na ideia contida na expressão. Outras situações, ao revés, sem margem de dúvida não se encaixarão no conceito. Entre esses dois pontos de certeza encontra-se a zona cinzenta, a zona de dúvida, em que alguns dirão que o conceito está materializado e outros dirão o contrário.

Como direito e linguagem apresentam ligação visceral, não se cogitando a existência do direito sem a existência de uma linguagem que lhe exteriorize; a imprecisão da linguagem é transplantada ao direito não por este ser impreciso, mas porque imprecisa, vez ou outra, é a linguagem.

Esse assunto deu palco, no Brasil, a uma clássica controvérsia cujos protagonistas foram os professores Eros Grau e o Professor Celso Antônio Bandeira de Mello.

Eros sustentou que quando o operador do direito se depara com alguma expressão imprecisa, vaga, deve ter ciência de que a imprecisão não é do conceito, da ideia, mas da sua expressão, de seu termo. Dito de outra maneira, para ele (1996, p. 146) a linguagem é imprecisa, jamais o conceito:

> [...] mais adequado será referir-se a termos indeterminados de conceitos, e não a conceitos (jurídicos ou não) indeterminados. [...] ao se admitir a existência de um conceito 'indeterminado' — ou seja, cuja significação não é reconhecida uniformemente por um grupo social —, toda a interpretação/aplicação do direito haverá de ser feita à margem da legalidade.

Assim, segundo Eros Grau não há conceitos indeterminados. Em se admitindo, não seria conceito, pois indeterminado. Para o professor, o mínimo que se exige de uma suma de ideias abstratas, para que seja conceito, é que seja determinada.

Eros nomeia os "conceitos indeterminados" de tipológicos *(fattispecie)*, sustentando que, quando diante de um conceito fluido, o intérprete deverá completá-lo com dados extraídos da realidade. Avança garantindo que quando o conceito tipológico for impreciso deve-se buscar na realidade, inclusive considerando as concepções políticas predominantes nesta, a forma de aclarar o conteúdo jurídico do conceito.

Para Celso Antônio Bandeira de Mello (2000, p. 29), a imprecisão, fluidez ou indeterminação residem no próprio conceito, e não na palavra que os rotula:

> Deveras, a palavra é um signo, e um signo supõe um significado. Se não houvesse significado algum recognoscível, não haveria palavra, haveria um ruído. Logo, tem-se que aceitar, por irrefratável imposição lógica,

que, mesmo que vagos, fluídos ou imprecisos, os conceitos utilizados no pressuposto da norma (na situação fática por ela descrita, isto é, no motivo legal) ou na finalidade, tem algum conteúdo mínimo indiscutível. De qualquer deles se pode dizer que compreendem uma zona de certeza positiva, dentro da qual ninguém duvidaria do cabimento da aplicação da palavra que os designa e uma zona de certeza negativa em que seria certo que por ela não estaria obrigada. As dúvidas só têm cabida no intervalo entre ambas.

A concepção de Celso Antônio Bandeira de Mello encontra respaldo na tese desenvolvida por Sainz Moreno.

Seja como for, tanto Eros quanto Celso Antônio admitem a utilização de conceitos indeterminados pelo direito, devendo eles ser densificados até se chegar ao conteúdo da expressão diante daquela situação apresentada.

García de Enterría e Tomás-Ramón Fernández sustentam que a expressão "conceito jurídico indeterminado" refere-se aos conceitos que se caracterizam por um elevado grau de indeterminação, *a priori*. Justificam o manejo desse recurso alegando que a lei, muitas vezes, objetiva atingir um círculo de realidade cujas balizas não parecem precisas no enunciado normativo:

> La Ley utiliza conceptos de experiencia (incapacidad para el ejercicio de sus funciones, premeditación, fuerza irresistible) o de valor (buena fe, estándar de conducta del buen padre de familia, justo precio), porque las realidades referidas no admiten otro tipo de determinación más precisa. (*idem*, 2009, p. 467)

Citam, como exemplo, a aposentadoria do funcionário que padece de incapacidade permanente para o exercício de suas funções, a boa-fé, a improbidade, a justa indenização e a honestidade. A lei não determina com exatidão os limites desses conceitos porque se trata de conceitos que não admitem uma quantificação ou determinação rigorosa na própria norma.

Reconhecem, superando a celeuma instaurada na doutrina nacional, que a indeterminação pode advir da imprecisão do enunciado linguístico, como também da indeterminação dos fatos subjacentes à norma (*idem*, p. 446).

Já para Sainz Moreno (1976a, p. 197), todo conceito possui um núcleo que constitui seu significado primário. A esse núcleo aludem aquelas expressões de linguagem que delimitam o âmbito do conceito, ou seja, sua essência. Assim, em sua concepção distinguem-se duas zonas: o núcleo ou zona de certeza e o halo, ou zona de dúvida. A zona de certeza ou núcleo é o domínio das afirmações evidentes; o halo é a borda que ladeia o núcleo. Nesse campo, não há certeza prévia, sendo necessário densificar o conceito.

Os conceitos que alcançam o consenso com facilidade estão na zona de certeza ou no núcleo. Os que não se encontram nesse quadro necessitam de interpretação, associada, como em qualquer interpretação, a uma perspectiva pessoal, social, moldada por padrões morais, culturais, políticos, éticos ou religiosos, *e.g.*, moral pública, valor histórico, idoneidade, conveniência, perigo, paz noturna.

Sinteticamente, é possível abreviar os estudos de Moreno e Enterría da seguinte forma: há uma zona de certeza positiva, na qual não se dúvida do cabimento do conceito indeterminado; há uma zona de certeza negativa, na qual o conceito, certamente, não cabe; há a zona intermediária ou cinzenta, na qual a definição do conceito apresenta-se imprecisa, necessitando, assim, de uma valoração subjetiva.

Em relação às zonas de certeza positiva ou negativa, o agente estará vinculado, pois não está autorizado a fazer qualquer intelecção que diste do senso comum, liberta do sentido corrente que necessariamente lhes terá de ser reconhecido em dado tempo e lugar:

> [...] hay que notar que en la estructura de todo concepto indeterminado es identificable un núcleo fijo (*Begriffkern*) o zona de certeza, configurado por datos previos y seguros, una zona intermedia o de incertidumbre o halo de certeza negativa (*Begriffhof*), más o menos precisa, y, finalmente, una zona de certeza negativa, también segura en cuanto a la exclusión del concepto. (GARCÍA DE ENTERRÍA; FERNÁNDEZ, 2009, p. 470)

Nesse ponto traz-se novamente a indagação: a utilização de conceito jurídico indeterminado pela norma atribuidora de competência outorga ao agente discricionariedade?

Na Alemanha, tanto a jurisprudência quanto a doutrina resolvem esse problema pela Teoria da Margem de Apreciação, que não admite margem de apreciação a todos os casos de uso de conceitos indeterminados:

> La doctrina alemana reconoce en el halo conceptual un margen de apreciación (*Beurteilungsspielraum*) en favor de la Administración, como primera aplicación del concepto. Tal margen de apreciación no da la entrada, sin embargo, a la libre voluntad de la Administración; expresa sólo un ámbito puramente cognoscitivo e interpretativo de la Ley en su aplicación a los hechos y supone reconocer la dificultad de

> acercarse de forma totalmente exacta a la solución justa y, todo lo más, el otorgamiento a la Administración del beneficio de la duda. [...] hay conceptos indeterminados que incorporan nociones de experiencia; otros, en cambio, son conceptos de valor [...] Los primeros se ventilan en la apreciación de los hechos y, por tanto, la competencia del juez para controlar su aplicación es ilimitada, como se reconoce por la doctrina alemana más autorizada (Wolff, Bachof, Stober); los segundos, en la medida en que implican juicios de valor, bien sean técnicos ('impacto ambiental') o políticos ('interés público', 'utilidad pública'), son los que proporcionan a la primera y decisoria apreciación por la Administración una cierta presunción en favor de su juicio dentro del halo del concepto, presunción que, desde luego, no llega hasta excluir el control judicial, aunque sí limita sus posibilidades, ya que el juez deberá normalmente conformarse con control de los límites o de los excesos en que la Administración haya podido incurrir, siempre posibles, y que la prueba que se practique en el curso del proceso podrá eventualmente acreditar. (*idem, ibidem*)

Eros Grau ressalta que os conceitos jurídicos indeterminados são signos de predicados axiológicos, desempenhando a função de criar uma folga em torno das ideias nucleares dos conceitos, a fim de servirem de meios qualificadores da realidade, de forma que o resultado de sua aplicação possa ajustar-se, com mais exatidão, à finalidade da norma.

Ernst Forsthoff (1969, p. 150-152) diferenciou os conceitos empíricos, aqueles que se referem a situações ou circunstâncias empíricas, dos conceitos de valor. No primeiro caso, basta o operador interpretar para que o conceito se mostre concretamente, não havendo, nesse caso, discricionariedade. Já os conceitos de valor atribuiriam, mesmo após interpretação, discricionariedade ao administrador.

Portugal Afonso Queiró (1946, p. 55-56) distingue os conceitos teoréticos dos práticos. Os primeiros referem-se às realidades do mundo da natureza, como os de quantidade, número, espaço e tempo. São, portando, determináveis com rigor absoluto, porque dizem respeito ao mundo da causalidade. Assim, haveria vinculação. Os segundos pertencem ao mundo da cultura, reportando-se, com frequência, a valores culturais. O homem, ao tratar deles, serve-se das palavras que, obviamente, rotulam ou abarcam um gênero de realidade que, por si mesma, é irredutível a uma significação unívoca; há, portanto, discrição.

Finalmente, o Professor Sainz Moreno (1976a) apresenta uma coerente classificação. Para ele, conceitos de valor são aqueles que, simultaneamente a uma conexão com o mundo das normas, contêm uma valoração. O processo de definição de conteúdo e alcance exige valoração. São atribuidores de discricionariedade.

Os conceitos de experiência são conceitos cujo conteúdo pode não se apresentar imediatamente ao intérprete, sendo, no entanto, possível identificá-lo objetivamente com recursos de experiência comum, científica ou técnica (*e.g.*, doença incurável). São, por sua vez, vinculados.

Os "conceitos jurídicos indeterminados" podem ser, em suma, tanto conceitos de valor quanto de experiência. Os conceitos de experiência tendem a ser determinados, conduzindo a uma única solução, sendo, portanto, vinculados. Já os conceitos de valor se inclinam para a indeterminação, para a valoração, possibilitando mais de uma opção, todas válidas perante o Direito.

Eros Roberto Grau, por essas bandas, como já dito, defende a posição de que a superação da indeterminação (preenchimento) dos conceitos indeterminados opera-se no campo da interpretação, não no campo da discricionariedade. Formula-se, segundo Eros, um juízo de legalidade, não de oportunidade. As margens de discricionariedade são reduzidas e apenas manifestam-se quando a lei, expressamente, atribui discrição à Administração Pública.

A Professora Maria Sylvia Zanella Di Pietro (2001, p. 122), com coerência, expõe:

> Devem ser afastadas as teorias extremadas que veem apenas atividades de interpretação sempre que a lei utilize conceitos indeterminados. Existem casos de conceitos de experiência ou de conceitos técnicos em que realmente se afasta a discricionariedade administrativa, porque existem meios que permitem à Administração transformar em determinado um conceito aparentemente indeterminado utilizado pelo legislador. Todavia, existem outros tipos de conceitos que implicam efetivamente uma apreciação subjetiva pela autoridade administrativa, propiciando certa margem de discricionariedade. Não se trata de liberdade total, porque, por via da interpretação e da apreciação dos fatos, pode-se reduzir sensivelmente a certos limites a discricionariedade que a lei quis atribuir a Administração.

E continua exemplificando:

> Quando a lei fala, por exemplo, em promoção por merecimento, está utilizando um conceito que exige apreciação subjetiva; mas essa apreciação subjetiva é limitada por alguns fatos, porque existem elementos objetivos que permitem constatar que certas pessoas se enquadram e outras não se enquadram na idéia de merecimento. A liberdade do administrador não vai ao ponto de poder escolher qualquer funcionário, independentemente dos requisitos de capacidade que satisfaça;

a liberdade de escolha restringe-se àqueles que, pelas circunstâncias de fato, facilmente comprováveis, possam razoavelmente, por qualquer pessoa, ser considerados merecedores da promoção. (*idem, ibidem*)

Assim, se a autoridade, após efetuar o labor interpretativo sobre a expressão plurissignificativa contida na hipótese da norma, esgotando todos os filtros principiológicos, chegar a várias soluções igualmente válidas perante o Direito, estar-se-á diante de competência discricionária.

Essa discricionariedade derivada da simples indeterminação ou imprecisão em abstrato da norma pode ser simplesmente uma variante da vinculação, pois a solução ótima será encontrada após um processo de interpretação ou da aplicação de regras e princípios jurídicos.

Não obstante a tentativa de se sintetizar em dois grandes grupos as normas geradoras de discricionariedade, não é possível mais fechar os olhos para o impacto da atuação do Poder Judiciário na definição do que realmente é ou não discricionário:

> La cuestión a resolver es si la discrecionalidad depende sólo del modo en que el legislador configura las potestades administrativas como se ha venido sosteniendo tradicionalmente entre nosotros o sí, además, la existencia de potestades discrecionales depende de la actitud de los tribunales. [...] Para saber se una potestad es verdaderamente discrecional, o al menos para establecer las dimensiones de la libertad de configuración de sus decisiones de que dispone la Administración, hay que considerar, la actitud de los tribunales frente a esas decisiones. [...] No es discrecional una potestad que se ejerce dentro de márgenes, aparentemente atribuidos por la norma, si los tribunales, al contralarla, deciden que dichos márgenes no existían. (MACHADO, 2006, p. 534)

A discricionariedade, em se admitindo o componente judicial, predica, então, dois requisitos vitais, como pretendeu Galligan (1992, p. 179) (*central sense of discretionary power*), vale dizer, os termos legais conferidores da discrição e a atitude do Judiciário reconhecendo o âmbito de decisão exclusivo da autoridade delegada da discrição.

3.1.2 Os elementos componentes da discricionariedade

Fixadas, pois, as formas de atribuição de discricionariedade, necessário estabelecer o que se entende por discricionariedade para a presente pesquisa, palavra essa das mais plurissignificativas e difícil de conceituar nos dizeres de Karl English (1983, p. 214). Fazendo coro a essa observação, aliás, Gasparri (1953, p. 64) disse ser a discricionariedade "fenómeno notissimo ai teorici ed ai pratici del diritto pubblico; ma la cui essenza è tuttavia per tutti alquanto misteriosa".

Para não caminhar em terrenos já tão bem pesquisados, apenas algumas conclusões a que chegaram quem se dedicou a estudar o tema. Maria Sylvia Zanella Di Pietro (1991, p. 41) conceitua discricionariedade como "a faculdade que a lei confere à Administração para apreciar o caso concreto, segundo critérios de oportunidade e conveniência, e escolher uma dentre duas ou mais soluções, todas válidas perante o direito".

Já Moreno (1976a, p. 327), curiosamente, traz um conceito de discricionariedade atrelado ao um conceito jurídico indeterminado, qual seja, o interesse público, quando diz que

> [...] no es misión de la Administración descubrir, en cada momento y ante cada caso, lo que conviene al interés público; su tarea, por el contrario, es concretar y aplicar una idea previa de interés público, determinada por un procedimiento democrático [...] se trata de interpretar jurídicamente lo que tal noción significa [...] la responsabilidad que la Administración asume en estos casos no es la del político que debe encauzar y dar expresión a la opinión pública, sino la del experto que pone sus conocimientos al servicio de la ejecución adecuada a una idea.

A conclusão que se pode antecipar dessas observações feitas por Sáinz Moreno é que o interesse público é um limite inerente à discricionariedade, concluindo pela "inexistencia de discrecionalidad alguna, propiamente dicha, en el actuar de la Administración Pública" (FERNÁNDEZ FARRERES, 1983, p. 635), pois a obrigação de se realizar a melhor entre as várias "opções" acaba por ser um filtro que permite a validação de apenas uma aparente opção.

Todavia, essa não foi a conclusão chegada por Sáinz Moreno (1976, p. 73) em suas pesquisas, apesar de suas premissas, conforme visto, poderem levar a ela:

> Si el núcleo de la discrecionalidad consiste en que quien decide puede elegir la solución que más adecuada le parezca al interés público (principio de oportunidad), como puede controlarse judicialmente esa decisión sin anular la esencia de la discrecionalidad?

Moreno se ateve à concepção de que a discricionariedade é um âmbito de decisão livre do controle judicial. Admitia, entretanto, o controle para afastar apenas decisões arbitrárias, mas jamais as decisões fundamentadas e razoavelmente tomadas no âmbito da faculdade conferida pela norma.

Essa resultante, todavia, parece contraditória. Se, para Moreno, a discricionariedade é uma atividade técnica de execução do comando finalístico da norma, como concluir que o controle judicial deverá se ater ao controle de razoabilidade? Como não controlar se a decisão tomada foi a melhor possível, a mais bem serviente ao interesse público estampado pela norma atribuidora da competência discricionária?

Disso tudo é que, para o presente trabalho, a discricionariedade terá alguns elementos que lhe serão essenciais: ela deve ser entendida aqui como um atributo que reveste a competência e impõe o dever de valorar a situação frente à hipótese da norma, decidindo entre agir e não agir, ainda que a única opção seja a decisão do agente de não agir (1), imposição essa proveniente de uma norma jurídica positivada (2), endereçada a um agente estatal ou a quem lhe faça as vezes (3) para, em decorrência da atribuição legal (4) expressa ou da textura aberta dos signos empregados em sua redação, valorando a situação fática (5), adotar a melhor solução possível perante o direito (6), mirando sempre o interesse público presente no fim da norma (7), ação esta passível de sindicância posterior (8), que considerará, inclusive, a possível falta de previsibilidade do real resultado que emergirá da decisão tomada.

3.1.3 Sondando a existência de discricionariedade na atividade extrajudicial do Ministério Público

Com isso, possível retornar à questão já posta linhas antes, após rápida incursão no tema discricionariedade, sobre ter o legislador — constitucional e infraconstitucional — outorgado ao agente do Ministério Público discricionariedade na seleção dos fatos que lhe impõem atuação, bem como na seleção do momento de atuar. Para tanto, dois cortes serão feitos.

No primeiro, limitando-se a ter ou não o legislador outorgado discricionariedade na escolha de quando atuar — ao referir-se à valoração do móvel e não do momento —, de partida já se nota certa complexidade. Isso pelo fato de as normas atribuidoras de competência acabarem por, em virtude da própria linguagem, impor ao agente que recebeu a atribuição a obrigação de matizar o fato do mundo fenomênico que, em tese, impõe sua atuação, com a norma atribuidora de competência.

3.1.3.1 Discricionariedade na valoração do móvel gerador da atuação do Ministério Público

De partida reafirma-se que, ao fim, eventual dúvida sobre ser determinada matéria atinente ou não às atribuições outorgadas ao Ministério Público acabará desbordando no Judiciário, que fixará os limites do conceito indeterminado em questão. É exatamente por essa razão que, como visto anteriormente, aceitou-se como verdadeira a premissa de que a postura do Judiciário perante eventual discricionariedade é fundamental para saber se de fato ela existe e quais são seus limites.

Sobre esse ponto, aliás, é possível trazer à colação o exemplo das questões tributárias, em que o Ministério Público brasileiro, como um todo, reconheceu que a matéria, por envolver direitos coletivos, estava em sua esfera de atribuições de controle, considerando, portanto, não recepcionado pela Constituição da República o parágrafo único do artigo 1º da Lei nº 7.347/85.

A questão, em resumo, acabou desaguando no Supremo Tribunal Federal que, reconhecendo a repercussão geral no RE nº 576155/DF,[48] decidiu, no dia 12 de agosto de 2010, que o Ministério Público possui legitimidade para questionar, por meio de ação civil pública, o Termo de Acordo de Regime Especial em matéria tributária.

Interessante perceber que a decisão, ao contrário do que alguns Ministérios Públicos sustentam, não reconheceu a legitimidade do Ministério Público em matéria tributária. Ao contrário. O acórdão reconheceu que o TARE lesa o patrimônio público, e daí decorre a legitimação ministerial para aquele caso específico, tendo, inclusive, ao final, feito a ressalva expressa de que, naquele caso, não se aplica o parágrafo

---

[48] "EMENTA: AÇÃO CIVIL PÚBLICA. LEGITIMIDADE ATIVA. MINISTÉRIO PÚBLICO DO DISTRITO FEDERAL E TERRITÓRIOS. TERMO DE ACORDO DE REGIME ESPECIAL – TARE. POSSÍVEL LESÃO AO PATRIMÔNIO PÚBLICO. LIMITAÇÃO À ATUAÇÃO DO *PARQUET*. INADMISSIBILIDADE. AFRONTA AO ART. 129, III, DA CF. REPERCUSSÃO GERAL RECONHECIDA. RECURSO EXTRAORDINÁRIO PROVIDO. I – O TARE não diz respeito apenas a interesses individuais, mas alcança interesses metaindividuais, pois o ajuste pode, em tese, ser lesivo ao patrimônio público. II – A Constituição Federal estabeleceu, no art. 129, III, que é função institucional do Ministério Público, dentre outras, "promover o inquérito e a ação civil pública, para a proteção do patrimônio público e social, do meio ambiente e de outros interesses difusos e coletivos". Precedentes. III – O Parquet tem legitimidade para propor ação civil pública com o objetivo de anular Termo de Acordo de Regime Especial – TARE, em face da legitimação *ad causam* que o texto constitucional lhe confere para defender o erário. IV – Não se aplica à hipótese o parágrafo único do artigo 1º da Lei 7.347/1985. V – Recurso extraordinário provido para que o TJ/DF decida a questão de fundo proposta na ação civil pública conforme entender."

único da Lei de Ação Civil Pública. Vale dizer, a contrassenso, que o Supremo Tribunal reconheceu a recepção do dispositivo em questão (parágrafo único do artigo 1ª da Lei de Ação Civil Pública), não sendo a matéria adstrita às atribuições da instituição.

Aqui se percebe claramente o que a doutrina especializada chama de discricionariedade no motivo.

Quando a norma constitucional disse ser o Ministério Público o curador dos direitos sociais e individuais indisponíveis e, logo depois, no artigo 129, inciso III, impondo à instituição o dever de promover o inquérito civil e a ação civil pública para a proteção do patrimônio público e social, do meio ambiente e de outros interesses difusos e coletivos, resta evidente o uso de expressões indeterminadas, cujas densificações demandam labor interpretativo e de subsunção entre os elementos fenomênicos e o comendo normativo.

Diante dessas circunstâncias — dessa em especial — a norma valeu-se de expressões plurissignificativas que, nos dizeres de Maria Sylvia Zanella Di Pietro (1991, p. 50), "deixam [...] a possibilidade de apreciação dos fatos concretos segundo critérios de valor que lhe são próprios".

Mais interessante ainda é que, nesse caso, percebe-se a discricionariedade não apenas na hipótese da norma (OLIVEIRA, 1987) — a descrição dos fatos que ensejam a atuação do Ministério Público —, mas também em seu mandamento (BANDEIRA DE MELLO, 1984) — a consequência advinda da ocorrência dos fatos descritos na hipótese da norma —, já que, no primeiro momento, valora-se se o fato é deflagrador da atuação ministerial e, positiva a sondagem, passar-se-á à escolha da forma de agir.

3.1.3.2 Discricionariedade na eleição do momento de agir

Já no segundo corte da questão apresentada — se há discricionariedade no momento em que o Ministério Público deve atuar — a resposta pode ser extraída das lições de Maria Sylvia Zanella Di Pietro (1991, p. 50), que admite a discricionariedade quanto ao momento da prática do ato até mesmo em atos vinculados: "Se a lei não estabelece nada a respeito, a Administração escolhe o momento que lhe pareça mais adequado para atingir a consecução de determinado fim".

Nesse ponto, todavia, algumas observações sobre a atuação do Ministério Público. Se há, e inegavelmente há, normas que determinam a atuação do agente da instituição, difícil justificar que alguns fatos que impõem a atuação ministerial são observáveis desde a Constituição Federal de 1988 — para restringir ao momento pós-constitucional — e, até hoje, não se veem atuações institucionais uniformes.

Ou seja, a questão é notar a linha que separa a valoração entre o melhor momento de agir e a percepção de que aquele que recebeu a competência deliberadamente não agiu por outros motivos que não a avaliação do melhor momento para fazê-lo.

Prendem-se a alguns exemplos: ninguém há de discordar que a saúde ou a segurança pública são direitos, ao mesmo tempo, sociais e difusos, que impõem a atuação do Ministério Público. Também ninguém há de ir contra a afirmação de que, desde 1988, quando a Constituição da República determinou ao Estado a promoção da saúde a toda gente, bem como a garantia da segurança pública, esses dois direitos metaindividuais vêm sendo maltratados pelo próprio Estado.

Se isso tudo é verdade e desde então nada de concreto e relevante ocorreu — ressalvados pequenos ensaios isolados dignos de nota —, é necessário reconhecer que o Ministério Público: a) ou ainda não encontrou o momento oportuno de agir, o que predica, necessariamente, o reconhecimento de que, no mínimo, houve por parte do agente do Ministério Público avaliação sobre a conveniência e oportunidade; b) ou está sendo omisso em seu mister constitucional.

Aliás, como ressalvado, quando se observa que, isoladamente, em determinadas cidades, o membro do Ministério Público agiu nesses casos, conquanto em outras absolutamente nada foi feito — sequer a instauração de inquérito civil público — surge um outro grande complicador que leva ao questionamento de uma recorrente afirmação quase uníssona na doutrina, a de que não existe discricionariedade no sujeito.

É recorrente, em especial em pequenas comarcas do interior, nas quais existem promotorias de justiça única, com atribuição plena, quando o titular da promotoria toma alguma medida, seja na área que for — regularização de aterro sanitário, acessibilidade urbana, regularização de edificações urbanas, etc. — argumentar-se que, na cidade vizinha, existe o mesmo problema e o promotor de justiça com atribuição naquele local nada fez.

Quanto à deflagração do exercício pelo Ministério Público de suas competências, nesses casos ou será necessário reconhecer a discricionariedade no agente, que deverá valorar, diante de todo o quadro que é apresentado ao membro do Ministério Público com ampla atuação em sua comarca, as suas possibilidades de atuação imediata, frente à urgência das necessidades que são múltiplas, ou se reconhecerá, de pronto, omissão dos membros do Ministério Público.

Interessante perceber que o Conselho Nacional do Ministério Público, na Resolução nº 23, estabeleceu que o inquérito civil público será iniciado, entre outros, de ofício (art. 2º, inc. I), impondo ao Ministério Público a atuação, "independentemente de provocação, em caso de conhecimento, por qualquer forma, de fatos que, em tese, constituam lesão aos interesses ou direitos mencionados no artigo 1º da Resolução, devendo cientificar o membro do Ministério Público que possua atribuição para tomar as providências respectivas, no caso de não a possuir" (§1º).

Na *ratio* da resolução, ou o conselho considerou a impossibilidade de controle do que é de conhecimento pessoal/subjetivo do membro do Ministério Público, pois não exteriorizado de forma controlável, ou reconheceu margem de discrição ao utilizar o núcleo verbal "atuará" sem efetuar uma marcação temporal.

Ao que parece, reconheceu o CNMP a obrigação de agir — o que é óbvio —, mantendo, todavia, margem de valoração do quando agir ao membro do Ministério Público.

A jurisprudência, aliás, já começa a dar sinais de reconhecimento de existência de discricionariedade no sujeito, não exatamente em exercício de funções administrativas, mas fundamentalmente nas funções judiciais. Recorrentemente, os Tribunais estão afirmando que as decisões judiciais são fruto da discricionariedade do juiz, o que acaba por ir de encontro à afirmação doutrinária da não existência da discricionariedade no sujeito. Os exemplos são muitos e geralmente sem grandes construções: "Em decorrência da discricionariedade do Juízo, cabe ao juiz, como destinatário da prova, aferir a necessidade ou não da realização da prova pericial e dos quesitos formulados".[49]

Quanto às atividades do Ministério Público no âmbito do que aqui se denomina de funções administrativas finalísticas da instituição — as funções extrajudiciais —, outros ramos do conhecimento humano, especialmente os não atrelados a algumas concepções do direito administrativo, apontam, obviamente em linguagem própria de sua ciência, para a existência inquestionável de discricionariedade no agente do Ministério Público.

É o que se depreende das análises formuladas pela Professora Maria Tereza Sadek (2008, s/p), que tem afirmado, recorrentemente, que o Ministério Público, no exercício de suas funções extrajudiciais, possui o que ela denomina de "poder de agenda", que nada mais é do que o poder de eleger no que, quando e como atuar:

---

[49] TJPR – Ag. Int. nº 1604644, 02/12/2004.

> [...] o Ministério Público goza de uma vantagem absolutamente extraordinária: o poder de agenda. Para apreender o significado desta qualidade, bastaria um contraste com o Poder Judiciário, que não possui controle de sua agenda, nem na mesma dimensão nem no mesmo grau. Para atuar, o Poder Judiciário tem que ser provocado. Em princípio, trata-se de uma instituição passiva. O Ministério Público, diferentemente das demais instituições do sistema de Justiça, tem controle da agenda, ou seja, pode definir o que vai fazer, como vai fazer e quando vai fazer, ao que dará prioridade e ao que não dará prioridade.

Em linhas gerais, o que a cientista política afirma é que o agente do Ministério Público é possuidor de discricionariedade na medida em que poderá, segundo observa, salvo algumas circunstâncias — que ocorrem quando há representação para que o Ministério Público atue em determinado caso —, decidir quando e como exercerá suas atribuições.

Não há nenhum constrangimento em se reconhecer a existência de discricionariedade no agente do Ministério Público, principalmente quando se adota, como no presente caso, a discricionariedade não como uma zona livre de decisões possíveis, todas válidas perante o direito, mas a abertura normativa que permite ao agente competente, diante do caso concreto, valorar todas as circunstâncias para buscar a melhor solução possível, sendo, sempre, sua decisão plenamente sindicável. O agente que exerce a função é uma pessoa, um indivíduo, e em sua individualidade a avaliação das circunstâncias que envolvem o exercício de sua função, seja ou não desejado, terá como pano de fundo toda a carga pessoal do agente, que acabará imprimindo-a na valoração desses aspectos, que são diferentes numa ou noutra pessoa.

Interessante perceber que ou o agente ministerial é possuidor de discricionariedade — repete-se, não de arbitrariedade, pois passível e possível o controle — diante da realidade nacional de gravíssimas violações constantes a direitos sociais e individuais indisponíveis, seja pelo Estado, seja por grupos ou por outros tantos cidadãos, ou será necessário reconhecer que o Ministério Público não cumpre sua missão.

Se todas as atividades que competem à instituição ainda não foram desempenhadas ou não foram suficientes para garantir a toda gente a fruição dos bens e direitos que é seu dever institucional tutelar, parece ser pelo fato da necessidade de valoração e de gradação desses bens e direitos, em todas as suas nuances, para selecionar o melhor momento ou o momento possível de agir.

A conclusão a que se chega nesse ponto é que há, ao contrário do que sustenta de forma quase uniforme a doutrina nacional, discricionariedade no agente quando se investiga a atividade administrativa finalística do Ministério Público.

E repete-se: a existência de discricionariedade no agente parece ser tanto verdade que bastará lançar os olhos para a realidade para constatá-la. Ao se mirar unicamente em uma determinada promotoria de justiça, em que dois ou mais promotores se sucederam exercendo as mesmas atribuições, poderão ser notadas, com muita clareza, inversões na eleição dos motivos, do momento ou até mesmo se há necessidade ou não de agir, frente à mesma base fática e às mesmas normas.

Vale dizer que é possível observar modificações na resultante de valoração do binômio conveniência/oportunidade quando agentes que receberam as mesmas atribuições ou concluem coisas diversas a partir da análise de fatos diante de determinadas normas elegem momentos distintos de agir ou formas absolutamente diferentes de levar a cabo o comando normativo. A seleção do quando atuar, do momento de atuar e da forma de atuar é marcada pelo agente competente. Essa questão acaba remetendo à clássica "discussão" observada entre Hart[50] e Dworkin[51]

---

[50] Herbert Lionel Adolphus Hart (2005, p. 336) dizia que em situações juridicamente não previstas ou não reguladas, o juiz — mais uma vez a questão de estudo era judicial — cria o direito novo e o aplica, mas, uma vez que "os poderes do juiz são exercidos apenas para ele se libertar de casos concretos que urge resolver, ele não pode usá-los para introduzir reformas de larga escala ou novos códigos".
Para Hart, a discricionariedade do aplicador do direito deriva da vaguidade inevitável da linguagem, veículo do direito, abrindo ao operador, diante de *open texture*, a discricionariedade, pois o direito não será um guia eficiente. Bom destacar, inclusive, que a aparente proximidade entre as conclusões, nessas questões, de Hart e Kelsen toma contornos distintos quando se percebe que, para o primeiro, ao contrário do segundo, a discricionariedade não surge em toda aplicação ou concreção do direito, mas apenas nos *hard cases*.

[51] Já na investigação de Ronald Dworkin (1987, p. 31) sobre a discricionariedade no agente — discricionariedade sendo *"like the hole in a doughnut"* — faz-se, inicialmente, a distinção entre algumas formas de discricionariedade.
Tomando de empréstimo a construção Dworkiana para aplicá-la — ou sondar a possibilidade de fazê-lo — na atividade extrajudicial do Ministério Público, indaga-se se os agentes da instituição são tributários de uma discricionariedade débil, de uma discricionariedade forte ou mesmo se o que há, em verdade, é a necessidade de mera interpretação do direito.
Na discricionariedade débil, segundo o autor, não existe margem de livre decisão, pois, ao se atribuir a competência, não se outorgou a possibilidade de eleição, mas apenas de "enjuizamento" ou discernimento para se chegar à decisão pretendida por quem atribuiu a competência.
Já na discricionariedade forte não foi estabelecido, *a priori*, nenhum critério que deve o agente observar no momento de levar a cabo sua função. Aqui, o agente estaria livre para criar seus próprios critérios de atuação. Difere, portanto, da discricionariedade débil, na qual há *standards prefixados* e ao agente só cabe, nesses limites, alguma margem de discernimento.
Adverte Dworkin (1992, p. 120), todavia, que a discricionariedade não pode existir na aplicação e interpretação do ordenamento jurídico, pois este sempre proporciona uma resposta correta, ainda que difícil de ser encontrada. Há, assim, uma só resposta, na medida em que, não obstante se poder construir várias teorias diante da aplicação do

no ponto em que se debatia a existência ou não de discricionariedade pelo agente julgador diante de determinados casos.

Se o diálogo entre Hart e Dworkin poderia ter relevância nesta pesquisa para se sondar se na verificação do quando, do momento e do como agir do agente do Ministério Público diante de um fato que, em tese, imporia a atuação, haveria discricionariedade, ele acaba por ser inócuo pelo fato de aqui se adotar a tese de que, mesmo havendo discricionariedade, ela não abre margem a várias opções ao agente, todas viáveis perante o direito.

Como já firmado para esta pesquisa, tem-se discricionariedade como campo de avaliação dos fatos do mundo fenomênico frente ao direito para que se alcance a melhor opção diante do caso concreto, o que acaba por aproximar ou tornar iguais interpretação e discricionariedade.

Portanto, na verificação dos fatos que ensejariam o exercício pelo Ministério Público de suas competências frente a determinada hipótese da norma, é possível divisar discricionariedade.

Reafirma-se, pois, que nesta pesquisa há o reconhecimento da discricionariedade do agente para que efetue valoração da base fática frente à hipótese da norma, discrição essa derivada da fluidez e inde-terminação da linguagem, como já visto.

Passada, desse modo, a primeira fase, a do reconhecimento do móvel que impõe a atuação e a da escolha do momento oportuno de atuar, é chegado o momento de se selecionar a forma melhor de se agir. Esse é outro ponto crucial na atividade do Ministério Público e gerador de grandes controvérsias.

3.2 Desvios no manejo dos instrumentos extrajudiciais

3.2.1 Instauração do inquérito civil público

Definida, portanto, a necessidade de atuação do Ministério Público na tutela de interesses transindividuais, a primeira medida,

---

direito, apenas uma será a melhor diante do ordenamento jurídico como um todo. Na aplicação do direito, a resposta correta é a que melhor se adequa aos princípios e objetivos que constituem a justificativa política do instituto que se está aplicando.

De outra forma, a discricionariedade não é fruto, para o autor, da interpretação e aplicação do direito, apenas advindo da atribuição da competência. A partir do momento que a conduta vem regida por um critério que forma parte do ordenamento jurídico desaparece a discricionariedade, abrindo campo para a interpretação.

É nesse ponto que critica a tese de que há discricionariedade na atividade judicial. O que em verdade existe, segundo Dworkin, é a necessidade de interpretação, que acabará desbordando apenas em uma solução possível necessariamente, é a instauração do inquérito civil público. Essa imposição de, obrigatoriamente, qualquer manejo de instrumentos extrajudiciais ser efetuado no bojo de inquéritos civis públicos, não obstante parecer "mera formalidade", é a única maneira de se permitir o controle sobre o que se realiza na fase anterior ao ajuizamento de ações civis públicas pela própria instituição.

A possibilidade de instauração não de inquérito civil público, mas de procedimento preparatório fica limitada à busca de complementos para as informações de que já dispõe a instituição necessárias à instauração do inquérito civil público.

O inquérito civil é regido pelo princípio da obrigatoriedade, ou seja, o Ministério Público não é destinatário de qualquer faculdade para, percebendo a hipótese de sua atuação e superada a valoração do momento de agir, decidir não fazê-lo. Todavia, não deve agir na dúvida:

> [...] as peculiaridades na estrutura jurídica subjacente às demandas coletivas reclamam que se analise [...] certos elementos relativos ao próprio mérito da demanda, de modo a saber se ela pode ou não ser processada. É que tais feitos não podem ser examinados como se os interesses em jogo fossem puramente individuais e o direito de ação absolutamente abstrato. [...] Na medida em que o autor da ação coletiva está a exercer uma função, exige-se dele que atue com base em indícios suficientemente sérios que justifiquem sua conduta. (GUIMARÃES, 2010, p. 149)

Por mais que o inquérito civil seja apenas um procedimento administrativo, por si só carrega grande carga estigmatizante. Por essa razão, defende-se que, na incerteza, não sendo possível perceber a necessidade ou não de instauração do inquérito, poderá o membro valer-se de diligências preparatórias aos inquéritos para colher elementos que sanem suas dúvidas sobre a existência ou não de justa causa para sua instauração. Em caso de estes não aparecerem, não se deve instaurar o inquérito civil público, mas sim buscar a justa causa por diligências imediatas. Com isso, poderá o órgão buscar, de pronto, elementos de convicção para lastrear a abertura do inquérito: "Quando se trate, pois, de diligências preliminares imediatas e necessárias, é razoável que o promotor de justiça adie momentaneamente a decisão sobre se instaura ou não o inquérito civil" (MAZZILLI, 2008, p. 138).

De outro lado, é altamente proscrito o desvirtuamento dessa medida que, como dito, visa resguardar o cidadão. Não raro percebem-se investigações e condução de medidas extrajudiciais sendo conduzidas por alguns membros do Ministério Público em procedimentos que não o inquérito civil público, com o fim de burlar a rigidez do sistema de controle interno feito pelo Conselho Superior do Ministério Público.

A utilização de procedimentos preliminares, procedimentos de investigação, procedimentos preparatórios, sindicâncias, ou qualquer outro nome atribuído como forma de mascarar o que, verdadeiramente, seria inquérito civil, para subtrair o controle hierárquico institucional, é desvirtuamento do sistema.

Deve-se atentar para o fato de que, ainda que o Ministério Público, por ato próprio ou por legislação estadual, fixe essa possibilidade de se conduzir a atuação extrajudicial por forma outra que não o inquérito civil, é flagrantemente inconstitucional, haja vista que cabem às leis orgânicas dos Ministérios Públicos legislarem unicamente sobre a organização, as atribuições e o estatuto do Ministério Público local.[52]

As soluções caseiras muito se assemelham às vetustas sindicâncias policiais, instauradas para burlar os mecanismos de controle sobre o inquérito policial. Seria o verdadeiro inquérito civil de gaveta, o que não se coaduna com a instituição responsável pela guarda da legalidade. A Constituição, ela própria, explica o procedimento adequado.

Esse mesmo foi o entendimento do Conselho Nacional do Ministério Público ao admitir procedimento preparatório exclusivamente como mecanismo rápido de complementação de diligências imediatas, imprescindíveis à formação da justa causa para a instauração do inquérito civil (Res. nº 23/07 CSMP, art. 2º, §§4º a 7º).

Em tudo se aplicam, portanto, nessa fase, as considerações talhadas por Bernardo Strobel, referentes à fase judicial do Ministério Público na tutela de interesses transindividuais:

> Predica-se, portanto, objetividade no exercício dessa função, o que impõe a presença de elementos que justifiquem a propositura da ação. Assim, nada obstante esta função não ser propriamente de natureza administrativa — pois não é pública, nem privada — parece razoável pensar na incidência dos princípios consagrados no *caput* do art. 37 da Constituição Federal.
>
> Em suma: o autor coletivo não pode propor ação porque quer, mas sim porque dispõe de elementos que demonstram que essa medida é adequada e atenderá os interesses subjacentes à atribuição em seu favor de uma prerrogativa pública. (STROBEL, 2010, p. 387)

---

[52] Artigo 128, §5º, da Constituição da República.

Eventualmente, e apenas em situações absolutamente excepcionais, em que o órgão de execução ainda não possui o mínimo de elementos para gerar convencimento suficiente sequer para instaurar o inquérito civil, apesar de haver indícios da necessidade, é possível cogitar-se a instauração de procedimento preliminar.

Quando essas questões são enfrentadas pela doutrina especializada na atividade ministerial, quase sempre membros da própria instituição, esses espaços de "livre manobra" são todos justificados pelo princípio da independência funcional, exatamente nos moldes aqui já debatidos.

Ocorre que, da forma em que é utilizada — e em todas as fases das atividades extrajudiciais da instituição, as condutas, em geral, são justificadas pelos próprios órgãos de execução aos órgãos da administração superior (revisor hierárquico natural da atividade administrativa) como sendo uma opção baseada na independência funcional —, a independência funcional torna-se sinônimo de arbítrio. Ora, a independência funcional não é uma carta em branco que se atribuiu ao agente ministerial. Não pode, jamais, como bem anota Emerson Garcia (2010, p. 78), "prestigiar agentes que simplesmente não desejem exercer suas funções", da forma correta, seguindo as "regras do jogo".

Portanto, nesse ponto, fundamental a compreensão de que, tomando o Ministério Público ciência oficiosa de fato que enseja o exercício de suas funções, deverá agir ou fundamentar o seu não agir, arrolando detidamente as razões, os motivos, justificando o porquê de não atuar naquele momento, ou, ainda, poderá haver a caracterização de silêncio do Ministério Público, que poderá ensejar, inclusive, a decadência ou prescrição do seu direito de atuar, como há muito anotou Themístocles Brandão Cavalcanti (1939, p. 579-580), que alertava que a inércia da administração na defesa de direitos da coletividade poderia ensejar a decadência do direito, quando a administração deixasse de atuar quando era seu dever atuar de ofício, seja exercendo poder de polícia, medidas coercitivas, restrições a exercícios de direito, etc.

É exatamente por tal motivo que a motivação toma relevo. Quando o agente do Ministério Público, ciente de seu dever de atuação, não o faz, deverá motivar detidamente a sua não ação, para que não se corra o risco de perecer direitos transindividuais ou, até mesmo, de que essa não ação, geradora em tese de prejuízo a terceiros, seja atribuída à instituição e, em última análise, ao agente omisso, que poderá, ao cabo, arcar com indenizações.

3.2.1.1 Motivar e justificar a instauração do inquérito civil público: uma obrigação constitucional esquecida

Na instauração do inquérito civil público é obrigatório, sempre e logo de início — mesmo existindo independência funcional, e ninguém questiona sua existência —, um despacho do membro do Ministério Público com atribuição naquela matéria específica, narrando qual a circunstância fática que está sendo examinada e, obviamente, indicando as normas que lhe atribuíram competência.

Esse despacho, caso a seleção do fato tenha sido feita pelo próprio agente, será a portaria. Ela, então, estabelecerá, de partida, os limites da atuação do promotor de justiça naquele inquérito civil público, bem como a razão de, diante de tantas outras situações passíveis de instauração de inquérito civil público, aquela matéria ter sido "eleita" de forma prioritária em detrimento de outras.

Interessante perceber que, se o inquérito se iniciou por conta de uma representação, esta fixará os limites das atividades do Ministério Público em seu bojo.

Em que pese parecer observação sem qualquer impacto prático, ao se admitir, como se está fazendo neste trabalho, ser o agente do Ministério Público delegatário de discricionariedade, devendo valorar as circunstâncias fáticas em busca de sua competência, eleger as atuações prioritárias, eleger o melhor momento de agir, bem como a melhor forma de fazê-lo, é fundamental que a motivação na instauração do inquérito civil aborde todas essas questões adjacentes aos fatos, principalmente em se tratando de instauração por portaria.

Essa será a única maneira de, já no início do inquérito civil público, haver controle da instauração, seja pelo próprio Ministério Público, seja judicial. Se, por exemplo, um promotor de justiça, com atribuição plena na área de direitos metaindividuais em sua comarca, instaura determinado inquérito visando compelir o município a adotar determinada política na área do lazer ou da mobilidade urbana, conquanto é notório que a cidade não conta com nenhuma creche para mães trabalhadoras, é fundamental se sondar o motivo que levou o Ministério Público a optar por uma atuação em detrimento de outra.

É interessante realizar um parêntese para notar que, não raro, a própria instituição que, por meio principalmente desses instrumentos extrajudiciais, controla a discricionariedade de outros atores do Estado, acaba não observando a limitação a essa mesma discricionariedade nela própria.

No exemplo citado, o próprio Ministério Público questionou se haveria ou não discricionariedade do administrador diante do fato de a

Constituição ter dito ser a criança e o adolescente prioridade absoluta. Essa questão desaguou no Supremo Tribunal Federal, por meio do RE nº 410715 AgR/SP, e foi julgada em 2005, tendo aquela corte decidido que "os municípios não poderão demitir-se do mandato constitucional, juridicamente vinculante, que lhes foi outorgado pelo art. 208, IV, da Lei Fundamental da República, e que representa fator de limitação da discricionariedade político-administrativa dos entes municipais".

Assim, o que decidiu a corte foi que sequer há de se falar em discricionariedade diante daquele mandamento constitucional. Ora, se não há discricionariedade para os entes políticos no momento da confecção de suas políticas públicas, frente a questões ligadas às crianças e aos adolescentes, com a mesma razão a discricionariedade outorgada ao Ministério Público na seleção de suas atuações fica afastada quando em jogo essa matéria.

Ao extremo, é de se afirmar que, no momento em que o agente do Ministério Público for criar a "lista de prioridades de atuação", no topo desse rol deve figurar, primeiro, o que não é discricionário. Em se tratando de criança e adolescente, para ficar com o exemplo trabalhado, o artigo 227 da Constituição da República aparta do tema possíveis valorações discricionárias ao determinar ser dever do Estado assegurar, com absoluta prioridade, o direito à vida, saúde, alimentação, educação, lazer, profissionalização, cultura, dignidade, respeito, liberdade e convivência familiar e comunitária.

Bom seria, mesmo sendo de dificílimo implemento, que o agente do Ministério Público justificasse inclusive o seu não fazer naquele momento. Dessa forma, tomando ciência informal, sem representação, de fato que, em tese, deflagraria sua atuação, correto seria ou a instauração imediata do inquérito ou a comunicação ao Conselho Superior ou à Câmara de Revisão e Coordenação da ciência, expondo detidamente as razões de sua não atuação naquela oportunidade.

Isso possibilitaria o controle do silêncio do Ministério Público, da sua não ação em vários assuntos que são de ciência de todos, inclusive do membro da instituição que, cidadão, é também conhecedor de fatos notórios.

Portanto, é fundamental que haja motivação detalhada, principalmente indicando o objeto da investigação e o motivo da "eleição" daquele objeto naquele momento. A delimitação do objeto acaba por evitar outro grande desvirtuamento do inquérito civil público.

Isso porque a motivação é garantia, como lembra Maria Sylvia Zanella Di Pietro (2000, p. 125), não apenas aos interessados, mas à própria Administração Pública.

Não é raro perceber inquéritos sem objeto, abertos para investigar pessoas, justificando a instauração com a mera descrição de, por exemplo, inquérito instaurado para averiguar condutas irregulares do Prefeito no manejo da máquina administrativa.

Ora, inquéritos civis assim são verdadeiras armadilhas modernas, espécie de espada de Dâmocles, sempre em riste para atingir a pessoa perseguida, revelando como o poder sem freios bem torneados acaba desbordando em arbítrio.

A motivação detalhada na portaria inaugural gerará, para o investigado ou para quaisquer outras pessoas ou grupos interessados, a possibilidade de controle vestibular do inquérito.

Aliás, bom que se deixe assentado que fundamentar a instauração está longe de ser justificar a instauração, ou mesmo dizer da sua conformidade jurídica (juridicidade):

> [...] o dever de fundamentação expressa obriga a que o órgão indique as razões de facto e de direito que o determinaram a praticar aquele acto, exteriorizando, nos seus traços decisivos, o procedimento interno de formação da vontade decisória. [...] É claro que um dever de fundamentação assim compreendido só pode ser um dever instrumental, visando em última análise conseguir a correcção material dos actos [...]. (ANDRADE, 2007, p. 13)

E prossegue:

> O dever de fundamentação expressa apresenta-se assim, como um 'instituto', tendo como centro de referência uma declaração que reúne todas as (quaisquer) razões que o autor assuma como determinantes da decisão, sejam as que exprimam uma intenção justificadora do agir, demonstrando a ocorrência concreta dos pressupostos legais, sejam as que visem explicar o conteúdo escolhido a partir dessa adesão ao fim, manifestando a composição dos interesses considerados para adoptar a medida adequada à satisfação do interesse público no caso. (*idem*, p. 22)

A fundamentação expressa possibilitará a aplicação, na atuação extrajudicial do Ministério Público, da Teoria dos Motivos Determinantes. Somente assim será possível sondar se o agente ministerial age pelos móveis declaradores e justificados ou por outros motivos. Nesse sentido, ensina Irene Nohara (2004, p. 79):

> Com a comparação entre o motivo alegado e os verdadeiros móveis que ocasionam o ato, fica mais fácil verificar se há desvio de finalidade ou imoralidade. Essa indagação permite também averiguar se a

competência está sendo corretamente exercida. Para mitigar os perigos que a perquirição da verdadeira intenção do agente público pode ocasionar, desenvolve Jèze a última regra, isto é, de necessidade de inversão do ônus probatório e de comprovação, de preferência documental, dos fatos conjecturados.

É nessa esteira que, principalmente nas instaurações por portaria, deve o membro do Ministério Público colacionar minimamente os elementos que o levaram à decisão de instauração.

Quando se analisa a motivação e a justificação para se instaurar o inquérito civil público, um ponto muito olvidado é a justa causa, em especial a verificação da existência ou não de prescrição quanto à instauração do inquérito.

Além da necessidade de absoluta demonstração e comprovação da justa causa para se iniciar um inquérito, dentro dessa justa causa é fundamental que se faça a análise da ocorrência ou não da prescrição, já que a ação ministerial não poderá retroagir para buscar fatos ilícitos praticados pelo investigado no período em que já se operou a prescrição do artigo 23, I e II, da Lei nº 8.429/92.

Se, por não ter conhecimento do fato ilícito que ensejaria a instauração do inquérito civil público, não tenha tomado medidas extrajudiciais a tempo, permitindo-se a ocorrência da prescrição quinquenal, não terá mais o membro do Ministério Público justa causa para a instauração do inquérito.

Agindo em sentido contrário, aquele que recebeu da Constituição da República o dever de zelar pela ordem jurídica estaria, ao fim, violando ela própria e, por conseguinte, seu dever funcional.

Nesse sentido, já há pronunciamentos judiciais louváveis, não obstante as imperfeitas anotações que restaram expressas no voto sobre a não obrigatoriedade:

> Mandado de Segurança. Inquérito civil público instaurado por órgão do Ministério Público, para apuração de responsabilidade de ex-secretário de Estado, visando ação de improbidade administrativa, por fato perfeitamente definido e conhecido. Já estando prescrita a própria ação, inoportuna e desnecessária se mostra a continuidade do inquérito, uma vez que, ou a ação foi iniciada, não havendo notícia a propósito nos autos, ou não mais poderá sê-lo, face à prescrição já evidenciada. Ordem concedida.[53]

---

[53] TJ/RS. Rel. Des. Mário dos Santos Paulo, MS nº 2003.004.01648, 4ª CC, julgado em 10 de julho de 2007.

Ocorrendo, pois, o decurso do prazo legal de cinco anos e, por consequência, a prescrição do direito material, não há mais justa causa para que o Ministério Público maneje instrumento processual administrativo que possui a finalidade, justamente, de tutelar o direito material prescrito.

3.2.1.2 O acesso ao teor do inquérito civil público – A verdadeira transparência

De nada adianta, todavia, existir a fundamentação adequada se não for possível ao sujeito investigado no inquérito civil ou aos grupos ou pessoas interessadas o acesso para colaborarem ou, no mínimo, exercerem a bilateralidade de audiência e a ampla defesa.

Assim, ainda que, como reiteradamente tem afirmado a doutrina e a jurisprudência — no sentir deste trabalho, de maneira equivocada —, se considere o inquérito civil instrumento inquisitorial que não demanda publicidade[54] nem ampla defesa e contraditório,[55] eventual controle somente será possível se cada passo do inquérito civil for devidamente divulgado no mínimo aos interessados, possibilitando-lhes alguma forma de participação.

De igual forma, a conclusão da jurisprudência quanto à desnecessidade de observação do contraditório e ampla defesa no bojo do inquérito civil equivale a fechar os olhos para o fato de ele ser procedimento administrativo, em tese, inclusive, gerador de danos para os envolvidos.

Ora, se a função do inquérito civil é bem mais que municiar o Ministério Público com elementos para iniciar uma demanda judicial na tutela de interesses metaindividuais, é fundamental que todos os envolvidos, de alguma forma, tenham não apenas acesso ao inquérito, mas dele também participem de forma a permitir, extrajudicialmente, chegar-se a uma solução.

A reiteração das jurisprudências do sigilo é combustível que certamente fomentará o uso inadequado desse instrumento. Nesse

---

[54] Para ficar apenas com um exemplo recente, o Superior Tribunal de Justiça, no RMS nº 28989/RS, julgado pela Primeira Turma no dia 23 de março de 2010, reafirmou que o inquérito civil público é "procedimento administrativo de natureza inquisitiva e informativa [...] não podendo as informações do inquérito civil ficar à mercê daqueles que não demonstram interesse direto nos fatos apurados".

[55] "[...] trate-se de procedimento meramente informativo, no qual não há necessidade de se atender aos princípios do contraditório e da ampla defesa" (RMS nº 28949/PR, T1, julg. 05.11.2009).

sentido, aliás, cita-se recentíssima decisão do Supremo Tribunal Federal na análise da Reclamação nº 8.458 oriunda do Espírito Santo, em que o Ministro Gilmar Mendes negou seguimento ao instrumento por entender que a Súmula Vinculante nº 14 não é aplicável ao inquérito civil público:

> Trata-se de reclamação, com pedido de medida liminar, ajuizada por Leandro Sá Fortes contra ato do 8º Promotor de Justiça de Vitória/ES que indeferiu pedido de vista dos autos do Inquérito Civil nº 002/2009. *Postula o acesso ao inquérito civil e ao desentranhamento de documentos dele extraídos e entranhados nos autos de procedimento administrativo disciplinar contra ele instaurado. Aponta contrariedade ao enunciado da súmula vinculante nº 14. A Súmula Vinculante n 14 dispõe: "É direito do defensor, no interesse do representado ter acesso amplo aos elementos de prova que, já documentados em procedimento investigatório realizado por órgão com competência de polícia judiciária, digam respeito ao exercício do direito de defesa". A referida súmula é aplicada apenas aos procedimentos administrativos de natureza penal, sendo incorreta a sua observância em procedimentos administrativos de natureza cível.* Colhe-se do voto do Ministro Celso de Mello (PSV 1-6/DF, Rel. Min. Menezes Direito): "formulou-se, na espécie [...] proposta de súmula vinculante destinada a garantir, aos Advogados (e, por intermédio destes, aos indiciados e aos réus) o direito de acesso — já reconhecido em lei — aos autos de procedimentos penais que tramitem em regime de sigilo". Assim, verifica-se o desacerto do pedido ao disposto do enunciado da Súmula 14. No mesmo sentido menciono decisão proferida na RCL nº 9.677/ES, Rel. Min. Marco Aurélio, Dje 16.4.2010. Ante o exposto, por ser incabível esta reclamação, nego-lhe seguimento.

Por duas razões, fundamentalmente, defende-se, neste trabalho, o acesso amplo ao inquérito civil público não apenas aos que figuram como "investigados", mas a todos a quem interessa o que se discute no instrumento: a primeira delas refere-se ao fato de o inquérito civil, assim como ocorre no inquérito policial, prestar-se — também — à busca de elementos necessários à formação da convicção do membro do Ministério Público com atribuição na matéria investigada sobre os fatos que estão sendo apurados. Portanto, nesse corte, não há diferença fundamental entre um procedimento e outro, razão pela qual a Súmula nº 14 deve ser arrastada e aplicada ao inquérito civil público.

Todavia, o inquérito civil difere do policial em um ponto que parece fundamental: enquanto o inquérito policial é destinado ao titular da ação penal, vale dizer, sem possuir uma finalidade em si mesmo, tendo, inclusive, como destinatário outro agente, o inquérito civil possui finalidade própria, podendo solucionar as questões nele investigadas pela própria autoridade que o preside.

Em outras palavras, se o inquérito civil público serve também, e principalmente, como aqui se tem defendido, para solucionar de maneira extrajudicial as questões ali postas em debate, não há razão alguma para se restringir o acesso de todos os envolvidos. Ao contrário: apenas será possível buscar a melhor solução com multilateralidade de audiência, ampla defesa e participação de todos os que se interessam pela questão.

Por mais incrível que possa parecer, a dificuldade de acesso às atividades do Ministério Público na fase extrajudicial não ocorre apenas com pessoas estranhas à instituição. É comum o membro do Ministério Público, com atribuições concorrentes com outro, instaurar inquérito civil público para apurar fato já gerador de inquérito civil público pretérito. Ainda é embrionário, em quase todo o Ministério Público brasileiro, um sistema, como os do Poder Judiciário, de busca de processos por nome das partes envolvidas. Se isso não é facilitado nem para os membros da instituição, não há sequer o que dizer dos cidadãos que não a integram.

Não é por outro motivo, aliás, que, no dia 27 de abril de 2011, Cláudio Abramo, Presidente da Transparência Brasil, no Seminário Liberdade e Democracia, realizado em Brasília pela Fundação Assis Chateaubriand, disse:

> O Ministério Público é a instituição pública menos transparente do país. [...] Das doze páginas de relatório de atividades do Conselho Nacional do Ministério Público, dez são dedicadas a explicações sobre os motivos de os Ministérios Públicos Estaduais não terem fornecido os dados pedidos; as outras duas páginas falam da falta de dados do Ministério Público Federal. Nem o Ministério Público Federal nem os Estaduais dão qualquer informação. Eles não obedecem qualquer hierarquia e sonegam qualquer dado sobre seu desempenho.

Ao lançar a crítica, comentava a dificuldade do próprio CNMP em colher dados da atuação extrajudicial do Ministério Público, exatamente o que aqui se debate. Há patente falta de transparência nessa atividade do Ministério Público.

Ressalva, todavia, deve ser feita. Por vezes, em fase vestibular, o inquérito civil busca elementos que, em sendo divulgadas as medidas investigatórias ou garantindo-se, nessa fase, o amplo acesso, não serão colhidos ou correrão o risco de perecer. Assim, pode haver um momento no *iter* do inquérito civil público em que o membro do Ministério Público poderá decretar, fundamentadamente e por prazo determinado — *e.g.*, até que se colha determinado elemento — o sigilo nas investigações.

No ordinário, todavia, plenamente aplicável aqui, por analogia, o artigo 3º, inciso II, da Lei de Processo Administrativo Federal, garante a ciência da tramitação de processos administrativos em que tenha a condição de interessado, ter vista dos autos, obter cópias de documentos neles contidos e conhecer as decisões proferidas:

> O direito à ciência significa que a Administração não poderá ocultar dos interessados autos, sendo-lhes assegurados, nos termos da lei, a obtenção de cópias e de documentos neles contidos e o conhecimento de toda e qualquer decisão proferida [...] O direito ao conhecimento das decisões tomadas em processo administrativo é pressuposto para o exercício do contraditório. [...] Aos administrados é garantido o direito de formular alegações e produzir documentação comprobatória antes da decisão. (NOHARA; MARRARA, 2009, p. 76-77)

Em síntese, o dever de transparência na atuação extrajudicial do Ministério Público impõe não apenas a obrigação de ciência a quaisquer eventuais interessados, em especial àquele que figura no inquérito civil como sujeito de investigação — e nesse ponto, em especial, defende-se a ciência real e não fictícia —, mas também o direito de participação desses interessados em quaisquer decisões tomadas no leito do inquérito.

Seja quando delibera sobre a recomendação ou não, pela chamada à tentativa de ajustamento de conduta ou não, é dever do Ministério Público participar previamente àqueles que se interessam pela questão, possibilitando, assim, uma atuação democrática e garantidora dos direitos fundamentais.

3.2.2 Fase instrutória do inquérito civil público

Uma vez reconhecida a necessidade de agir, e deliberado em agir naquele momento, sob aquelas circunstâncias, após instaurar — fundamentadamente — o inquérito civil público, chega-se ao momento instrutório propriamente dito, em que o Ministério Público lançará mão de algumas ferramentas para colher o máximo de elementos possíveis sobre o tema investigado para o seu inquérito.

Nessa fase, que aqui se denomina fase instrutória, alguns desvios também são observados e merecem apontamentos.

3.2.2.1 A requisição com vida própria

O primeiro diz respeito ao manejo de uma ferramenta de que dispõe o Ministério Público para o colhimento dos elementos de convicção, qual seja, a requisição. O equívoco mais observado tem sido o de utilizar esse instrumento fora do inquérito civil público ou do procedimento preliminar de colheita de elementos — já aqui enfrentado.

O equívoco, talvez, seja oriundo da redação do §1º do artigo 8º da Lei de Ação Civil Pública, especialmente quando afirma que "o Ministério Público poderá instaurar, sob sua presidência, inquérito civil, ou requisitar, de qualquer organismo público ou particular, certidões, informações, exames ou perícias".

A única leitura possível da norma é a de que a requisição poderá ser manejada ou dentro do inquérito ou, motivadamente, no procedimento preliminar, quando o agente busque, antes de instaurar propriamente o inquérito civil, elementos que o convençam da necessidade de fazê-lo. Não é possível falar-se em requisições autônomas.

Não bastasse a dicção da Lei de Ação Civil Pública, a própria Constituição não autorizou o manejo livre de peias desse instrumento, especialmente no artigo 129, inciso VI, quando estabelece ser função do Ministério Público "expedir notificações nos procedimentos administrativos de sua competência". Portanto, o legislador constituinte apenas autorizou a utilização da requisição nos procedimentos administrativos que competem à instituição.

Infelizmente essa tese não tem sido sufragada na jurisprudência, que permanece aplaudindo a utilização indiscriminada do instituto:

> MANDADO DE SEGURANÇA. PREFEITO MUNICIPAL. REQUISIÇÃO DE INFORMAÇÕES PELO MINISTÉRIO PÚBLICO. PESSOAS CONTRATADAS PELA PREFEITURA. EMBARGOS DE DECLARAÇÃO. VIOLAÇÃO AO ARTIGO 535, DO CPC. SÚMULA 284/STF. DIREITO DE CERTIDÃO. DECISÃO NOS LIMITES CONSTITUCIONAIS. INDEPENDÊNCIA DO MINISTÉRIO PÚBLICO. DIRETRIZES TRAÇADAS PELA ADMINISTRAÇÃO SUPERIOR DO *PARQUET* ESTADUAL. OBRIGATORIEDADE. AUSÊNCIA DE PREQUESTIONAMENTO. DESNECESSIDADE DE PRÉVIA INSTAURAÇÃO DE INQUÉRITO CIVIL OU PROCEDIMENTO ADMINISTRATIVO.
>
> Não se faz necessária a prévia instauração de inquérito civil ou procedimento administrativo para que o Ministério Público requisite informações a órgãos públicos — interpretação do artigo 26, I, "b", da Lei nº 8.625/93.[56]

---

[56] Resp nº 873.565/MG, Rel. Min. Francisco Falcão, Primeira Turma, julgado em 05.06.2007, DJ 28.06.2007, p. 880.

A decisão demonstra que está sendo realizada a leitura isolada do dispositivo da Lei Orgânica Nacional do Ministério Público. A alínea "b" autoriza a instituição "a requisitar informações, exames periciais e documentos de autoridades federais, estaduais e municipais, bem como dos órgãos e entidades da administração direta, indireta ou fundacional, de qualquer dos Poderes da União, dos Estados, do Distrito Federal ou dos Municípios", mas, no *caput* e no inciso I, fica estabelecido:

> No exercício de suas funções, o Ministério Público poderá:
> I – instaurar inquéritos civis e outras medidas e procedimentos administrativos pertinentes e, para instruí-los:
> *omissis*
> b – [...]

Se assim é, nem mesmo a Lei Orgânica autorizou — e se o tivesse feito seria inconstitucional —, ao contrário do que sustentam alguns, o uso da requisição de forma autônoma, independente.

3.2.2.2 A participação dos interessados quando da realização de perícias

Ainda no tocante à fase instrutória do inquérito civil, outra consideração deve ser feita: se o Ministério Público tem a possibilidade de requisitar a realização de perícias, é não apenas salutar, mas fundamental, a notificação dos envolvidos no inquérito civil público para tomarem conhecimento da perícia que será realizada e apresentarem — querendo — quesitos, e, caso tenham interesse, nomearem auxiliares de perícia.

Essa abertura aqui defendida, repete-se, está plenamente alinhada ao fato de entender-se esse procedimento não como mecanismo de municiamento institucional para futura ação civil pública, mas como verdadeira arena extrajudicial de solução de conflito.

Na base disso, parece ser fundamental compreender que o inquérito civil é ferramenta de controle de que dispõe o Ministério Público. E controle, defende-se, é instrumental a outras atividades principais, não meramente uma atividade sancionadora.

Desse modo, o controle, segundo parece, possui duas frentes de ataque: uma é o fomento da atividade principal, objeto do controle. A outra é a sanção decorrente do não cumprimento, pela autoridade que possui competência, de seu dever ligado à atividade controlada. De outro modo, defende-se que mais importante do que sancionar é garantir o bem da vida objeto do controle.

A partir desse ponto de vista, é fundamental trazer para o inquérito civil, desde o início, todos aqueles a quem ele interessa de alguma maneira, sendo possível, somente dessa forma, soluções extrajudiciais de conflitos.

Na fase instrutória, várias diligências poderão ser realizadas pelo membro do Ministério Público presidente do inquérito. Salvo nas exceções em que o sigilo será necessário, sob pena de colocar em risco a captura de provas, é não apenas prescrita, mas necessária a participação de todos os envolvidos no inquérito civil público, seja na oitiva de pessoas, seja na realização de vistorias, seja no acompanhamento de perícia. Isso possibilitará o afastamento do caráter inquisitorial do inquérito, transformando-o em um instrumento plural de solução de conflitos.

Ademais, se aqui se está reconhecendo ser o Ministério Público, no desempenho de suas funções extrajudiciais, como exercente de funções administrativas, não há qualquer motivo para não se aplicar, no todo, a lei de processo administrativo federal no inquérito civil público; afinal, é o inquérito, ao fim, um processo administrativo não no sentido de, ao final, obter-se um julgamento administrativo, mas, no mínimo, por considerá-lo capaz de solucionar eventual litígio e por haver uma valoração de situações que, se não solucionadas naquela rinha, serão levadas ao Judiciário.

Essa participação das partes envolvidas no inquérito na colheita de elementos, principalmente quando se trata de questões periciais, é relevantíssima, em especial pelo fato de, ainda, alguns Ministérios Públicos não contarem com um corpo de órgãos auxiliares periciais devidamente instalados, o que gera a dependência do órgão de execução de peritos externos e, portanto, pode a instituição, que é uma, chegar a conclusões díspares para situações absolutamente similares.

Essa situação é facilmente imaginável em se pensando na disposição adequada do resíduo sólido urbano. Se em uma determinada promotoria de justiça o presidente do inquérito requisitou uma avaliação pericial de determinado técnico, que lhe apresentou uma solução como sendo a ótima, é bastante possível que, em uma promotoria de justiça bastante próxima geograficamente, com as mesmas características de cubagem de lixo, geofísicas, etc., possa o promotor de justiça chegar a uma conclusão da solução ótima em sentido diametralmente oposto, uma vez que se baseiam em avaliações periciais distintas, vindas de peritos distintos, com escolas e entendimentos diferentes.

A participação dos interessados, portanto, pode funcionar para equilibrar a relação, balizando a perícia e fazendo ponderações muitas vezes oportunas.

Aplicável no todo, também nesse ponto, as garantias contidas no artigo 38 da Lei Federal nº 9.784/99 e seus parágrafos:

> [...] em primeiro lugar, devem ser aduzidas alegações e solicitada a produção de provas; em segundo lugar, deverá a autoridade administrativa julgar a admissibilidade das provas nos termos do §2º; em terceiro lugar, deverão ser aceitas as provas pré-constituídas (principalmente documentais) e realizadas as provas não existentes (diligências e perícias etc.); enfim, caberá à autoridade considerar os elementos probatórios que foram admitidos no processo, solicitar alegações finais e proferir, motivadamente, sua decisão final. (NOHARA; MARRARA, 2009, p. 259)

O que ali fica resguardado, ao cabo, é o exercício do contraditório e da ampla defesa, devendo o agente proferir sua decisão final apenas após admitir o máximo de elementos ao inquérito, na tentativa de refletir, nesse instrumento procedimental, na máxima medida admitida pelo direito, a realidade fática que ensejou sua atuação.

3.2.2.3 Prazo para a conclusão do inquérito civil: celeridade processual

Na tramitação, outro ponto relevante e que merece toda a atenção diz respeito ao prazo para a conclusão do inquérito civil. É inadmissível, como se nota amiúde, inquéritos se arrastando por dois, três ou cinco anos. O inquérito, ainda que se adote a posição aqui defendida de que é mecanismo de concerto e não propriamente de repressão, é um instrumento que estigmatiza o cidadão com ele envolvido. Manter a espada na cabeça das pessoas acaba por ferir seus direitos individuais, sua honra e sua imagem.

Frustrante, nesse ponto, a Resolução nº 23 do CNMP, especialmente em seu artigo 9º, que estabelece: "o inquérito deverá ser concluído no prazo de um ano, prorrogável pelo mesmo prazo e quantas vezes forem necessárias". Ora, ou o inquérito deve ser concluído em um ano, ainda que com uma prorrogação fundamentada, ou não existe, como ocorreu com essa redação. Da forma que ficou, admite o Conselho Superior do Ministério Público prorrogações infinitas.

A única forma de controle quanto ao prazo, ao que parece, é a feita pelo Conselho Superior do Ministério Público e pela Câmara de

Coordenação e Revisão, quando o presidente do inquérito der ciência a esses órgãos de tal prorrogação (a ciência é compulsória).

A posição do Poder Judiciário no controle da tramitação dos inquéritos civis públicos tem sido pífia. Meia culpa seja atribuída aos deflagradores do controle. Está-se usando, rotineiramente, o *habeas corpus* como forma de trancar inquéritos civis públicos em andamento, sob a alegação de que as investigações ali desenroladas poderão desbordar também em ação penal, que poderá restringir a liberdade do investigado.

Duas observações: a primeira é que o inquérito civil público não é sucedâneo de inquérito policial. Caso, no curso do inquérito, surja fato que possa redundar em ação penal, isso, por si só, não é motivo para o trancamento do ICP.

A outra observação é que, ao que parece, o instrumento adequado ao controle do prazo de tramitação de inquéritos civis é o mandado de segurança, mormente após a Emenda nº 45, em que a celeridade passou a ser garantia do cidadão. Todavia, esse controle não está encontrando guarida no Judiciário.

Em recente decisão, o Superior Tribunal de Justiça (RMS nº 25.763/2010, Min. Humberto Martins) decidiu que o excesso de prazo no inquérito civil público não prejudica o investigado. Esse entendimento, fixado pela 2ª Turma do STJ, foi suficiente para rejeitar recurso em mandado de segurança impetrado para anular inquérito civil público que, é de causar vergonha, tramita durante 15 (quinze) anos.

Vergonhosa, assim como a atuação do Ministério Público, é a solução encontrada pelo Poder Judiciário.

Bom que se anote, sem a necessidade de repetir o que já foi dito anteriormente, que o inquérito civil sofre impacto direto da eventual prescrição do direito material. O instrumento somente é passível de manejo enquanto não prescrito o direito material que ele visa tutelar.

3.2.3 Fase deliberativa

Superada, pois, a fase instrutória e chegando à fase que aqui se denomina deliberativa do inquérito civil público, deverá o seu presidente "optar" entre arquivar, por não haver violação a qualquer interesse atribuído ao Ministério Público, a tutela, recomendar medidas corretivas, propor ajustamento de conduta ou ajuizar ação civil pública.

A palavra "optar" encontra-se entre aspas pelo fato de, na verdade, não haver essa opção, mas simplesmente a valoração para se chegar à solução excelente. De início fixa-se que, ficando constatado que ou o fato investigado não ocorreu ou que não houve lesão a interesses e direitos que cabe ao Ministério Público tutelar ou que, tendo havido, a situação já se resolveu naturalmente, não havendo sequer reparação de qualquer natureza a ser feita, não há margem à discricionariedade. Deverá o Ministério Público promover o arquivamento do inquérito, submetendo, como determina a Resolução nº 23 do CNMP, ao Conselho Superior do Ministério Público, no prazo máximo de três dias, contados da comprovação da efetiva cientificação dos interessados, por meio de publicação na imprensa oficial, para que se efetue o controle hierárquico.

Já restando constatada lesão ou ameaça de lesão aos interesses e direitos cujas tutelas são atribuídas ao Ministério Público, então seria possível falar em margem de valoração, entre recomendar (artigo 15 da Resolução nº 23 CNMP), tentar tomar um compromisso de ajustamento de conduta (artigo 14 da Resolução nº 23 CNMP) ou promover a ação civil pública.

3.2.3.1 Discricionariedade na eleição da ferramenta extrajudicial passível de manejo para solução concertada do conflito

Nesse ponto também é possível vislumbrar a presença da discricionariedade do agente do Ministério Público na medida em que incumbirá a ele avaliar, diante de cada caso, a possibilidade da utilização de um ou de outro instrumento.

Em uma situação *standard,* não envolvendo qualquer risco imediato ou agravamento da lesão, não há impedimento na utilização escalonada dos instrumentos extrajudiciais, especialmente em obediência à proporcionalidade, que em seguida será analisada.

Ao contrário, a partir do momento em que se reconhece na atuação extrajudicial do Ministério Público terreno melhor para a solução de conflitos que no Judiciário, onde demoraria muitíssimo para que a tutela efetivamente tivesse efeito, deve-se privilegiar tratamento processual amistoso, propiciador de concertos e acordos. É nessa trilha que se mostra necessário o uso "escalonado da força".

O que se quer dizer com isso é que, de todo o ferramental extrajudicial do Ministério Público, alguns são mais lesivos, por assim dizer, que outros. Uma recomendação, sendo suficiente para a tutela do interesse que cabe ao Ministério Público zelar, é preferível a um ajustamento de conduta. E ambos são preferíveis ao ajuizamento de ação civil pública.

3.2.3.1.1 A carta coringa

Em toda atuação extrajudicial do Ministério Público é comum observar que os membros, muitas vezes, não tendo outra justificativa para suas "tomadas de decisões", acabam valendo-se da fórmula genérica da independência funcional.

Se todos esses exemplos aqui trazidos de equívocos ou erros na atuação do Ministério Público pudessem ser condensados, caberiam todos, sem muitos problemas, na interpretação que os agentes da instituição rotineiramente dão ao princípio da independência funcional.

O manejo da "independência funcional" é utilizado não apenas para fundamentar as atuações extrajudiciais, mas, e principalmente, para responder às instâncias de controle e correições internas, que acabam se vendo amarradas por esse princípio, que, da forma como é visto, transformou-se em blindagem pessoal do agente.

Também por essa razão o Ministério Público tem, muito recentemente, recebido críticas do próprio Conselho Nacional do Ministério Público, em especial por meio de seu conselheiro Almiro Afonso Fernandes, que, em recente entrevista ao *site* "olhar direto", assim se pronunciou: "entidades do Ministério Público não são tão republicanas da porta para dentro, quanto mostram ser da porta para fora".[57]

Internalizar essas críticas e tratá-las com seriedade, ao invés de refutá-las e desqualificá-las, como alguns membros da instituição rotineiramente fazem, é o primeiro passo para olhar para dentro, reconhecer os equívocos e corrigir as derivas do curso.

É exatamente por esse motivo que tudo que aqui foi dito perderia totalmente o sentido se fossem feitas apenas considerações sobre as possibilidades de atuação do Ministério Público na fase extrajudicial, apontando uma nova visão para essa atribuição, com indicação dos erros mais recorrentemente observados, sem, contudo, apresentar uma possível solução, guias, limites e filtros que poderiam nortear essas funções rumo a um Ministério Público efetivamente democrático.

O Ministério Público, no formato atual e com as funções que lhe foram conferidas, é instituição extremamente jovem, composta por agentes igualmente jovens em sua esmagadora maioria, mas dominados por um ativismo político que, por vezes, tem subtraído a técnica e a observância de normas e regras jurídicas aplicáveis a todo sistema.

---

[57] BÓLICO, Lucas. Membros do MP não são tão republicanos, avalia conselheiro. *Olhar Direto*, Cuiabá, 8 maio 2011. Disponível em: <http://www.olhardireto.com.br/noticias/exibir.asp?noticia=Membros_do_MP_nao_sao_tao_republicanos_avalia_conselheiro&edt=35&id=176011>.

É hora, pois, de impor balizas, corrigir derivas e rumar ao completo cumprimento de seus misteres.

Assim, é fundamental, desde logo, corrigir a leitura do princípio da independência funcional. A máxima de que ele garante ao membro do Ministério Público total independência, só devendo satisfação à lei e à consciência, pode não dizer tudo.

O princípio, ao que parece, sendo garantia ao membro da instituição, é, antes de tudo, garantia ao próprio cidadão, "cliente" final das atividades ministeriais, no seguinte sentido: não é possível conceber uma instituição dotada de poderosas ferramentas para tutela e garantia de interesses os mais relevantes, inclusive contra o próprio Estado, se os agentes dessa instituição forem subservientes e passíveis de sofrerem influência política de qualquer natureza.

De igual forma, o princípio irradia blindagem dentro da própria instituição, na medida em que, salvo quando expressamente previsto em lei ou em instrumento normativo legítimo, não deve o membro do Ministério Público obedecer imposições ou limitações às suas funções advindas dos órgãos de administração superior. Isso, em uma análise superficial, seria obstáculo à hierarquia, mas não é, na medida em que o controle ou até mesmo as designações e avocações são feitas, todas elas, quando houver norma jurídica que permita.

O motivo desse mecanismo de defesa do órgão de execução contra sua própria instituição tem razão de ser quando se analisa a forma de escolha do chefe da instituição. A possibilidade de o Governador do Estado, por exemplo, escolher o menos votado pelos membros do Ministério Público em lista tríplice pode gerar descrédito na chefia por parte dos membros, exatamente pela crença que pode gerar, a partir daí, de eventual comprometimento político e, por vezes partidário, entre o PGJ e o Governador.

Seja como for, até mesmo essa eventual desconfiança deve ser afastada. Isso pelo fato de, por ter a instituição escolhido três nomes entre todos, se afirma que, daqueles, todos são aptos a ocupar o cargo, cabendo ao chefe do Executivo escolher qualquer um dos três, seja ou não o mais votado.

Contudo, retornando à independência funcional, observa-se facilmente que se tem dado a esse princípio um conteúdo tão amplo e distorcido que chega a gerar a sua completa incompatibilidade com o princípio da unidade. Disso advém a crítica encabeçada por Maria Tereza Sadek ao afirmar que "o Ministério Público é uma tribo só de caciques". Necessário, neste prólogo, tentar trazer de volta ao eixo o verdadeiro conteúdo jurídico desse princípio.

Como dito anteriormente, o Ministério Público é um órgão que exerce função estratégica no Estado brasileiro. Se assim é, exerce, repete-se, função. Exatamente por isso qualquer princípio informador do Ministério Público não é uma garantia aos integrantes da instituição, mas, antes, é garantia para os cidadãos.

Afasta-se, assim, de plano, qualquer interpretação da independência funcional que leve ao "livre exercício de sua função", no sentido de o órgão poder agir de acordo com as ideias daquele que o titulariza:

> Um indivíduo que não funciona como órgão do Estado tem permissão para fazer qualquer coisa que a ordem jurídica não o tenha proibido de fazer, ao passo que o Estado, isto é, o indivíduo que funciona como órgão do Estado, só pode fazer o que a ordem jurídica o autoriza a fazer. É, portanto, supérfluo, do ponto de vista da técnica jurídica, proibir alguma coisa a um órgão do Estado. Basta não autorizá-lo. Se um indivíduo atua sem autorização da ordem jurídica, ele não mais o fez na condição de órgão do Estado. (KELSEN, 2000, p. 376)

Se assim é, no exercício de suas funções os órgãos ministeriais, cada um deles, são garantidos contra pressões internas e externas, mas não se livram, como pretendem alguns, de seguir as orientações e as metas de atuação traçadas pela própria instituição, de forma genérica. Óbvio que, para tanto, torna-se necessário, como frisou Goulart (apud RIBEIRO, 2010, p. 169), que as metas sejam democraticamente definidas:

> [...] o membro do Ministério Público que deixa de observar as metas, prioridades e ações estabelecidas nos Planos e Programas de Atuação não pode invocar, em sua defesa, o princípio da independência funcional, pois esse princípio não pode servir de escudo àqueles que deixem de cumprir objetivos institucionais constitucionais e democraticamente definidos.

Há sempre o risco de atuações animadas por questões pessoais:

> As regras de experiência, no entanto, são pródigas em nos ensinar que qualquer força, natural ou não, tende a avançar até que um óbice lhe seja oposto: o evolver de um rio somente é contido por obstáculos que impeçam o avanço de suas águas ou até que chegue ao extremo de suas forças, o encontro com o mar; à míngua de mecanismos de contenção, o agente que exerce um poder é inconscientemente levado a dele abusar. (GARCIA, 2010, p. 65)

O risco da má utilização dessa garantia é que haja o transbordamento dos limites do princípio. Sem freios, é natural, até de um direito pode advir um abuso. Ou, tão ruim quanto, que aquele que detém a competência não a exerça, por questões pessoais, escudado pela independência funcional.

A primeira atenção deve ser voltada para o fato, como já dito, de que a independência funcional não é da pessoa que empresta vida ao órgão de execução, mas tão somente do órgão. Este, por ser exatamente órgão, está ligado a um sistema, a um corpo. É apenas parte de um todo que é o Ministério Público. Funciona de forma similar ao corpo humano: composto por vários órgãos e, quando todos operam em sintonia, em harmonia, diz-se saudável o corpo. Em contrapartida, quando um órgão ou uma célula acelera o seu crescimento, opera em descompasso, se projeta mais que o natural, diz-se que há um câncer.

No outro oposto, o órgão que labora com lentidão, com letargia, fadiga o corpo, que fica com uma de suas funções subutilizadas; sobrecarrega outros órgãos que, com isso, tenderão à falência.

O Ministério Público é, pois, o corpo, e os seus órgãos devem estar sintonizados com o todo. Como pode ser percebido até o momento, ele labora na satisfação de suas metas constitucionais. Pela gravidade, volume e dificuldade em alcançá-las, a própria instituição traça, de tempos em tempos, suas metas institucionais ou, como querem alguns, seus planos estratégicos. Essa construção dos planos, metas ou estratégicas nada mais é que o plano de voo. É o corpo institucional dizendo para onde e como navegará.

No Ministério Público esse plano deve ser feito em conjunto: participam sociedade, e aqui nota-se, nessa participação, um controle social prévio da atividade do Ministério Público, outros corpos sociais e os próprios órgãos da instituição. Caso tudo ocorra como deve, com ampla e efetiva participação e transparência, ainda que as ideias ou os "planos de um" não galguem o *status* de "plano de todos", aquele que sucumbiu deverá se curvar à vontade da maioria, pois disso também é composto o regime democrático que cabe ao Ministério Público tutelar.

O órgão em descompasso passa a demonstrar uma apropriação, pelo agente, das atribuições outorgadas à instituição e não à pessoa, a se apropriar de suas atribuições, de suas funções, manejando-as como lhe convém e, portanto, afastando-se da própria ideia de função. Esta, repete-se, existe quando "[...] alguém está investido no dever de satisfazer dadas finalidades em prol do interesse de outrem, necessitando, para tanto, manejar os poderes requeridos para supri-las" (BANDEIRA DE MELLO, 2007, p. 68).

Como constatou Floriano de Azevedo Marques Neto (2010, p. 159), o "poder-função" pode ceder espaço para o "poder-vontade", ocorrendo o que nomina de "neopatrimonialismo de acesso impessoal":

> [...] No patrimonialismo de acesso impessoal, uma vez investido no cargo (por recrutamento impessoal), o servidor passa a dele se apropriar como se tratasse de um direito perpétuo e pessoal, desvencilhando-se do dever de servir, imune a controles de mérito e balizado exclusivamente pelas suas convicções pessoais. Nesse patrimonialismo, qualquer tentativa institucional de dotar o exercício do cargo de maior previsibilidade, uniformidade, racionalidade, eficiência ou responsabilidade é rapidamente refutada como violação de prerrogativas ou como tentativa de usurpação da função.

Incrivelmente, o Ministério Público, desde 1988, foi o principal ator da *despatrimonialização* da Administração Pública, podendo apresentar, todavia, manchas de apropriações de poderes por alguns de seus membros.

Com essa ciência — ou consciência —, a unidade e a independência poderão ser definitivamente harmonizadas e a instituição poderá caminhar com mais eficiência na consecução de seus misteres.

Pior é que a sacralização da independência funcional acaba por esvaziar quase completamente o conteúdo jurídico de outro princípio institucional, qual seja, a unidade.

A unidade, no Ministério Público pós-1988, deve ter uma leitura que não implique choque com a independência funcional. A "doutrina engajada" (Floriano de Azevedo Marques Neto) é prenha de exemplos e construções que acabam por minimizar um princípio ante a maximização do outro. Vale dizer que, nos exemplos encontrados, quanto maior a unidade, menor a independência funcional, e quanto maior a independência, menor a unidade.

O que se conclui, sob pena de um princípio acabar por esgotar o conteúdo de outro, é a necessidade de compatibilizá-los. Não é de hoje, aliás, que o Superior Tribunal de Justiça tem atribuído importância capital à unidade:

> Não pode o Ministério Público cindir-se em ações diversas [...] reivindicando posições diametralmente opostas [...]. Admitir-se o contrário seria estimular o confronto entre membros do Ministério Público, em prejuízo do princípio da indivisibilidade da instituição, consagrado pela Lei Maior.[58]

---

[58] STJ, 6ª T, RHC nº 2.234/RS, rel. Min. José Cândido de Carvalho Filho, *DJU* de 20.06.94, p. 16.

Quem melhor conceitua modernamente esse princípio é Marcelo Pedroso Goulart (*apud* RIBEIRO, 2010, p. 170):

> [...] a Instituição, pelo conjunto de seus membros — de seus órgãos de execução e de Administração Superior — deve estar voltada à consecução do seu objetivo estratégico: a promoção do projeto de democracia participativa, econômica e social delineada na Constituição (a construção da sociedade livre, justa e solidária, na qual o desenvolvimento socioeconômico deve estar voltado, necessariamente, à erradicação da pobreza e da marginalização, à redução das desigualdades sociais e regionais e à promoção do bem comum).

A unidade é a única forma de membros do Ministério Público, capilarizados por todos os rincões do Brasil, agirem de maneira vetorial.

> Afigura-se legítima, ainda, a iniciativa do Procurador-Geral em editar atos que visem a orientar os membros do Ministério Público quanto à posição a ser seguida em determinadas situações em que é ordinariamente divisada a presença do interesse público justificador da atuação ministerial. (Lei 8.625/93, art. 10, inciso X). Acaso não seja seguida a recomendação e sendo o Procurador-Geral instado a se pronunciar a respeito, tornar-se-á cogente a atuação do agente caso assim seja deliberado. É importante repetir que fixar a atribuição não guarda similitude com a conduta de interferir no exercício das atribuições. Aquela é admissível, esta não. Fixada a atribuição do agente, somente poderá ele se recusar a atuar nas hipóteses previstas em lei: impedimento e suspeição, as quais em nada se confundem com a negativa de exercer suas atribuições ente a ausência de interesse público que justifique. A atuação funcional encontra-se relacionada ao cargo e à própria instituição, enquanto que o impedimento e a suspeição estão vinculados à pessoa do agente. (idem, p. 79)

Espera-se que, ao menos dentro de cada Ministério Público, exista uma unidade de esforços em direções definidas e, importante destacar, definidas pela coletividade assistida pelo Ministério Público, por meio de audiências públicas, e pelos próprios membros da instituição, mas nunca mediante imposição verticalizada do Procurador-Geral ou dos demais órgãos da administração superior.

O ideal é que a construção das metas e dos planos de atuação sejam participativos, com efetiva participação dos membros do Ministério Público, da sociedade em geral e dos demais sujeitos coletivos.

Uma atuação unitária também encerraria parcela grande dos problemas já mencionados na atuação extrajudicial do Ministério

Público. Ora, quando a instituição se reúne periodicamente, com canais de abertura para participação dos cidadãos, e reconhece que a demanda tende ao infinito e os recursos humanos e financeiros são finitos, passa-se a perceber a necessidade de eleger — valoração unitária — frentes de atuações prioritárias, em unidade de esforços.

A unidade não é uma ameaça à independência funcional, na medida em que as metas, uma vez edificadas com participação dos cidadãos e efetiva participação dos membros da instituição, não serão impostas aos agentes da instituição, mas confeccionadas por eles próprios, gerando uma vinculação para os agentes oriunda da própria instituição.

Isso não significa dizer que ficará interditado o agente do Ministério Público de, em sua promotoria de justiça, desenvolver outras atribuições, conforme sua possibilidade e a necessidade apresentada. Ao contrário. A eleição de metas unitárias cria um *minus*, um *standard* que deverá ser cumprido de forma compulsória.

Essa, portanto, já é uma maneira bastante eficaz de controle da atividade ministerial. Outras, todavia, devem ser consideradas, inclusive no momento da eleição das metas prioritárias.

3.2.3.2 A recomendação

Fechados os comentários sobre a grande carta coringa de que se valem vários membros do Ministério Público para não prestarem contas de suas deliberações, inclusive quando elas dizem respeito à "opção" de nada fazer, retoma-se à fase deliberativa do inquérito com a recomendação.

Por ser esse um mecanismo que aqui se denomina de solução semiespontânea, será preferível, segundo se defende, a qualquer outro.

O manejo de recomendação para adequar serviços ou regularizar situações que coloquem em risco ou gerem danos a direitos ou interesses tutelados pelo Ministério Público tem na base a confiança do agente ministerial de que, por vezes, a celeuma foi criada por desconhecimento, por desatenção, sem que haja com isso qualquer ilegalidade.

Ao apontar para o causador do dano sua posição, a instituição já indica a conclusão a que chegou, possibilitando, assim, que o conflito seja sanado pelo próprio gerador.

Nesse ponto, o equívoco mais percebido é, exatamente, o fato de membros do Ministério Público não manejarem a recomendação. Perde a instituição, por subtrair um campo de solução amistosa e rápida; perdem os cidadãos envolvidos, por não lhes ter dado o direito a solução menos gravosa.

Caso, sendo manejado, não surta efeito, aí, sim, deve caminhar o agente do Ministério Público em busca de sua próxima ferramenta, pouco mais grave, mas preferível a uma ação civil pública onerosa e demorada.

3.2.3.3 Ajustamento de conduta

No ajustamento de conduta, mecanismo bem difundido e muito utilizado por membros do Ministério Público, também ocorrem alguns equívocos.

De pronto, deve-se destacar que o ajustamento de conduta é, como já encerra o próprio nome, um ajustamento. Ajustam, de um lado, o membro do Ministério Público, que tutela os interesses metaindividuais em jogo, e, de outro, aquele que a instituição reputa causador do dano.

Por ser ajuste, as cláusulas devem ser discutidas e jamais impostas, sob pena de descaracterização do instituto. Mais, eventual coação para que seja firmado o termo caracteriza ilícito civil.

Outro ponto que merece atenção no ajustamento de conduta, por ser equívoco recorrente, reside no fato, que ocorre de forma reiterada, de pretender o Ministério Público a presença de cláusula de reconhecimento de culpa por parte do compromissário.

O ajustamento de conduta não pressupõe o reconhecimento dessa culpa e essa cláusula não é nem necessária, nem exigível. Nesse sentido:

> A desnecessidade de confissão ou reconhecimento de culpa é elemento facilitador da celebração do ajuste, o que muitas vezes não consegue em juízo, quando a imagem do responsável já pode ter sido arranhada publicamente pelo só fato do ajuizamento da ação. Neste sentido a norma do *caput* do artigo 53 da Lei 8.884/94 que determina que a celebração do compromisso de concessão, espécie de ajustamento de conduta 'não importará confissão quanto à matéria de fato nem reconhecimento de ilicitude da conduta analisada', deve ser interpretada como um estímulo à negociação. (RODRIGUES, 2002, p. 134)

Negociar, portanto, parece ser a chave de qualquer ajustamento de conduta. Ao Ministério Público não é lícito abrir mão dessa poderosa ferramenta, em que a solução burocrática do Judiciário é afastada para dar lugar a uma solução retórica, que, principalmente em questões ligadas aos interesses metaindividuais, será capaz de considerar os fatores adjacentes às questões, bem como calcular o impacto de cada uma das decisões tomadas, até que se chegue à que melhor se ajusta aos interesses de todos.

Portanto, o ajustamento de conduta é ferramenta, se bem utilizada, poderosa na pacificação dos conflitos, pois os envolvidos, participando, são parte, e não mais objeto, como em uma decisão judicial. Não por outro motivo os franceses nominam essa forma de solução de conflitos de "*justice douce*" (JARROSON, 1997, p. 325).

Apenas quando não possível a solução consensual é que será lícito o ajuizamento da ação civil pública. Isso porque, como se perceberá adiante e já se pôde notar até aqui, a arena extrajudicial é terreno naturalmente melhor, em todos os aspectos, para a busca da melhor solução para conflitos metaindividuais.

É por essa razão que, a cada passo do agente do Ministério Público no transcorrer do exercício de suas funções extrajudiciais, alguns limites e balizas devem ser observados, pois servirão não apenas de guia para a atuação do membro da instituição, mas também de parâmetro de controle do desempenho dessas funções.

3.3 Balizas e filtros à atuação extrajudicial do Ministério Público

Como visto, é possível perceber franja de discricionariedade em vários momentos da atuação extrajudicial do Ministério Público. Era, portanto, fundamental a percepção de que a atividade ministerial não desempenhada em juízo é atividade administrativa, com margens de apreciações e valorações que descortina a cada passo do *iter* dessa atuação, campos de apreciação por parte do agente.

Com esse reconhecimento, passa-se, então, a perceber que a atividade do Ministério Público, assim como qualquer função desempenhada por agentes do Estado, encontra limites e balizas no próprio sistema jurídico, não havendo um parassistema exclusivo ao Ministério Público que lhe permita deliberar sobre suas ações devendo obediência apenas à sua consciência.

É nessa trilha que se depara com filtros que o agente do Ministério Público, em cada passo de sua atuação extrajudicial, deverá aplicar para encontrar o caminho correto a seguir. Esses filtros, que aqui se percebe como um funil, acabarão permitindo que, ao final, o agente ministerial encontre a opção ótima para sua atuação.

3.3.1 Legalidade

O primeiro limite que deverá ser observado pelo Ministério Público é a própria legalidade. Isso porque o legislador, ao definir a atuação administrativa, pode regular densamente o conteúdo do ato a ser praticado, bem como atribuir ao executor a análise, pautada no direito, da melhor solução para se alcançar o objetivo mirado.

Não obstante a legalidade, outrora utilizada como único limite da atuação discricionária, encontrar-se em crise, como adverte Floriano de Azevedo Marques Neto (2003), essa anunciada crise não redunda na inexistência de um núcleo de legalidade.

A legalidade, ao que parece, não se esvaziou, mas tomou outras medidas, adquirindo a versão da "legitimidade" (para utilizar expressão de Diogo de Figueiredo Moreira Neto), da "juridicidade" (Eduardo Soto Kloss e Min. Cármen Lúcia Antunes Rocha), da "constitucionalidade" (Juarez Freitas) ou da "supremacia da constituição".

Eduardo Soto Kloss advoga que quando se fala em juridicidade se avoca Direito, com uma clara superação do termo legalidade (lei/parlamento), posto que se faz, assim, referência, ao Direito em sua máxima amplitude de fontes normativas, não apenas fontes legislativas, mas principalmente constitucionais e todas as outras normas decorrentes dela, incluindo sentenças, atos, contratos, etc.

Assim, valendo-se de expressão cunhada por Luciano Ferraz, a legalidade deve ser vista hoje como um arco-íris normativo, aí incluindo não apenas a legalidade clássica, mas todo esse "arco-íris" jurídico.

Abordando a legalidade no direito brasileiro, Maria Sylvia Zanella Di Pietro (2000, p. 121):

> [...] perante o direito brasileiro, o princípio da legalidade continua presente na Constituição tal como previsto na redação original dos artigos 37, *caput*, e 5º, II. Em consequência, a discricionariedade continua sendo um poder jurídico, ou seja, um poder limitado pela lei. A legalidade é estrita quando se trata de impor restrições ao exercício dos direitos individuais e coletivos e em relação àquelas matérias que constituem reserva de lei, por força de exigência constitucional. [...] discricionariedade continua a ser poder jurídico, porque exercida nos limites fixados pela lei, sendo ainda limitada por inúmeros princípios previstos de forma implícita ou explícita na Constituição, como moralidade, razoabilidade, interesse público.

A legalidade passou, com o tempo, a não mais significar execução de atividade com previsão expressa em lei em sentido estrito. Ao se reconhecer a não mais existência do monopólio da lei como única fonte normativa possível, a observância da legalidade passa a predicar vinculação a todo o conjunto de normas componentes do ordenamento jurídico.

Essa evolução da legalidade, como relembra Vitor Rhein Schirato (2010, p. 30), impacta até mesmo na diferenciação entre atos discricionários e vinculados, na medida em que "até mesmo os atos discricionários serão em certa medida vinculados em razão da aplicação da integralidade do ordenamento jurídico (com todos os seus valores e normas)".

Tal observação vai ao encontro do conceito de discricionariedade adotado nesta pesquisa:

> A noção de que em determinados atos restaria aberta à Administração Pública uma margem de apreciação com parcela insindicável (mérito) não mais pode ser concebida em sua integralidade. Em todos os atos da Administração, ainda que a lei confira ao administrador público certa margem de liberdade, haverá certo grau de vinculação aos valores e normas contidos no ordenamento jurídico, inclusive quanto ao mérito, pois neste está certamente incluída a aferição de proporcionalidade, razoabilidade, entre outros valores consagrados pela ordem jurídica. (*idem*, p. 30)

Quando o agente do Ministério Público deixa de observar suas normativas internas, em especial as oriundas dos órgãos de controle e revisão, no que diz respeito ao trâmite do inquérito civil público, ocorrerá, portanto, atuação ilegal.

Em todos os exemplos aqui talhados de desvios no exercício das funções ministeriais — e tantos outros poderiam ser trazidos — o que se observa é, ao cabo, atuações que visam contornar as normas, seja da própria instituição, seja do Conselho Nacional do Ministério Público ou, até mesmo, da lei em sentido formal.

Aliás, nesse particular, muitos justificam a não observância, por membros do Ministério Público, de resoluções do Conselho Superior do Ministério Público com base na legalidade, atrelados, seja por conveniência ou por desconhecimento, a uma legalidade estrita que há muito já não está alinhada ao estádio do nosso Estado. Alegando que a legalidade predica observância apenas de leis derivadas do parlamento, salvo delegações expressas no sistema, vários membros deixam de observar as normas e as diretrizes internas.

Por isso, preferível a adoção ou o reconhecimento de que a legalidade, nestes tempos, é bem mais que lei em sentido formal; é observância de juridicidade. Qualquer conduta do agente do Ministério Público que extrapole ou não observe os limites da legalidade/juridicidade, é, em verdade, atuação arbitrária.

3.3.2 Interdição intrínseca à arbitrariedade

A noção de arbitrariedade, como recorda García de Enterría (1994), advém dos textos legais da Revolução Francesa. Entende-se como arbitrário o ato que afeta a liberdade dos cidadãos e que está fora dos limites legais.

Ao lado dessa acepção praticamente incontroversa de arbitrariedade, há outra, que equivale a uma "irregularidad caprichosa" (RECASENS SICHES, 1977, p. 107). Tanto uma quanto outra poderão ser encontradas em algumas atuações do Ministério Público.

Se, no presente trabalho, desenvolveu-se a tese de que a atuação extrajudicial do Ministério Público vai além do exercício de uma função voltada exclusivamente à busca de elementos para o ajuizamento de ações civis públicas, sendo essa fase, inclusive, preferível à tomada de medidas judiciais, seja pela forma breve com que o bem da vida pode ser garantido àqueles que dele necessitem, seja pela baixa lesividade dos mecanismos extrajudiciais de soluções de conflitos do Ministério Público quando comparados às ações civis públicas, qualquer conduta do membro do Ministério Público tendente a, de forma arbitrária, subtrair dos interessados participação ou acesso aos mecanismos de contorno de demandas judiciais é conduta arbitrária.

Talvez haja mais aproximação com a arbitrariedade que se sintetiza na "irregularidade caprichosa", ato de força não fundado em qualquer critério, baseado exclusivamente na vontade do agente. Cabe, bom advertir, no ato "não fundado em qualquer critério", nos atos fundamentados em critérios equivocados ou com interpretações errôneas de princípios jurídicos, como a independência funcional.

Percebe-se também essa "irregularidade caprichosa" quando o membro do Ministério Público elege uma matéria para desenvolver seu trabalho, de ofício, sem qualquer análise de outras tantas possibilidades; sem valorar se há outros bens necessitando de mais atenção.

Por mais que tenha o agente ministerial atribuição para determinada questão, sendo notório outros fatos que também demandam o exercício pelo Ministério Público de seu mister, a eleição pelo agente de um dentre tantos demandará enfrentamento das razões da eleição. Do contrário, o que seria discricionário tornar-se-á arbitrário.

Portanto, o que caracteriza a arbitrariedade não é apenas a contrariedade à lei ou a falta de previsão legal para a prática de determinada conduta, mas, principalmente, a carência de fundamento legítimo para a prática do ato ou a falta de justa causa para sua prática.

Portanto, para se sondar a presença ou não de conduta arbitrária — interditada a qualquer agente do Estado, em especial ao agente ministerial, a quem cabe zelar pela ordem jurídica — a motivação é fundamental. Apenas por ela será possível verificar a congruência, a verossimilhança da realidade fática com a norma habilitante da atuação.

3.3.3 Motivação

No fundo, o que distinguirá se a atitude tomada pelo detentor do dever/poder de agir foi uma atitude discricionária ou arbitrária será a **motivação**. Obviamente, qualquer conduta humana é motivada, ainda que esse motivo não seja revelado. Por isso, é na motivação que estarão presentes os motivos declaradores, estes sim passíveis de sindicância.

O teste da motivação será capaz de sondar a presença de arbitrariedade. A motivação marca, de partida, a aparência de fundamentação objetiva na tomada de decisão. Não havendo fundamentação que sustente o ato, de pronto é perceptível que o único apoio da decisão foi a vontade subjetiva do praticante da medida.

Essa falta de fundamentação nas tomadas de decisão, tão facilmente notadas no *iter* extrajudicial do Ministério Público, principalmente nas deliberações de quando (motivo e tempo) iniciar um inquérito civil, ou mesmo na eleição do manejo ou não de meios extrajudiciais, bem como quais meios serão ofertados, acaba demonstrando efetiva arbitrariedade, e não discricionariedade. A falta de fundamentação hábil possibilitadora de controle pode desbordar em arbitrariedade.

A motivação parece ter se tornado obrigatória pela própria Constituição da República, quando obriga o Judiciário a fundamentar suas decisões, seja no âmbito administrativo, seja no âmbito judicial (artigo 93, IX e X, CF).

Por exigência do princípio democrático, "cumpre explicar ao cidadão porque se lhe impõe uma norma e cumpre convencê-lo com a explicação, pois, se não se lhe explica satisfatoriamente, faltará seu consenso, que é a base essencial do conceito democrático atual e futuro do exercício do poder" (GORDILLO *apud* BANDEIRA DE MELLO, 2000, p. 107):

> El elemento relevante a la hora de enjuiciar la arbitrariedad de una decisión no es realmente la motivación, sino los motivos, las razones de fondo que permiten justificar la decisión. La importancia de la

> motivación radica en la expresión de los motivos, pero son estos últimos los realmente trascendentes a efectos de realizar una crítica del ejercicio de una determinada potestad discrecional. Es el conocimiento de las razones lo que permite examinar el proceso racional de formación de la voluntad administrativa y, consiguientemente, controlar la arbitrariedad. Es la explicación de los motivos lo que cumple, como señala Piraino, una función de garantía, en la medida en que permite conocer el proceso lógico que ha llevado a la Administración a la adopción de una determinada decisión y el grado de maduración y racionalidad de esa elección. (DAROCA, 1999, p. 159)

A motivação, como todos os limites e regras de controle, passou por uma evolução. Inicialmente o Judiciário analisava apenas se o substrato fático ensejador do ato existiu ou não. Posteriormente, admitiu-se o controle da qualificação jurídica do ato. Finalmente, passou-se a examinar a adequação dos fatos aos fins que o ato deve produzir.

E aqui, mais uma vez, se deve lançar os olhos sobre a atividade extrajudicial do Ministério Público, sempre partindo da premissa de que esta não é voltada apenas ao agente que, em tese, possui competência para ajuizar ação civil pública. Como demonstrado neste trabalho, as atividades finalísticas do Ministério Público possuem o desiderato claro de buscar garantir o bem da vida a ser tutelado pela instituição preferivelmente ao ajuizamento de ações judiciais.

Retornando, a teoria dos motivos determinantes constitui, em grande medida, a melhor forma de se apreciar profundamente o ato praticado no exercício de competência discricionária, na medida em que permite o exame aprofundado dos motivos, de sua veracidade e de sua ocorrência:

> El control de los hechos determinantes se refiere tanto a su existencia en la realidad, como a la calificación o valoración de aquéllos por la Administración. La primera operación debe conducir a una conclusión exacta, porque siendo los hechos pura expresión de una determinada realidad, sólo es posible concluir la verificación en el sentido de que tal realidad existe o no existe. [...] La determinación de los hechos es, por tanto, esencialmente un problema de prueba. [...] en segundo lugar, valorar si la decisión planificadora discrecional guarda coherencia lógica con aquéllos, de suerte que cuando se aprecie una congruencia o discordancia de la solución elegida con la realidad que integra su presupuesto o una desviación injustificada de los criterios generales del plan, tal decisión resultará viciada por infringir el ordenamiento jurídico y más concretamente el principio de interdicción de la arbitrariedad de los poderes públicos. (MACHADO, 2006, p. 568)

Com a motivação e a explicitação dos motivos que ensejaram a tomada de determinadas atitudes por aqueles que receberam parcela de poder do Estado, é possível, ademais, sondar se o ato foi ou não praticado visando atingir a finalidade da norma atribuidora da competência.

E nessa trilha já é necessário perceber que, ao ser atribuída ao Ministério Público a competência para recomendar, para propor ajustamento de conduta, essa competência não é colocada à disposição do agente para que ele a maneje conforme seu interesse. Ela foi atribuída com uma finalidade clara e é preciso percebê-la.

Se, de um lado, possibilita celeridade, de outro é também garantia ao cidadão, na medida em que a ele deverá ser oferecida, antes do ajuizamento da ação, a possibilidade de solução extrajudicial do conflito. Nesse ponto, entende-se como plenamente aplicável, aqui, a *ratio* do instituto despenalizador da transação penal.

De legge ferenda, a ação civil pública sequer poderia ser recebida caso não fosse provado pelo autor — em sendo ele o Ministério Público — o oferecimento da possibilidade de solução consensual ou a impossibilidade de fazê-lo, isso tudo, óbvio, tendo em mira a dupla finalidade aqui defendida da fase administrativa da atuação finalística do Ministério Público.

3.3.4 Finalidade

Decorrente ainda, pois, da legalidade, surge então outro limitador da discricionariedade do Ministério Público no exercício de suas funções extrajudiciais, qual seja, a **finalidade**:[59]

> Las potestades administrativas y, entre ellas las discrecionales, son potestades-función, potestades fiduciarias, puesto que se atribuyen siempre para la satisfacción de un interés cuyo beneficiario es un sujeto distinto a su titular. Por ello, precisamente, en fin opera como un importante límite al ejercicio de la discrecionalidad administrativa y convierte dicho ejercicio en una actividad instrumental y subordinada

---

[59] "No que concerne à competência, à finalidade e à forma, o ato discricionário está tão sujeito aos textos legais como qualquer outro. O ato que, encobrindo fins de interesse público, deixa à mostra finalidades pessoais, poderá cair na apreciação do Poder Judiciário, não obstante originário do exercício de competência livre. O *fim legal* dos atos da Administração pode vir expresso ou apenas subentendido na lei. O direito que resulta, não da letra da lei, mas do seu espírito, exsurgindo implicitamente do texto, também pode apresentar a liquidez e certeza que se exigem para concessão do mandado de segurança" (RDA XIV/52/82 – TJRN, Rel. Des. Seabra Fagundes, 28.07.1948).

a la voluntad legislativa y concretamente a los fines públicos que se hayan fijados en cada caso en la ley. La Administración en el ejercicio de sus potestades discrecionales está obligada a realizar una elección que tienda a la consecución del fin establecido en la norma (sea explícita o implícitamente). El apartamiento de ese fin específico u la desviación hacia otros fines diversos, tanto si se trata de un interés privado como de un interés también público pero diferente del concretado por la norma determinaría la existencia de un vicio de desviación de poder [...]. (DAROCA, 1999, p. 182)

Cada conduta a ser praticada por um agente do Estado predica um fim imaginado pela norma atribuidora de competência. O fim, o alvo da prática de determinada conduta, todavia, opera como importante limite de qualquer atuação administrativa por converter a discrição em atividade instrumental e subordinada à vontade legislativa, concretizante dos fins públicos talhados na norma.

Assim, deve-se entender por finalidade aquela decorrente da norma atribuidora de competência, vale dizer, é necessário sondar o que a norma pretende alcançar, qual o resultado ótimo pretendido.

Abordando a finalidade em sentido estrito, leciona Maria Sylvia Zanella Di Pietro (2000, p. 86):

> Sob esse aspecto, a finalidade do ato é sempre vinculada pela lei; não há aí, qualquer margem de discricionariedade para a Administração, pois é o legislador que define a finalidade que o ato deve alcançar, não havendo liberdade de opção para a autoridade administrativa; se a lei coloca a demissão entre os atos punitivos, não pode ela ser utilizada com outra finalidade que não a de punir; se a lei permite a remoção *ex officio* do funcionário para atender à conveniência do serviço, não pode ser utilizada para finalidade diversa, como a de punição.

De outro turno, com frequência não é possível predeterminar ou fixar aprioristicamente a melhor maneira de atender ao interesse do legislador, razão pela qual se atribui discricionariedade, seja de forma expressa, seja com a utilização de expressões de textura aberta, para que a autoridade competente eleja a maneira excelente de se alcançar a finalidade. Seria possível, nesse caso, haver discricionariedade no modo de se alcançar a finalidade já determinada pela norma:

> La elección de una medida que presenta determinadas ventajas frente a otras medidas que presenta otras diversas, cuando ambas medidas son igualmente eficaces para la consecución del fin establecido por la ley,

sólo puede hacerse sobre la base de criterios de preferencia acerca de otros objetivos o fines secundarios que puede interesar lograr mediante la adopción de uno u otro tipo de medida. (DAROCA, 1999, p. 183)

Quando a autoridade pratica o ato visando fim diverso daquele previsto, explícita ou implicitamente, na regra de competência ocorre o chamado desvio de poder (ou finalidade): "Posiblemente la desviación de poder sea, de todas las técnicas que se usan para el control jurisdiccional de las potestades discrecionales, la más conocida y prestigiosa" (MACHADO, 2006, p. 573).

Tal vício pode ocorrer quando um ato é praticado visando a um interesse particular, ou quando o ato objetive um interesse público, porém distinto daquele querido pela norma ou, finalmente, quando a Administração se vale de procedimento inadequado para atingir determinado fim.

Possível, pois, dizer que quando o agente do Ministério Público deixa de manejar os instrumentos que lhe foram atribuídos pela norma que lhe outorgou competência e esses instrumentos, como se tem defendido aqui, deverão ser preferíveis aos instrumentos mais gravosos, está agindo em flagrante desvio de finalidade, na medida em que a recomendação ou o ajustamento de conduta foram disponibilizados ao Ministério Público com finalidade específica, qual seja, buscar a solução rápida e menos lesiva de conflitos, bem como a garantia mais célere do bem da vida que se tutela.

A grande dificuldade da limitação imposta pela finalidade e, por conseguinte, pela teoria do desvio do poder, é a prova, difícil de ser trazida ao mundo jurídico. Em um inquérito civil que lastreia ação civil pública dificilmente haverá justificativa que demonstre a razão de não ter sido proposto ao réu ajustamento de conduta ou de não lhe ter sido enviada uma recomendação. "Más discutible, sin embargo, es la cuestión de su eficacia como instrumento de control" (idem, ibidem).

Para compensar o virtual *déficit* de segurança jurídica que a discrição indicia, volta-se, obrigatoriamente, à *motivação*, à *justificação*. Somente com uma motivação completa e detalhada é possível mapear os verdadeiros móveis da prática do ato. E aqui, retoma-se, é fundamental que toda tomada de decisão, cada deliberação no bojo do inquérito civil público seja motivada detalhadamente. A ação ministerial na defesa de interesses transindividuais deverá ser motivada, tanto quanto a inação, que, não justificada, representará omissão.

Apenas a partir da motivação, da exposição detalhada dos motivos, percebe-se a presença de alguns dos elementos do desvio, elementos esses arrolados na Sentença de 19 de setembro de 1992 do Supremo Tribunal Espanhol, Sala 3ª:

> 1) Es necesario un acto aparentemente ajustado a la legalidad, pero que en el fondo persigue un fin distinto al interés público querido por el legislador;
> 2) Se presume que la Administración ejerce sus potestades conforme a Derecho;
> 3) No puede exigirse, por razón de su propia naturaleza, una prueba plena sobre la existencia de la desviación de poder, pero tampoco puede fundarse su apreciación en meras presunciones o conjeturas, siendo necesario acreditar la concurrencia de hechos o elementos suficientes para formar en el Tribunal la convicción de que la Administración acomodó su actuación a la legalidad, pero con finalidad distinta de la pretendida por la norma aplicable.

Importantíssimo destacar que o Supremo Tribunal Espanhol considera desvio não apenas nas medidas decisórias, mas também nos procedimentos:

> [...] la desviación puede producirse por una irregular tramitación de un expediente administrativo, cuando con ello se evita que un interesado pueda obtener los fines perseguidos con su solicitud, retrasando la adopción de la resolución, para dar ventaja o prioridad a otro solicitante, reclamando el cumplimento de requisitos que ya constan como cumplidos, etc.[60]

O que se percebe é que até mesmo o procedimento, que não é um fim em si mesmo, possui uma finalidade, qual seja, a de concatenar atos ordenados dirigidos a uma finalidade última estampada na norma legal. O abuso ou o desvio no uso do procedimento para outra finalidade que não o atingimento do fim último previsto na norma por si só já caracteriza *desvio de finalidade do procedimento.*

E é exatamente essa modalidade de desvio que se observa quando se destaca, neste trabalho, desvios no *iter* do inquérito civil público. Cada etapa procedimental existe por uma determinada razão e, parece certo, seguir esse caminho garantirá soluções concertadas e menos lesividade aos envolvidos. Por isso, não é possível desvios procedimentais sem quaisquer justificativas. Esses desvios no inquérito podem caracterizar, portanto, desvio de finalidade procedimental.

---

[60] STS de 05 de abril de 2000.

3.3.5 Procedimentalidade

E por falar em procedimento, é importante realçar que este encontra-se intrinsecamente ligado à motivação; ainda que não seja propriamente um filtro da atuação extrajudicial do Ministério Público, acaba sendo, como visto, um limite do exercício dessa função, na medida em que, por haver restrições ao manejo dos mecanismos extrajudiciais do Ministério Público fora do inquérito civil, é fundamental a observância desse procedimento sob pena de mácula dessa atuação.

Quando se toma cada ato no *iter* extrajudicial de forma isolada, autônoma, fica minada a possibilidade de sondar a compatibilidade do ato com a legalidade ampla aqui defendida; vale dizer, perde-se muito a possibilidade de aplicação dos filtros sugeridos neste trabalho, por não ter sido cada "ato" tomado como resultado de um procedimento no qual foram aplicados todos os parâmetros do sistema jurídico.

Todas as circunstâncias, os fatos, os interesses e as justificativas que levaram à prática de determinado ato, seja a instauração ou não do inquérito civil, seja o oferecimento ou não de recomendação ou de ajustamento de conduta, seja a requisição de perícias ou de quaisquer outras medidas, caso não haja procedimento, ficam ocultos, presentes apenas na cabeça do agente do Ministério Público, sendo impossível verificar a correção de tais medidas. Nesse sentido, leciona Odete Medauar (2008a, p. 412) que "o processo administrativo produz o intuito de conhecer os antecedentes da edição do ato administrativo e de garantir direitos nestes momentos prévios".

Tomando o ato ou a decisão administrativa o formato de procedimento, todas as fases passam a ser racionais, lógicas e motivadas, facilitando sobremaneira a sondagem da motivação e, consequentemente, o seu controle:[61]

> Importa destacar, por otra parte, que los procedimientos administrativos no han de concluir por definición en una resolución jurídica de carácter formal. Son muchas las actuaciones que no desembocan en una decisión formalizada [...]. Estos supuestos, sin embargo, aunque no concluyan en una resolución formalizada, bien pueden insertarse en el seno de un procedimiento. Es más, cuando se subraya el papel de la información

---

[61] "CASA LOTÉRICA. PERMISSÃO DE SERVIÇO PÚBLICO. RESCISÃO. PROCEDIMENTO ADMINISTRATIVO. Ainda que contrato de permissão de serviço público seja revestido dos atributos da discricionariedade, unilateralidade e precariedade, a sua rescisão reclama desenvolvimento do procedimento administrativo, no qual deve sempre ser observado o postulado da garantia de defesa" (STJ, AgRg no Ag nº 561648RS, T2, *DJ* 10.05.2004, p. 249).

> y de la comunicación en el marco del sistema general del Derecho Administrativo se difumina en realidad la estricta separación entre el proceso de toma de decisiones y la resolución final, en la medida en que la decisión, por decirlo así, se 'procedimentaliza' y, en cierto modo, se configura e integra en el procedimiento mismo. (BARNES, 2008, p. 75)

Portanto, a legalidade ampla, aqui admitida, como já visto, como juridicidade, apenas será observada verdadeiramente na atuação extrajudicial do Ministério Público se igualmente observado o processo, que possibilitará o exame de correção entre cada uma das decisões tomadas no inquérito civil com a juridicidade, levando-se em conta a situação fática e os vários filtros necessários à tomada de decisão.

A existência de um vínculo entre legalidade e processo administrativo, reconhecendo-se, portanto, o inquérito civil como processo, representa, como indica Odete Medauar (2008b, p. 92), garantia à própria legalidade, na medida em que a atuação do agente passará a ser parametrizada, em contraposição à atuação livre e passível de arbítrio.

A doutrina especializada arrola, entre as diversas funções da procedimentalização, a garantia da tutela dos direitos e interesses individuais, a possibilidade de participação, a possibilidade de equalização e conciliação entre os interesses contrapostos, o incremento da transparência, a facilitação da cooperação e a maior eficácia e eficiência na tomada de decisão administrativa.

Isso resume, com precisão, o motivo pelo qual, durante toda esta pesquisa, defendeu-se o correto manejo do inquérito civil público. A observância de um procedimento gera confiança nos cidadãos, que saberão que a atuação do Ministério Público será a menos lesiva possível, inclusive em decorrência da proporcionalidade, que haverá ampla participação, decorrente, por óbvio, da publicidade e da possibilidade de multilateralidade de audiências e que o inquérito civil público deve ser campo de busca de soluções de consenso e não de elementos para embates judiciais onerosos e demorados, geradores de desgastes de toda sorte.

Assim, como aqui dito, uma baliza segura para essa atuação ministerial será sempre a proporcionalidade.

3.3.6 Proporcionalidade

Se por aqui a proporcionalidade é aceita sem grandes questionamentos como princípio, quando se vale das ponderações feitas por Alexy toma outros rumos.

O corte das normas jurídicas propostas por Robert Alexy (1995, p. 184) as divide em regras e princípios, não baseando essa cisão em critérios de generalidade e especialidade, mas partindo do pressuposto de que regras expressam deveres definitivos e são aplicadas por meio da regra do tudo ou nada, da subsunção imediata, e princípios, de outro turno, expressam deveres que apenas são concretizados após o sopesamento de eventuais outros princípios colidentes, vale dizer, são normas que obrigam que algo seja realizado na maior medida possível, não há como falar-se em princípio da proporcionalidade, mas em regra da proporcionalidade:

> [...] Alexy afirma que os subelementos da proporcionalidade devem ser classificados como regras, e cita como entendimento semelhante a posição de Haverkate, segundo a qual a forma de aplicação da proporcionalidade e de suas sub-regras é a subsunção. [...] segundo a teoria defendida por Alexy, somente regras são aplicadas por meio da subsunção. (DA SILVA, 2002, p. 26)

Assim, na medida em que a motivação de cada etapa do procedimento extrajudicial do Ministério Público passa a ser expressa, torna-se possível passar a decisão a ser tomada por um filtro de proporcionalidade, que, em verdade, apresenta três subfiltros:

> Dentro del principio (sic) de proporcionalidad en sentido amplio pueden distinguirse tres principios distintos: 1) el principio de adecuación, idoneidad o congruencia, 2) el principio de intervención mínima, menor lesividad o exigibilidad y 3) el principio de proporcionalidad en sentido estricto. (DAROCA, 1999, p. 183)

A mesma trilha segue Virgílio Afonso da Silva ao sustentar que a regra de proporcionalidade é composta de três sub-regras, quais sejam, a adequação, a necessidade e a proporcionalidade em sentido estrito.

A aplicação da proporcionalidade, portanto, demanda o passamento das opções possíveis descortinadas ao tomador de decisões com competência para tanto, pelo filtro da adequação, da necessidade e, finalmente, da proporcionalidade, sempre obedecendo essa ordem, por ser uma regra subsidiária da anterior, o que redunda dizer que, não havendo drenagem por qualquer um dos filtros, a decisão não é proporcional, não sendo possível, sequer, submetê-la à próxima regra por interrupção da filtragem.

Virgílio Afonso chama a atenção para o fato de que, para alguns, as sub-regras de proporcionalidade são divididas apenas em adequação e necessidade (Böckenförde e Schlink) e, para outros, há até mesmo uma quarta regra, que precede a adequação, qual seja, a legitimidade dos fins que a medida questionada pretende atingir. Essa é uma tendência nos autores da Corte Europeia de Direitos Humanos.

Nesse caso, adota-se a posição das três sub-regras, até pelo fato de a legitimidade dos fins já ter sido analisada no dreno da finalidade da medida.

3.3.6.1 Adequação virtual ao atingimento do resultado

Defende-se que, quando o agente ministerial, *e.g.*, chega ao momento deliberativo de seu inquérito civil público, tendo ele optado pelo ajuizamento da ação civil pública sem sequer cogitar na expedição de recomendação — quando couber — ou no chamamento do iminente réu da sua ação civil pública para tentar ajustamento de conduta, ao se passar essa sua decisão pelo filtro da proporcionalidade possivelmente ela não será possível.

Senão: ao se indagar se a decisão de ajuizar a ação civil pública respeita a adequação entre meios e fins, é necessário ter noção do que trata essa regra. Ela consiste na eleição unicamente dos meios virtualmente eficazes ao alcance ou, no mínimo, ao fomento (*fördern*) do que se pretendia. "Desta feita, uma medida somente pode ser considerada inadequada se sua utilização não contribuir em nada para fomentar a realização do objeto pretendido" (DA SILVA, 2002, p. 37):

> El test de idoneidad sirve para medir si la decisión administrativa es adecuada para alcanzar el fin que el órgano administrativo se propone. La determinación de la idoneidad puede remitir bien a máximas de experiencia, o reclamar la aplicación de conocimientos especializados. (MACHADO, 2006, p. 591)

Portanto, para a primeira questão do exemplo que se enfrenta a resposta é positiva, vale dizer, o meio eleito pelo agente ministerial, o de ajuizamento de ação civil pública diretamente, é virtualmente idôneo ao atingimento do que ele pretende quando coloca em marcha suas funções.

3.3.6.2 Necessidade ou mínima lesão

Em seguida, será preciso indagar se essa medida é necessária, é a menos lesiva possível para a atingimento do resultado, pois essa é a segunda sub-regra da proporcionalidade.

Na valoração da proporcionalidade, eleitas pela administração as medidas em tese eficazes para se alcançar ou fomentar o ponto visado, deve-se optar pelo ato menos lesivo aos interesses particulares ou coletivos, *a necessidade, intervenção mínima ou da mínima lesão*:

> Um ato estatal que limita um direito fundamental é somente necessário caso a realização do objeto perseguido não possa ser promovida, com a mesma intensidade, por meio de outro ato que limite, em menor medida, o direito fundamental atingido. (DA SILVA, 2002, p. 39)

A lesão a direitos ou interesses particulares ou a outros interesses de grupo ou metaindividuais somente resultará admissível na medida em que resulte imprescindível, vale dizer, sempre que não puder ser evitada por não existirem outras medidas que permitam alcançar o mesmo fim sem produzir tantas consequências negativas a interesses outros.

Impõe, pois, à Administração, a eleição — dentro dos atos adequados a se alcançar o fim — da medida menos gravosa quando comparada com as outras igualmente aptas.

Para Álvares Garcia (1996, 321):

> de todos los medios adecuados, tan solo uno, el menos lesivo, sería el único que eventualmente podría ser utilizado para la realización del fin. En otros términos, cuando existen varios medios adecuados, el menos lesivo, si bien no es el único medio utilizable de hecho (pues son varios los que permiten realizar el fin), si lo es de derecho, puesto que la utilización de cualquier otro medio sería ilegítima por excesiva (en concreto, por ser contraria al principio de intervención mínima).

Parece aqui a barreira do prosseguimento. Somente será possível dizer que o ajuizamento da ação é o meio menos lesivo ao atingimento do resultado se tivesse o agente do Ministério Público manejado meios menos lesivos, como a recomendação ou a tentativa de ajustamento de conduta. Portanto, a deliberação de ajuizamento da ação sem a tentativa de concerto fere a proporcionalidade por não ser possível afirmar ser esse o meio menos lesivo.

Para o que se enfrenta aqui, isso bastaria para afirmar que a decisão do presidente do inquérito é desproporcional e, portanto, ilegal.

3.3.6.3 Proporcionalidade em sentido estrito

Se todavia não tivesse sido frenada a filtragem pela mínima lesão seria necessário verificar, ao final, a proporcionalidade em sentido estrito, que exige o exame do conteúdo e efeito da medida eleita — isoladamente considerada — para verificar se os efeitos negativos que a medida produz sobre outros interesses guardam relação razoável e proporcional com a importância do fim almejado (confunde-se com o princípio da razoabilidade).

Em outras palavras, faz-se o sopesamento entre o grau de restrição aos direitos individuais ou de grupos e a importância da realização do direito fundamental que com ele colide e que fundamenta a adoção da medida.

Percebe-se, aqui, a possibilidade de falar-se em princípio da forma advogada por Alexy, já que a proporcionalidade em sentido estrito é, na verdade, uma necessidade de ponderação, de aplicação na maior medida do possível.

Traz-se um exemplo extremado: a administração de determinado estado da federação decide criar novo caminho para ligar duas cidades de grande importância, com enorme fluxo de automóveis, pelo fato de a estrada até então existente possuir traçado altamente perigoso e causador de reiterados acidentes, com várias vítimas fatais, sendo necessário, portanto, a realização de uma obra de asfaltamento desse novo caminho. Técnicos daquele governo apontaram que há apenas uma possibilidade de pavimentação, seja por questões geográficas, geomórficas ou de quaisquer outras naturezas. O fato é que só há um caminho possível. Nesse meio tempo, entidades paraestatais ligadas à defesa do meio ambiente representam no Ministério Público para que se instaure inquérito civil público e, ao final, obste a obra a ser realizada pelo Estado pelo fato de, naquele caminho, haver uma espécie de sapo existente apenas naquele espaço e que se de lá removida certamente morreria antecipadamente, considerando que encontrou ali seu *habitat* natural. Portanto, a estrada apenas poderia ser construída após a morte natural do sapinho que sequer poderá se reproduzir por não haver outra espécie similar no mundo. Quando aqui se aplica a proporcionalidade em sentido estrito, parece certo que, quando em jogo a vida de um sapinho que naturalmente morrerá em breve e a vida de outros tantos cidadãos que está sendo perdida pela estrada mal edificada, preferível antecipar a morte do animalzinho.

Portanto, na proporcionalidade em sentido estrito determina-se um juízo de ponderação entre os interesses e valores em jogo.

CAPÍTULO 3
DISCRICIONARIEDADE NAS ATIVIDADES EXTRAJUDICIAIS DO MINISTÉRIO PÚBLICO | 179

Atenção especial deve-se tomar para que não seja feita a confusão que comumente faz a jurisprudência nacional quando se refere à proporcionalidade quase como sinônimo de razoabilidade. Uma difere da outra pela origem e pela estrutura.

3.3.7 Razoabilidade

De início destaca-se, como advertiu Irene Nohara (2006, p. 197), que o juízo de razoabilidade é muito mais fácil de ser compreendido do que definido, não existindo o razoável em si. Apenas a análise dos casos concretos dará a medida dos limites da razoabilidade dos atos administrativos.

Não obstante fazer-se comumente referência à razoabilidade como derivada da *Magna Carta* de 1215, Virgílio Afonso da Silva destaca, citando Willis Santiago Guerra Filho, que na Inglaterra não se fala em razoabilidade, mas em princípio da vedação da irrazoabilidade.

Ademais, esse princípio não se encontra nem na *Magna Carta* nem em qualquer outro instrumento normativo posterior, senão em uma decisão judicial datada de 1948.[62] A partir daí criou-se o teste de irrazoabilidade ou o teste de *Wednesbury*, implicando tão somente rejeitar atos excepcionalmente irrazoáveis.

Prova maior de que a irrazoabilidade não é sinônimo da proporcionalidade é que na Inglaterra apenas em 1998, no debate que cercou a adoção do *Human Rights Act*, se passou a aplicar a proporcionalidade, discutindo-se, hoje, se a aplicação desse teste torna obsoleta a aplicação do teste de *Wednesbury*.

A razoabilidade se alinha sobremaneira à interdição da arbitrariedade, já analisada anteriormente. Mas se o desejo é colocar a razoabilidade como filtro das atuações discricionárias ou das valorações efetuadas pelo agente ministerial, imperioso sondar o significado da expressão — *racionalidad* — o que não é tarefa fácil, como já advertia MacCormick (1984, p. 131) ao dizer que "what is less clear, and certainly less easily agreed or settled, is what actually it is reasonable to do, to say, to conclude or to doubt in a given context"[63].

Para Dworkin (1987, p. 172 e ss.), a concreção do que se deve entender por razoável em determinado contexto deve ser feita diante

---

[62] *Associated Provincial Picture Houses Ltd v. Wednesbury Corporation*, 1KB 223, p. 228-230.

[63] Tradução nossa: o que é menos claro, e certamente menos facilmente acordado e liquidado é o que realmente é razoável fazer, dizer, concluir ou duvidar em determinado contexto.

de análise que permita identificar os direitos em jogo para se construir, caso a caso, uma teoria embasada em argumentos jurídicos sólidos e coerentes com a regulação da matéria. Para tanto, o autor se vale de um exemplo não jurídico, o jogo de xadrez. Ele afirma que, em determinado jogo de xadrez, um jogador ficava sempre rindo, o que causava enorme irritação no adversário. Explica também que a regra do xadrez permite que o juiz desclassifique o jogador que irritar irrazoavelmente o adversário, sem que a regra tivesse explicitado o conteúdo da expressão "irrazoavelmente".

Continuando, explica o autor que o juiz não poderá decidir da forma que bem entender, mas deverá conformar sua decisão de acordo com os direitos institucionais em jogo, com o caráter do jogo e com os princípios inerentes àquele torneio. Assim, o árbitro deverá ponderar que o xadrez é um jogo de inteligência e que a irritação irrazoável é aquela que coloca em risco a capacidade de raciocínio do adversário.

Em suma, Dworkin aponta que para se determinar o que é ou não razoável, racional, depende do caráter das instituições, das regulações existentes sobre a matéria e os princípios que a norteia.

Seria possível trazer como exemplo de deliberação não razoável tomada por um membro do Ministério Público o ajuizamento de ação civil pública por prática de ato de improbidade administrativa praticado pela autoridade que teve contra ela uma decisão em mandado de segurança. Ora, por mais que o mandado de segurança seja impetrado contra autoridade que, em tese, violou com sua decisão direito de terceiro — o impetrante —, não é razoável entender que essa "ilegalidade", por si só, é passível de sanção por ser ato de improbidade administrativa que feriu princípio da Administração Pública.

Acrescenta-se a esse entendimento a posição desenvolvida principalmente pela jurisprudência europeia, para quem a razoabilidade é, em verdade, um teste de não arbitrariedade das decisões administrativas:

> [...] test para medir la arbitrariedad de una decisión: concurre, cuando, no encuentra fundamento en las normas porque las consecuencias que se extraen de sus determinaciones no son racionales; o también cuando al aplicar una regla de Derecho se infringen otros principios, como el de igualdad o el de proporcionalidad; o en el caso de que el órgano que decide incurre en manifiesto error de hecho al aplicar las previsiones normativas; o, si contando con la posibilidad de optar por varias soluciones, no se fundamenta o motiva razonablemente la elección; o el razonamiento es manifiestamente inaceptable por su incoherencia, o por no haber tenido en cuenta opciones más relevantes; o, sencillamente, por conducir a resultados absurdos, etc. (MACHADO, 2006, p. 583)

Para o Tribunal Constitucional Espanhol, a razoabilidade se vincula sobremaneira à igualdade,[64] vedando "la utilización de elementos de diferenciación que quepa calificar de arbitrarios o carentes de una justificación objetiva y razonable".

Desse raciocínio deriva, para o Tribunal Constitucional Espanhol, o princípio da segurança jurídica e da interdição da arbitrariedade dos poderes públicos, impedindo que os órgãos exercentes de funções públicas se apartem arbitrariamente dos seus próprios precedentes, sem que haja uma justificação suficiente e razoável.

Há, portanto, a proibição de mudança na interpretação de uma norma de forma irracional ou arbitrária. Não significa, todavia, que não possam existir mudanças de atitudes. A mudança é legítima quando razoável e com vocação a uma estabilidade futura, "esto es, destinado a ser mantenido con cierta continuidad, con fundamento en razones jurídicas objetivas que excluyan todo significado de resolución *ad personam*, siendo ilegítimas si constituye sólo una ruptura ocasional de una línea que se viene manteniendo con normal uniformidad".[65]

Esse entendimento do Tribunal Constitucional Espanhol em tudo é útil ao Ministério Público. Na medida, *e.g.*, que as questões ligadas à atuação extrajudicial dos membros da instituição forem sendo submetidas aos órgãos de controle interno, seja o Conselho Superior do Ministério Público, seja a Câmara de Revisão e Coordenação, será possível criar uma linha de precedentes administrativos desses órgãos na revisão das atividades extrajudiciais.

Esses entendimentos, uma vez organizados e tornados efetivamente públicos — pois não são —, serviriam não apenas de guia de atuação dos membros da instituição, mas, e principalmente, de orientação àqueles que desempenham alguma atividade passível de controle pelo Ministério Público.

Imperioso destacar que a diferenciação acadêmica entre proporcionalidade e razoabilidade, opção feita nesta pesquisa que não se dedica ao aprofundamento desses temas propriamente, é apenas uma adesão acadêmica. Ao final, é relevante trazer ao inquérito civil público pautas de controle jurídico, independentemente da terminologia utilizada, na mesma trilha defendida por Irene Nohara (2006, p. 95-96):

---

[64] STC nº 181/2000 e STC nº 176/1993.
[65] STC nº 201/1991, de 28 de outubro.

[...] o despertar da sensibilidade dos operadores do Direito para os princípios da razoabilidade e da proporcionalidade seria muito mais eficaz se houvesse um estímulo para a familiarização com pautas de julgamento envolvendo determinados direitos fundamentais, como a propriedade e seu significado atual ou o conteúdo da expressão de pensamentos ao longo do tempo, do que pela via do rigor linguístico no sentido da exata precisão entre os subelementos da proporcionalidade e da fixação do primeiro momento de utilização da expressão nos variados Tribunais europeus [...].

3.3.8 Proteção da confiança legítima

Nessa trilha, na medida em que se reconhece a razoabilidade como possuidora de um componente essencial, a vedação ao arbítrio, exigindo-se dos órgãos do Ministério Público certa estabilidade e coerência na tomada de suas decisões, confere-se prestígio à confiança legítima (*Vertrauensschutz*).

Esse princípio, cunhado na Alemanha, está sendo acolhido pelo Tribunal de Justiça da Comunidade Europeia, sendo aplicado não apenas quando se produza qualquer tipo de convicção psicológica em determinada pessoa ou grupo de pessoas de que a atuação dos órgãos do Estado seguirá um *standard* rascunhado pelos precedentes em casos análogos, mas:

[...] cuando se basa en signos externos producidos por la Administración lo suficientemente concluyentes para que le induzcan razonablemente a confiar en la legalidad de la actuación administrativa, unido a que, dada la ponderación de intereses en juego — interés individual e interés general — la revocación o la dejación sin efectos del acto, hace crecer en el patrimonio del beneficiario que confió razonablemente en dicha situación administrativa, unos perjuicios que no tiene por qué soportar.[66]

Isso, na atividade do Ministério Público, acaba por trazer estabilidade ao sistema de atuação extrajudicial, seja para o próprio agente, para os cidadãos envolvidos na questão ou para terceiros interessados.

Esse filtro da atuação do Ministério Público, quando aproximado da unidade, permite, também, que se um agente atua de determinada forma, ao outro é interditado agir de maneira diferente, a menos que seja possível sondar diferenças na base fática geradora da atuação ou vícios na atuação do primeiro.

---

[66] Sentencia del Tribunal Supremo de 19 de enero de 1990.

CAPÍTULO 3
DISCRICIONARIEDADE NAS ATIVIDADES EXTRAJUDICIAIS DO MINISTÉRIO PÚBLICO | 183

Se determinado prefeito resolve adequar sua cidade à lei de acessibilidade, tomando por base a recomendação enviada pelo agente do Ministério Público da cidade vizinha, não será possível o promotor de justiça desta última cidade questionar a maneira com que a adequação está sendo implementada, a menos que demonstre diferenças fundamentais entre as duas cidades ou equívocos na atuação do primeiro agente. O contrário afastaria completamente a unidade do Ministério Público.

Portanto, um componente fundamental para prestigiar não apenas a confiança legítima, mas, e principalmente, a unidade, é o fortalecimento dos órgãos de apoio da instituição, sejam os departamentos de perícia, sejam os próprios centros de apoio, fundamentais para *estandardizar* o entendimento da instituição sobre questões ligadas principalmente a outras áreas do conhecimento.

A manutenção dos precedentes pelos órgãos, apesar de querida, não leva à conclusão de que a inaplicação pela Administração de normas sancionadoras, vale dizer, a ineficiência administrativa em sancionar ou tomar as medidas que deveriam ser tomadas em determinados casos, não constitui uma atitude tolerante que deve ser mantida por conta da confiança legítima. Uma coisa é garantir a confiança nas atitudes que devem ser tomadas. Outra diversa é pretender a manutenção do vício, da inação ilegal.

Uma coisa é esperar que, diante de determinada situação, por exemplo determinado problema encontrado em um aterro sanitário, o Ministério Público atuará de determinada forma, considerando orientação de seus órgãos de apoio técnico. Outra coisa bem diversa é pretender paralisar a atuação do Ministério Público pelo fato de ele, por muito tempo, não ter atuado em questões ligadas a alguma matéria específica, seja lá pela razão que for. A não atuação quando era dever agir não gera confiança legítima de perpetuação do vício.

3.3.9 Eficiência[67]

Outro filtro que deve ser considerado na atuação do Ministério Público é a *eficácia, que pode ser conceituada sumariamente como o "dever que se impõe a todo agente público de realizar suas atribuições com presteza,*

---

[67] "Trata-se de conceito distinto de eficácia, que é a capacidade de fazer as coisas certas, o que inclui a escolha de objetivos mais adequados e melhores maios para alcançá-los" (NOHARA, 2006, p. 97).

perfeição e rendimento funcional" (MEIRELLES, 1998, p. 93, grifos nossos). A doutrina, principalmente espanhola e italiana, conceitua — de forma sucinta — o princípio da eficiência como a necessidade de a administração otimizar a relação meios-fins.

Essa otimização tem lugar, primeiramente, se entre várias alternativas que conduzem ao mesmo resultado se seleciona a que implica menor gasto. Em seguida, exige-se que, entre várias alternativas com o mesmo gasto, selecione-se a que leve ao melhor cumprimento dos objetivos da Administração (GONZÁLEZ PÉREZ; GONZÁLEZ NAVARRO, 1994).

Finalmente, em sentido mais amplo, a eficiência sonda, quando os custos totais para a consecução do fim já estão otimizados, qual das opções gerará a máxima satisfação dos objetivos desenhados na norma.

Drew Hyman (1990, p. 69), efetuando análise dos custos de um processo de conciliação em comparação com um processo judicial, concluiu que cada solução extrajudicial tem o custo aproximado de U$16,00 (dezesseis dólares), conquanto em juízo a solução é atingida por um custo que gira em torno de U$1.500,00 (mil e quinhentos dólares) em média.

Deve-se atentar para o fato de que o filtro de eficiência e economicidade não diz respeito apenas aos custos financeiros:

> [...] desde la perspectiva de la eficiencia no sólo es un factor relevante el coste económico sino también otros tipos de costes [...]. Ambas medidas pueden considerarse eficientes: una de ellas minimiza los costes económicos, mientras que la otra minimiza los costes sociales. El principio de eficiencia no nos proporciona un criterio que guíe a la Administración en la elección entre estos dos tipos de medidas, porque este principio no proporciona criterios para determinar si es preferible un mayor coste social acompañado de un menor coste económico o viceversa. (DAROCA, 1999, p. 174)

A busca de uma atuação eficaz está na base de tudo o que se defendeu neste trabalho. Não é por outro motivo que se afasta da ideia de que o inquérito civil é apenas um procedimento inquisitorial fadado a buscar elementos para formar a convicção do agente ministerial em determinada questão ligada a interesses metaindividuais.

Se o inquérito civil público é nesta pesquisa elevado à condição de arena preferível para a busca de soluções consensuais para interesses transindividuais é também por ser o meio mais eficiente de fazê-lo. A prova disso, aliás, foi demonstrada quando se trouxe os levantamentos das medidas tomadas judicial e extrajudicialmente.

Não bastasse haver uma diferença enorme em custos financeiros quando se compara a resolução de determinado problema na esfera ministerial ou na esfera judicial — e custo financeiro não apenas para o Estado, mas, e principalmente, para o cidadão ou grupo envolvido —, é fundamental considerar o custo temporal, que aqui parecer ser o mais relevante: a celeridade. Quando em jogo interesses transindividuais, muitos deles ligados à vida, à saúde e à segurança, o tempo é componente que sempre deverá ser considerado e, por esse motivo, conforme já fartamente demonstrado, é preferível soluções de consenso no bojo do inquérito civil público a qualquer outra medida judicial:

> O princípio da eficiência se relaciona diretamente com interpretação finalística ou do logos do razoável, porque traduz a exigência e o controle de adequação entre meios e fins. Se os meios escolhidos pelo administrador não forem eficientes para o atingimento de determinadas finalidades legais, ocorre a partir da Emenda Constitucional nº 19/98, a violação ao princípio constitucional expresso. (NOHARA, 2006, p. 102)

A eficiência, portanto, imporá ao agente do Ministério Público, ciente de que a solução judicial perde em celeridade e em custo financeiro para a extrajudicial, para ficar com o pouco, pois fundamental trazer também para a valoração da eficiência o custo social, a lesão aos interesses individuais eventualmente afastados e não considerados por serem efeitos reflexos de uma decisão judicial, que sempre busque, antes de demandar em juízo, soluções extrajudiciais.

3.3.10 Princípios gerais do direito – Segurança jurídica

O *princípio da segurança jurídica*, ao lado de outros princípios gerais do direito, deve sempre ser considerado um importante dreno para se alcançar um resultado ótimo na atividade do Ministério Público.

É baliza ligada umbilicalmente com outras aqui já mencionadas, principalmente à finalidade e à igualdade, na medida em que obriga o administrador a atuar assegurando que decidirá de modo igual em situações equivalentes e que agirá de modo objetivo e imparcial, de forma que os administrados tenham certeza de que a resposta que receberão da Administração será razoável.

Para tanto, surgem algumas subguias de controle decorrentes não mais de forma expressa da lei ou dos princípios gerais, mas da própria Administração, que deverá planejar e orientar suas decisões.

A necessidade de a Administração programar suas decisões, atendo-se aos precedentes e motivando seus atos já está, aliás, há muito assentada na jurisprudência do Tribunal Europeu de Direitos Humanos.

Quando a Administração dispõe de ampla discricionariedade deve programar suas ações, definindo as políticas que cada setor seguirá.

Ainda quando se pensa em uma ampla discricionariedade, como nas questões ligadas às políticas públicas, nas quais o administrador poderá modificar suas opções políticas, os atos concretos que serão adotados devem ser previsíveis pelos cidadãos e, portanto, acordes com os princípios da igualdade, imparcialidade e segurança jurídica: "La programación a que nos referimos podrá consistir en la concreción de las políticas que la Administración va a seguir en normas de valor reglamentario, o en planes, programas, instrucciones o meras anticipaciones sin valor vinculante (*soft law* estricto)" (MACHADO, 2006, p. 487):

> Es decir, cuando el ordenamiento jurídico otorga a una determinada autoridad administrativa la potestad discrecional le está confiriendo, también, capacidad para realizar una determinada "política de actuación", esto es, para optar por un determinado curso de acción para la consecución de los fines u objetivos que constituyen el punto de mira de la actuación administrativa. (DAROCA, 1999, p. 236):

Esse balizamento possível e querido da atuação discricionária, plenamente possível — para não dizer necessária — à atuação do Ministério Público, tem ligação direta com, novamente, a unidade. Se a instituição é uma, não é possível admitir, em casos idênticos, soluções tão desalinhadas.

3.3.11 Autovinculação por meio de critérios guias

Reside nessas explicações o cerne da *autovinculação por meio de critérios guias*.

A adoção de determinado critério estabelecendo o curso das ações administrativas discricionárias em determinado campo pode ser feito por meio de portarias, resoluções, circulares ou quaisquer outras instruções com caráter normativo:

> [...] cuando el ordenamiento jurídico otorga a una determinada autoridad administrativa una potestad discrecional le está confiriendo, también, capacidad para realizar una determinada 'política de actuación', esto es,

para optar por un determinado curso de acción para la consecución de los fines u objetivos que constituyen el punto de mira de la actuación administrativa. (*idem*, p. 189)

A adoção dessas medidas de ordem interna, plasmando critérios orientativos, caracteriza-se não por operar como fator de decisão de um único caso, mas de diversos casos análogos. Essas medidas realizam a concreção genérica e abstrata da discricionariedade conferida pelo ordenamento jurídico, de forma apriorística, garantindo coerência, igualdade e previsibilidade da atuação administrativa.

Assim, ocorrerá a concreção da opção ótima, fim único da discricionariedade, com condicionamentos e guias traçados pela própria autoridade destinatária da discricionariedade.

No Ministério Público, ainda que a noção míope da independência funcional leve a raciocínios que inibam esses critérios guias institucionais, a unidade impõe aos órgãos de administração superior a confecção dessas balizas.

Eventuais dificuldades advindas da aparente "imposição" são facilmente contornáveis com a participação plena e efetiva de cada um dos membros da instituição. Em tempos de comunicação em tempo real por códigos binários, cobrar participação dos agentes ministeriais nas tomadas de decisão da própria instituição não traz consigo a preocupação do tempo que será necessário para isso ou das despesas que isso poderá gerar.

Ademais, essas autovinculações deverão atentar, sempre, ao interesse dos cidadãos, que são os "clientes" da instituição. Mecanismos poliparticipativos como consultas, audiências públicas, etc., são muito bem-vindos quando a instituição se dispõe a criar seus critérios de atuação.

3.3.12 Precedentes

O déficit de "legalidade", portanto, advindo das aberturas, sejam semânticas, sejam normativas, que possibilita ao Ministério Público, durante sua atuação extrajudicial, eleger entre atuar de uma ou de outra forma, pode ser recheado ainda com ampla fundamentação e argumentação no momento da aplicação da norma, gerando, assim, os *precedentes administrativos*.

O *precedente*,[68] não obstante não ser fonte jurídico-normativa, possui certo grau vinculante para a própria Administração. Vale dizer, a atuação anterior, em caso similar, condiciona a atuação administrativa:

> El principio de seguridad jurídica exige la posibilidad de prever la actuación de los poderes públicos y la existencia de una relación de continuidad y coherencia lógica en el ejercicio de sus potestades. El principio de buena fe, por su parte, exige un comportamiento leal a la Administración de lo que se deriva que ésta no puede defraudar, sin justificación, las expectativas legítimas que los administrados se han formado como consecuencia de su actuación anterior. (DAROCA, 1999, p. 185)

Não decorre da afirmação anterior a conclusão de que, fixados os precedentes, estes serão imutáveis:

> En el ejercicio de la potestad discrecional que le atribuye el ordenamiento, la Administración ha de apreciar qué debe considerarse más conveniente al interés público y esa apreciación puede variar debido que resulta lógico que la vinculación que opera el precedente sea flexible y no congele la apreciación del interés público. Una reorientación de la política seguida en el ejercicio de determinadas potestades discrecionales es, por tanto, perfectamente posible en virtud del ejercicio de la función de dirección política que corresponde al Ejecutivo. (*idem*, p. 186)

Tudo o que se expõe neste capítulo não apenas tende a buscar a decisão ótima pretendida pelo legislador, a finalidade administrativa de forma coerente e racional, mas gerar no cidadão, destinatário e fim das atuações do Ministério Público, o convencimento de que pode confiar nas decisões administrativas da instituição.

---

[68] "MANDADO DE SEGURANÇA. SERVIDOR PÚBLICO. AFASTAMENTO PARA CONCLUSÃO DA SEGUNDA ETAPA DO CURSO DE DOUTORADO NO EXTERIOR – CONTROLE DA DISCRICIONARIEDADE NO CASO CONCRETO – AUSÊNCIA DE MOTIVAÇÃO DO ATO DE INDEFERIMENTO. A discricionariedade administrativa encontra limites impostos pela própria legalidade. Assim todo ato que se apresenta, no âmbito da norma legal, discricionário, no caso concreto, é sempre passível de controle judicial. Ao deferir primeiro período de afastamento para realização da primeira etapa do curso de Doutorado, na cidade de Belém-PA, restou evidente a necessidade do serviço público e o interesse da Administração na capacitação e no aprimoramento do docente. Não bastasse, o vício da ausência de motivação do ato coator, mais grave nos atos tidos considerados, no âmbito da norma, é suficiente para invalidá-lo e conceder a ordem ao Impetrante" (STJ – MS DF nº 10.815).

Atrela-se, portanto, ao *princípio da proteção à confiança legítima* (*Vertrauensschutz*), que também estreita os limites da discrição, na medida em que a decisão administrativa deve ter como pano de fundo o efeito que gerará não apenas para o grupo destinatário direto, mas para os demais cidadãos de forma geral. Gera-se uma convicção a toda gente de que a instituição atuará coerentemente.

Na atuação administrativa do Ministério Público seria de grande utilidade, pois, a criação de um banco de dados por parte do Conselho Superior do Ministério Público ou da Câmara de Revisão e Coordenação da forma com que as promotorias de justiça atuam em determinadas questões, bem como a criação de banco de dados da *adminisprudência* do próprio órgão de controle administrativo dessas funções.

Isso não apenas reduziria as surpresas não desejadas na atuação dos membros do Ministério Público como traria a tão pretendida transparência à instituição.

Deve-se atentar para o fato de que, para cada um desses critérios, é possível aplicar os filtros dos princípios gerais de direito, que operarão importantíssimos mecanismos de direcionamento da decisão administrativa:

> Os princípios gerais de direito são de observância obrigatória pela Administração. Se corresponderem a valores consagrados no preâmbulo da Constituição ou mesmo decorrentes implícita ou explicitamente de suas normas, o ato administrativo (e também a lei) que os contrarie padecerá do vício de inconstitucionalidade. Se não decorrerem da Constituição mas da legislação ordinária ou mesmo da teoria geral do direito, ainda assim têm que ser cumpridos pela administração, sob pena de invalidade do ato, corrigível pelo Poder Judiciário. (DI PIETRO, 2001, p. 172)

Com isso será possível a aplicação de todos esses critérios antes da tomada final de decisão e a chegada a uma única solução satisfatória: "Cuando se puede obtener esa conclusión [...] estaremos ante una hipótesis de lo que la doctrina alemana ha denominado la reducción a cero de la discrecionalidad (*Ermessens reduzierung auf Null*)" (MACHADO, 2006, p. 599).

Caso isso não seja possível, serão drenadas, ao final, apenas as verdadeiras possibilidades, que serão resolvidas, aí sim, por critérios puramente de conveniência e oportunidade.

3.4 As formas de controle da atuação extrajudicial do Ministério Público

3.4.1 Controle cidadão

Por tudo que aqui já se demonstrou, chega-se no ponto em que, reconhecida a atividade extrajudicial do Ministério Público, bem como sugeridos filtros e limites para essa atuação, surge a questão de como esse controle será realizado.

Controlar, no sentir desta pesquisa, é atividade despregada de sancionar, ainda que muitas vezes com ela confundida. O controle, desse modo, da atividade extrajudicial do Ministério Público, será tão eficiente quanto capaz de fomentar o correto manuseio do ferramental de que dispõe a instituição para buscar por forças próprias soluções consensuais de conflitos. Assim, o controle começa bem antes do surgimento da própria atividade.

Se o Ministério Público é instituição destinada a tutelar interesses sociais e individuais indisponíveis, é certo que seus "clientes" são, ao final, os cidadãos. É exatamente por isso que, ao que parece, o controle anterior da atividade do Ministério Público deve iniciar por eles próprios.

Uma maneira sempre citada de controle anterior das atividades do Ministério Público é a escolha feita pelo chefe do Executivo de um dos nomes que compõem a lista tríplice para o cargo de Procurador-Geral. Em última análise, a doutrina afirma que, quando a um representante dos cidadãos é atribuída a competência para indicar um dos nomes para a chefia do Ministério Público, em verdade quem está realizando a escolha são os cidadãos mesmos.

A construção teórica é perfeita, mas efetivamente nem aqueles que elegem seus representantes percebem ou se atentam para essa atribuição do chefe do Executivo, e em nada influenciam na tomada dessa decisão.

Mais importante é o controle anterior realizado pelos cidadãos ao serem chamados pelo Ministério Público para participarem das audiências públicas nas quais serão eleitas as metas institucionais ou os planos de atuação. Ali, efetivamente, há controle anterior das ações ministeriais.

E não para por aí: os cidadãos sempre são legitimados a apresentarem representações, petições e requerimentos ao Ministério Público solicitando providências em assuntos que lhe interessam. Essas representações, uma vez internalizadas pela instituição, tramitarão nas promotorias e, deliberando o agente ministerial pelo arquivamento, obrigatoriamente notificará o representante para que tome conhecimento de sua decisão.

Mais uma vez o cidadão poderá interferir na sorte de sua pretensão, ao ser-lhe facultado recurso ao Conselho Superior do Ministério Público contra a deliberação dada pelo agente ministerial em sua representação (seja da espécie que for a deliberação).

Em todos os Ministérios Públicos, ademais, existem hoje implementadas as ouvidorias — por determinação do Conselho Nacional do Ministério Público — e as corregedorias, arenas também de reparação das atividades do Ministério Público e de seus membros.

A cobrança dos cidadãos por atuação do Ministério Público é instrumento poderoso de controle institucional, principalmente pelo fato de a instituição trabalhar rotineiramente com o *marketing* de que existe para servir os cidadãos. Qualquer ranhura nessa imagem que o Ministério Público tenta passar será evitada por seus membros, razão pela qual talvez seja essa a melhor maneira de controle.

3.4.2 Controle administrativo pelos órgãos da administração superior do Ministério Público

Como já enfrentado em linhas anteriores, ao contrário do que rotineiramente tem-se afirmado, é flagrante a presença de hierarquia no Ministério Público. Essa hierarquia é possibilitadora, igualmente, de controle anterior ou posterior das atividades dos membros do Ministério Público.

O planejamento das atividades ministeriais, as balizas e as orientações partidas, seja do Procurador-Geral de Justiça, do Conselho Superior, do Colégio de Procuradores ou mesmo da Corregedoria, longe de ser afronta à independência funcional, é homenagem à unidade de atuação, servindo de importantíssimo limite aos exercícios da função, na medida em que a própria instituição lançará mãos de critérios guias para que seus agentes exerçam suas funções, mitigando, assim, deliberações tão díspares quanto são as convicções de cada um de seus membros em casos tão similares.

No mesmo sentido, esses órgãos efetuam importantíssimo controle posterior da atividade extrajudicial do Ministério Público, em especial o Conselho Superior do Ministério Público – CSMP. Se todo e cada ato realizado pelo agente da instituição no desempenho de suas funções extrajudiciais deve ser noticiado ao Conselho Superior, é ali a melhor arena para o controle dessas atividades.

Mais, é salutar que o Conselho seja mais ativo nessa atividade, seja compilando suas decisões, que servirão de guia aos membros e de orientação aos cidadãos, seja ditando trilhas seguras aos membros com atuações extrajudiciais para que desempenhem suas funções de maneira a não violar direitos e interesses de outros cidadãos, privilegiando a confiança legítima.

Não é possível, todavia, fechar os olhos para uma situação que praticamente impede o funcionamento desse controle administrativo hierárquico e praticamente passa despercebido aos olhos daqueles que não pertencem à instituição.

A arquitetura do Ministério Público do Brasil, que privilegiou a ampla democracia e participação de seus membros na definição dos rumos da própria instituição, acabou por revelar a crueldade não do sistema em si, mas dos próprios seres humanos que a integram.

Quando se tem em mira que naquele microcosmos todos os cargos da administração superior são definidos por eleição direta, seja de Procurador-Geral, Corregedor ou Conselheiro, por prazo determinado, permitindo-se a recondução, os ocupantes desses cargos percebem-se reféns dos seus "eleitores", na medida em que qualquer controle, seja anterior ou posterior, que gere descontentamento na classe, redundará invariavelmente na não recondução ou no "enterro administrativo" do membro do Ministério Público.

Em última análise, acredita-se ser essa a essência da falha permanente das instâncias de controle interno, tímidas em exercerem seus misteres, acabando por aceitar os argumentos vazios da independência funcional como sendo uma blindagem aos eleitores — promotores.

Felizmente, o Conselho Nacional do Ministério Público surgiu para suprir essa falha. E tem feito avanços. Com composição híbrida, na qual coexistem membros dos Ministérios Públicos e agentes estranhos aos seus quadros, possui atribuição de rever atos de cunho administrativo — aqui vale observação feita anteriormente sobre a timidez do CNMP em intervir na atividade administrativa finalística da instituição —, com poderes disciplinares que lhe conferem o dever de aplicação de sanções e correção dos atos dos agentes ministeriais (exceto a perda do cargo).

Parece haver, todavia, importante falha no sistema de controle do CNMP, residente na falta de previsão de quarentena para ocupação por partes de integrantes do Conselho de outras funções públicas que não dependam de concurso público, o que serve de estímulo às "trocas de favores". Basta recordar, para a construção de uma hipótese, que o agente do Poder Executivo é um dos principais destinatários da atuação ministerial, tendo, não raro, interesse na punição disciplinar dos membros da instituição. Satisfazendo um conselheiro o interesse do agente político que se sente prejudicado pela atuação do Ministério Público, poderá receber, em um momento futuro, cargos ou favores em retribuição.

Em que pese, todavia, esse ponto de tensão no sistema do CNMP, a construção é digna de elogios e muitos avanços já podem ser percebidos. Não obstante, muito há para se fazer, principalmente no controle das atividades extrajudiciais do Ministério Público, em que, ao sentir deste trabalho, seria dever não apenas dos órgãos da administração superior, mas também do Conselho Nacional, aplicar a cada etapa os filtros e limites aqui apresentados, buscando, assim, uma atuação planificada, livre de voluntarismos políticos e sobressaltos ideológicos.

3.4.3 Controle judicial

Finalmente, a última arena de controle da atuação extrajudicial do Ministério Público é, obviamente, o Judiciário, que, como já se demonstrou, mostra-se imensamente tímido em enfrentar questões ligadas ao controle da discricionariedade na atuação extrajudicial do Ministério Público.

Um controle judicial efetivo levaria em conta cada uma das etapas da atividade extrajudicial do Ministério Público, com avaliações feitas desde a instauração do procedimento correto — inquérito civil público — até a deliberação final, que deverá guardar relação com a proporcionalidade, conforme já visto, e com a eficiência, privilegiando sempre a solução menos gravosa e mais eficiente.

O afastamento do Judiciário do controle dessas atividades com a repetida afirmação de que as funções administrativas do Ministério Público são inquisitoriais e, portanto, afastadas dos princípios que garantem aos cidadãos acesso à atuação dos órgãos do Estado, contraditório, ampla defesa e busca de soluções menos danosas, é ignorar a própria destinação constitucional do Poder Judiciário. É olvidar que nada escapa ao seu controle.

A assunção, pelo Poder Judiciário, de seu dever de controlar os atos administrativos, inclusive os do Ministério Público, é o reconhecimento de que os atos praticados no bojo daquele procedimento são bem mais que uma busca de informações destinadas exclusivamente à própria instituição, sem reflexos nos cidadãos.

O inquérito civil impacta, de uma forma ou de outra, nos interesses dos cidadãos, seja por, não raro, macular-lhes a honra, seja por ser uma rinha onde eventuais conflitos poderão ser resolvidos de maneira célere e econômica, levando-se em conta, ao contrário do controle burocrático judicial, outras questões que cabem ao agente do Ministério Público compor.

Se tanto se investe em conciliações e justiças restaurativas, é dever do Judiciário reconhecer no inquérito civil público uma arena de concerto, arena essa com guias, balizas e frenos que, em última análise, deverão ser checados por quem a Constituição atribuiu o controle final.

Essa aparente impossibilidade de controle judicial dos atos praticados pelo Ministério Público na tramitação do inquérito civil, bom destacar, levou, inclusive, à recente proposta pelo Deputado Federal por Goiás, João Campos, do Projeto de Lei nº 6.745/06, que, além de atribuir competência para a polícia civil, juntamente com o Ministério Público, presidir o inquérito civil público, também "possibilita" o controle judicial na tramitação do inquérito, aplicando-se as mesmas regras do inquérito policial.

Não bastasse a flagrante inconstitucionalidade em se atribuir competência à polícia civil para condução de inquérito destinado a soluções de questões não criminais, ligadas aos direitos transindividuais, o que o projeto pretende, na verdade, é a garantia de um controle judicial efetivo.

Esse controle não depende nem será promovido pela promulgação de uma lei. Para que ocorra, é fundamental uma mudança de postura do Judiciário frente às atividades administrativas finalísticas do Ministério Público, reconhecendo serem estas, como repetidamente assentado, não mero campo de colhimento de provas para futuras ações civis públicas, mas direitos dos cidadãos em terem suas necessidades sanadas — ou ao menos que se garanta a tentativa da via — por meios mais céleres e eficazes, bem como direito dos envolvidos no inquérito de não sofrerem gravames além do necessário.

Interessante perceber que o papel do controle, em última análise o judicial, acaba por ditar os rumos dos campos de soluções de conflitos de uma nação. Reconhecendo o Judiciário ser o inquérito civil e as atividades extrajudiciais finalísticas do Ministério Público mais que meros instrumentos para se colher elementos para formar a convicção do membro do Ministério Público, passando a ver no inquérito procedimento, pois o que verdadeiramente ele é, restará permitido ao cidadão acesso à carta de garantias próprias dos processos administrativos.

Os agentes ministeriais serão, então, forçados a compreender uma legalidade bem mais ampla que a estrita, considerando, inclusive, a legalidade formal, no sentido de que será obrigatória, sob pena de as várias decisões tomadas pelo membro do Ministério Público serem viciadas, a realização de todas as etapas do procedimento, demonstrando, de forma rigorosa, o caminho seguido até a tomada de decisão. Isso porque, como bem anotou Vitor Rhein Schirato (2010, p. 33), "a legalidade hodierna [...] estende-se, necessariamente, ao *iter* a ser percorrido pela Administração Pública para a formação do ato, passando de legalidade meramente material para uma legalidade também formal".

Com isso, o inquérito será finalmente arena para soluções concertadas de interesses, principalmente os interesses metaindividuais; aliás, campo preferível à solução burocrática do Judiciário, alheio aos fatores sociais, econômicos e políticos que ladeiam a questão merecedora de tutela estatal, que acaba por desbordar, como anotou Jolowicz e Cappelletti (1975, p. 249), na "formalisation of injustice". Essa postura judicial passa não apenas pelo abandono das saídas fáceis ao não enfrentamento de questões complexas, como é "futricar no vespeiro" das atividades do Ministério Público. Passa antes, e com mais razão, no reconhecimento de que o Judiciário deve ser arena última na solução de conflitos:

> Un sistema de resolución de conflictos es eficiente cuando cuenta con numerosas instituciones y procedimientos que permiten prevenir las controversias y resolverlas, en su mayor parte, con el menor costo posible, partiendo de las necesidades e intereses de las partes, sobre la base del principio de subsidiariedad que se expresa así: 'las cuestiones deberán ser tratadas al más bajo nivel en la mayor medida posible, en forma descentralizada; al más alto nivel sólo se tratarán los conflictos en que ello sea absolutamente necesario'. Obvio es que, el más alto nivel está dado por el sistema judicial. Los tribunales no deben ser el lugar donde la resolución de disputas comienza. Ellas deben recibir el conflicto después de haberse intentado otros métodos de resolución, salvo que, por la índole del tema, por las partes involucradas o por otras razones el tratamiento subsidiario no sea aconsejable. (HIGHTON; ALVARES, 1995, p. 24-25)

CONSIDERAÇÕES FINAIS

Refletir sobre o Ministério Público brasileiro demanda, como aqui se tentou fazer, afastar qualquer dimensão do acaso na existência dessa instituição da forma que se apresenta nos tempos atuais. Relembrar a razão de a instituição ter se afastado do Estado e se aproximado dos cidadãos, recebendo uma carta de deveres funcionais e prerrogativas que lhe impõem sempre mirar no interesse da sociedade — ou das várias sociedades existentes na mesma sociedade — parece ser o ponto mais seguro para retomar o prumo. Nesse momento, precisas são as recordações do então deputado constituinte Ibsen Pinheiro:

> Não foi fácil chegar ao novo perfil da instituição. Eu sei porque estava na Constituinte e, designado pelo líder Mário Covas, coordenei a elaboração do texto dos artigos 127, 128 e 129 que compõem a base do Ministério Público na Constituição Federal, conduzindo, também, a pesada negociação que a precedeu, não apenas entre as lideranças políticas, mas muito mais com as corporações interessadas, especialmente as polícias civil e militar, a magistratura e a advocacia. Entre dois amores balançou o coração da Constituinte. Os da direita, conservadores, queriam conservar, naturalmente. Defendiam o mesmo Ministério Público esboçado na França do século 14 e que se subia ao parquet para representar, pelos procureurs du Roi, os interesses do monarca; até que Luiz XIV escancarou e, sendo ele o Estado, por assim dizer, publicizou os promotores. Mas nada que fosse além da defesa do Estado, embora já embrionasse o conteúdo democrático do monopólio da ação penal pública. Particularmente dura (e surpreendente) foi a negociação com o Ministério Público! Seu segmento federal, hoje de longe o mais visível, opôs-se tenazmente às mudanças, engajando na luta sua associação representativa e todos os seus líderes, inclusive um Procurador-Geral da República, tudo porque defendia encarniçadamente o poderzinho de representar judicialmente a União, o que às vezes o empurrava esquizofrenicamente para os dois lados do balcão, na ponta autora e na

parte ré de um mesmo feito. Na esquerda havia também adversários da mudança, porque suas lideranças preferiam a solução ascética (e poética) do *ombudsman* escandinavo que, como se sabe, funciona muito bem... na Escandinávia. Por fim preponderou a proposta que vinha do Ministério Público dos Estados avalizada por uma experiência que há muito valorizava a independência funcional e principalmente a distinção entre o fiscal da lei e o procurador do Estado. São Paulo, Rio Grande do Sul, Minas Gerais, Paraná e Rio de Janeiro conduziram essa luta, com apoio de todas as estruturas estaduais. Logo o perfil do Ministério Público que aí está não é causal, nem acidental, mas produto de muita reflexão, muito entendimento, algumas concessões de partes a partes (dada a diferença no mecanismo de provimento do cargo de Procurador-Geral da União e nos Estados, assim como a expressão 'controle externo da atividade policial') e sobretudo muita clareza na idéia-força que moveu a proposta vitoriosa: desenhar uma instituição estatal que não fosse do governo, mas da sociedade, não mais apenas para a histórica função institucional de acusar, mas também a de defender a ordem jurídica, o regime democrático e os interesses sociais e individuais indisponíveis. Ou ainda, como reza o artigo 129, zelar pelo efetivo respeito dos Poderes Públicos e dos serviços de relevância pública aos direitos assegurados nesta Constituição, promovendo as medidas necessárias a sua garantia. (PINHEIRO, 2000, p. 4):

É desse cais seguro que devem partir as reflexões sobre as funções extrajudiciais do Ministério Público.

A pesquisa sobre as atividades desenvolvidas pelo Ministério Público nessa arena impõe, necessariamente, deixar dois olhos abertos em direções opostas: um mirando para o que juridicamente está posto pelo direito positivo e o outro olhando para o que efetivamente se tem feito com a interpretação que se dá ao direito positivado.

A construção estampada nos textos normativos, sejam constitucionais, sejam infraconstitucionais, aponta para uma atividade do Ministério Público desempenhada na própria instituição, que pode levar à solução de conflitos e garantias dos bens e direitos que são deveres da instituição tutelar, contornando o Judiciário, reconhecidamente — e provada nesta pesquisa — ineficiente, principalmente em questões ligadas aos direitos metaindividuais.

Por conveniência de alguns membros da instituição, a natureza jurídica dessas funções não é trazida ao debate. Ao justificar qualquer atuação extrajudicial — pois na judicial há regras claramente estabelecidas pela legislação — com base unicamente na independência funcional e sua interpretação predileta, é pretender afastar qualquer filtro ou baliza para o exercício dessas funções.

De outra banda, ao se agregar o reconhecimento do inquérito como procedimento, no qual todo o sistema jurídico é trazido a campo, afastam-se as decisões de "presidente do inquérito" ou de autoridade, possibilitando, assim, a busca do consenso e da ponderação de todos os interesses que impactam no caso em questão.

É apenas sob esse enfoque que é possível falar-se em Ministério Público da forma pretendida por Caio Tácito (1998), que reconheceu, na véspera da promulgação da Constituição Federal, e, portanto, à borda do nascimento do Ministério Público contemporâneo, a função de *"Magistratura da Persuasão"*.

Há, portanto, uma arena preferível de solução de conflitos metaindividuais, quando a obrigação de tutelar os direitos e deveres ameaçados ou lesados forem do Ministério Público. Essa preferência, conforme detalhado, deriva dos princípios constitucionais da eficiência e da proporcionalidade (mínima lesão).

Com esse reconhecimento preliminar deixa o inquérito civil público de ser apenas, como recorrentemente afirma o Poder Judiciário, instrumento inquisitorial vocacionado à busca de elementos de convicção para a formação da *opinio* do agente ministerial sobre determinado assunto, e, consequentemente, para lastrear futura ação judicial. Afasta-se a instituição, portanto, do demandismo, aproximando-se da resolutividade.

A discussão sobre a natureza jurídica do inquérito civil, aliás, já tomou rumos muito próximos ao que aqui se sustentou em Portugal, principalmente por se reconhecer no inquérito verdadeiro procedimento, possibilitando assim a participação dos interessados, conforme se depreende da lição de Canotilho (1998, p. 127-128):

> Por inquérito público entende-se o conjunto de averiguações públicas destinadas a preparar uma decisão administrativa (seja ela um acto, um regulamento ou um contrato administrativo), podendo esse ser aberto a qualquer interessado ou ser limitado por lei a interessados que preencham os requisitos de conexão com a decisão administrativa em preparação. Este instrumento reflecte a importância do princípio da participação dos interessados na formação das decisões administrativas, assumindo grande relevo nos procedimentos de aprovação de instrumentos de planejamento, nos de licenciamento de actividades económicas e quanto a avaliação de impacto ambiental.

Firmada essa base, o inquérito civil público, leito único da atuação administrativa finalística da instituição, passa a ser não mais ferramenta à disposição do Ministério Público, mas, e principalmente, direito do cidadão em ter o seu bem da vida tutelado de forma mais célere, bem como, do ponto de vista do "infrator", direito em ter sua conduta controlada da maneira menos gravosa possível.

Aliás, tanto o reconhecimento do inquérito civil público como procedimento, quanto sua preferência sobre qualquer outro meio de tutela de bens da vida coletivos estão positivados na lei orgânica nacional do Ministério Público, no inciso II do parágrafo único do artigo 27, de onde ressair que é dever da instituição *exercer a defesa dos direitos assegurados na Constituição Federal zelando pela celeridade e racionalidade dos procedimentos.*

A partir disso, percebe-se no *iter* da atividade extrajudicial do Ministério Público várias zonas de discricionariedade, presentes não apenas na valoração do momento mais oportuno para deflagrar a atuação, como na avaliação da hipótese da norma frente ao substrato fático que lhe descortina, bem como na "eleição" da ferramenta passível de utilização para a solução do problema que lhe é dever solucionar.

Ademais, é flagrante, e esse é um aspecto prático a ser considerado, a discricionariedade presente também no agente da instituição, na medida em que a substituição de um por outro no exercício da mesma função redundará em avaliações díspares em bases idênticas.

Para planificar a atuação administrativa do Ministério Público — indiscutivelmente administrativa e por vezes permeada de discricionariedade — é fundamental controlá-la, como se faz com qualquer outra atividade administrativa do Estado, valendo-se, para tanto, dos filtros e balizas de controle já existentes no sistema jurídico.

O Ministério Público, ao contrário do que aparentemente parece pretender parcela da instituição e do Poder Judiciário, não é dotado de prerrogativas que lhe garantem mecanismos diferenciados de controle.

A independência funcional não é garantia dada à pessoa do agente, mas aos cidadãos que dependem da atuação ministerial. Ela não afasta o controle judicial e tampouco anula o controle hierárquico, hierarquia essa, queiram alguns ou não, existente na instituição pela própria geografia interna.

A atividade administrativa finalística do Ministério Público — atividade extrajudicial — é, ao cabo, exercício de função administrativa plenamente guiável por instrumentos jurídicos e controlável tanto pelos cidadãos quanto pelos sistemas de controle burocráticos, sejam institucionais, sejam judiciais.

Isso afastará a miopia que assola o Ministério Público no sentido de não visualizar no inquérito civil público instrumento tão importante quanto a atuação processual. Ora, a atuação extrajudicial não é facultativa, mas dever do agente ministerial. E se necessário for fazer um catálogo de prioridades, essa avaliação deve ser feita às claras, por meio, igualmente, de procedimento para que o cidadão eventualmente prejudicado possa efetuar o controle inclusive sobre a eleição feita pelo membro da instituição.

As observações de Geisa de Assis Rodrigues (2002, p. 84) servem à reflexão final:

> Ao mesmo tempo a natureza dessas atividades extrajudiciais, notadamente porque em regra geral não precisam ser empreendidas dentro de um prazo peremptório, conjugada com a complexidade de algumas matérias, cria o risco de o membro do Ministério Público não saber identificar o que fazer, e, o que é pior, cair na tentação de nada fazer. Como não há uma valorização estatística de realização da atividade extrajudicial, acaba se premiando aquele que nada faz.

Percebe-se que a autora não analisa o inquérito sob a perspectiva do direito administrativo, acabando por deixar transparecer uma 'arbitrariedade' ao membro da instituição de fazê-lo quando quiser.

Somente trazendo o inquérito para a 'vala comum' dos processos em geral, com todas as suas regras, guias e controle, será possível perceber que o quando agir é apenas uma questão de valoração, e não a possibilidade de efetivamente nunca agir.

Mais, ao se reconhecer a presença da hierarquia institucional, associada à nova visão de legalidade muito mais ampla — a juridicidade — fica também possível um controle preliminar da atuação extrajudicial do Ministério Público, estabelecido, pela própria instituição, com instrumentos valorosos de participação, como as audiências públicas, os critérios guias de atuação dos membros.

Com essa percepção, retira-se o Ministério Público, principalmente no exercício de suas funções extrajudiciais, do Olimpo em que alguns de seus membros imaginam que ele esteja, nivelando a instituição às demais do Estado de Direito brasileiro, possibilitando, assim, amplo controle de cada um dos "passos" dos agentes ministeriais no exercício de suas funções.

E assim, mais que controle dos próprios atos da instituição em si, será possível um controle muito mais efetivo dos agentes que receberam as atribuições, possibilitando punições pessoais não apenas àqueles que não agem quando devem fazê-lo, prejudicando, principalmente em temas ligados aos direitos metaindividuais, vários cidadãos, mas também àqueles que agem em excesso ou destoado das diretrizes institucionais, gerando danos a terceiros.

Apenas ao se admitir o inquérito civil como processo administrativo, sendo a ele aplicável todos os direitos garantidos aos cidadãos nos processos em geral, bem como as balizas de controle aqui trazidas, será possível traçar uma guia de unidade de atuação do Ministério Público, possibilitando o controle do agente que infringe as determinações institucionais ou que é leniente em seu dever de agir.

Será possível, com tudo isso sedimentado na doutrina e jurisprudência nacional, a aplicação analógica do art. 133 do Código de Processo Civil, podendo o agente ministerial ser responsável pessoalmente, quando no exercício de suas funções proceder com dolo ou fraude, ou recusar, omitir ou retardar, sem motivo justo, providência que deva tomar de ofício ou mediante provocação de qualquer interessado.

Dessa maneira, haverá um Ministério Público efetivamente democrático e de direito, com condutas previsíveis e, principalmente, com agentes que respeitem direitos fundamentais dos cidadãos que cabe à instituição tutelar.

REFERÊNCIAS

ALESSI, R. *Instituciones de Derecho Administrativo*. Tradução de Buenaventura Pellisè Prats. Barcelona: Bosh, 1970. t. 1. p. 07-08.

ALEXYS, R. Zum Begriff des Rechtsprinzips. *In:* ALEXYS, R. *Recht, Vermanft, Diskurs.* Frankfurt: Shrkamp, 1995.

ANDRADE. J. C. V. de. *O dever de fundamentação expressa de actos administrativos.* 2. reimpr. Coimbra: Almedina, 2007.

ARANTES, R. B. *Ministério Público e política no Brasil.* São Paulo: Sumaré, 2002.

ARANTES, R. B. Ministério Público na fronteira entre a Justiça e a Política. *Justitia,* v. 197, p. 325-335, 2007.

BARNES, J. *La transformación del procedimiento administrativo.* Sevilla: Editorial Derecho Global, 2008.

BASTOS, C. R. *Curso de Direito Constitucional.* 18. ed. São Paulo: Saraiva, 1998.

BÉNÔIT, F. P. *El Derecho Administrativo francés.* Madrid: Instituto de Estudios Administrativos, 1977.

BONAVIDES, P. *Ciência política.* 10. ed. São Paulo: Malheiros, 1999.

CANOTILHO, J. J. G. *Direito Constitucional e teoria da Constituição.* 3. ed. Coimbra: Almedina, 1999.

CANOTILHO, J. J. G. *Introdução ao direito do ambiente.* Lisboa: Universidade Aberta, 1998.

CAPPELLETTI, M.; GARTH, B. *Acesso à justiça.* Porto Alegre: Fabris, 1988.

CARNELUTTI, F. *Tratatto del processo civile.* Diritto e processo. Napoli: Morano Editore, 1958.

CAVALCANTI, T. B. A teoria do silêncio no direito administrativo. *Revista Forense,* Rio de Janeiro, ano 36, v. 77, n. 427, p. 579-580, jan./mar. 1939.

CHIOVENDA, G. *Instituições de Direito Processual Civil.* São Paulo: Livraria Acadêmica Saraiva e Cia, 1942.

DA SILVA, L. V. A. O proporcional e o razoável. *Revista dos Tribunais,* ano 91, v. 798, p. 26, abr. 2002.

DAL POZZO, A. A. F. Atuação extrajudicial do Ministério Público: dever ou faculdade de agir? *In:* RIBEIRO, C. V. A. (Coord.). *Ministério Público:* reflexões sobre os princípios e funções institucionais. São Paulo: Atlas, 2010.

DAROCA, E. D. *Discricionalidad administrativa y planeamiento urbanístico.* 2. ed. Navarra: Aranzadi Editorial, 1999.

DECOMAIN, P. R. *Comentários à Lei Orgânica Nacional do Ministério Público*. Florianópolis: Obra Jurídica, 1994.

DI PIETRO, M. S. Z. *Direito Administrativo*. 12. ed. São Paulo. Atlas, 2000.

DI PIETRO, M. S. Z. *Direito Administrativo*. 22. ed. São Paulo: Atlas, 2009.

DI PIETRO, M. S. Z. *Discricionariedade Administrativa na Constituição de 1988*. 1. ed. São Paulo: Atlas, Jurídico, 1991.

DI PIETRO, M. S. Z. *Discricionariedade Administrativa na Constituição de 1988*. 2. ed. São Paulo: Atlas Jurídico, 2001.

DI PIETRO, M. S. Z. O Ministério Público como instituição essencial à justiça. *In:* RIBEIRO, C. V. A. (Org.). *Ministério Público:* reflexões sobre princípios e funções institucionais. São Paulo: Atlas, 2010.

DWORKIN, R. *A matter of principle*. Oxford: Clarendon Press, 1992.

DWORKIN, R. *Taking rights seriously*. London: Duckworth, 1987.

ENGLISH, K. *Introdução ao pensamento jurídico*. Tradução de João Batista Machado. Lisboa: Fundação Calouste Gulbenkian, 1983.

GARCÍA DE ENTERRÍA, E. *Democracia, jueces y control de la administración*. Madrid: Thomson Civitas, 2009.

GARCÍA DE ENTERRÍA, E. *La lengua de los derechos*. La formación del Derecho Público europeo tras la Revolución Francesa. Madrid: Alianza Editorial, 1994.

GARCÍA DE ENTERRÍA, E.; FERNÁNDEZ, T.-R. *Curso de Derecho Administrativo I*. 14. ed. Madrid: Thomson Civitas, 2009.

FERNÁNDEZ FARRERES, G. *La subvención:* concepto y régimen jurídico. Madrid: Instituto de Estudios Fiscales, 1983.

FERRARI, R. M. M. N. *Direito Municipal*. São Paulo: Revista dos Tribunais, 1993.

FERRAZ, A. A. M. de C. Anotações sobre os Ministérios Públicos brasileiro e americano. *Justitia*, São Paulo, v. 50, n. 144, out./dez. 1988.

FINGER, J. C. O Ministério Público pós-88 e a efetivação do Estado Democrático de Direito: podemos comemorar? *In:* RIBEIRO, C. V. A. (Org.). *Ministério Público:* reflexões sobre princípios e funções institucionais. São Paulo: Atlas, 2010.

FORSTHOFF, E. *Traté de Droit Administratif Allemand*. Tradução de Michel Fromont. Bruxelas: Établissements Émile Bruylant, 1969.

FRAGA, G. *Derecho Administrativo*. México: Porrúa, 1973.

FRANCO, S. da C. Sobre a conveniência da ampliação das atribuições processuais do Ministério Público como *custos legis. In:* CONGRESSO DO MINISTÉRIO PÚBLICO DO ESTADO DE SÃO PAULO, 1., 1971, São Paulo. *Anais...* São Paulo: Imprensa Oficial do Estado, 1973.

GALLIGAN, D. J. *Discretionary powers.* A legal study of Official Discretion. Oxford: Clarendon Press, 1992.

GARCIA, E. *Ministério Público:* organização, atribuições e regime jurídico. 3. ed. Rio de Janeiro: Lumen Juris, 2008. p. 7.

REFERÊNCIAS | 205

GARCIA, E. Ministério Público: essência e limites da independência funcional. *In:* RIBEIRO, C. V. A. (Org.). *Ministério Público:* reflexões sobre os princípios e funções institucionais. São Paulo: Atlas, 2010.

GARCÍA, V. A. *El concepto de necesidad en Derecho Público.* Madrid: Civitas, 1996.

GARRAUD, R. *Traite théorique et pratique de Droit Penal Franjáis.* Paris: L. Larose et L. Tenin, 1913. t. 1.

GONZÁLEZ PÉREZ, J.; GONZÁLEZ NAVARRO, F. *Régimen jurídico de las administraciones públicas y procedimiento administrativo común.* Madrid: Civitas, 1994.

GORDILLO, A. A. Las funciones del poder. *In:* FUNDACIÓN DE DERECHO ADMINISTRATIVO. Tratado de derecho administrativo y obras selectas. 11. ed. cap. 9. p. IX-3. t. 1. Disponível em: <http://www.gordillo.com/tomos_pdf/1/capitulo9.pdf>. Acesso em: 02 fev. 2011.

GRAU, E. R. *O direito posto e o direito pressuposto.* São Paulo: Malheiros, 1996.

GUIMARÃES, B. S. A justa causa nas ações coletivas. *In:* RIBEIRO, C. V. A. *Ministério Público:* reflexões sobre os princípios e funções institucionais. São Paulo: Atlas, 2010.

HART, H. L. A. *The concept of law.* O conceito de direito. Tradução de Ribeiro Mendes. Lisboa: Fundação Calouste Gulbenkian, 2005.

HIGHTON, E. I.; ALVARES, G. S. *Mediación para resolver conflictos.* Buenos Aires: Ad Hoc, 1995.

HYMAN, D. Utility consumer dispute settlement: a regulatory model for medication, arbitration and class advocacy. *In:* MILLS, Miriam K. (Ed.). *Conflict resolution and public policy.* New York: Greenwood Press, 1990.

JARROSON, C. Justice Douce. Les modes alternatifs de règlement des conflits: Présentation génerale. *Revue internationale de droit comparé,* n. 2, p. 325, avril/juin. 1997.

JOLOWICZ, J. A.; CAPPELLETTI, M. *Public interest parties and the active role of the judge in civil litigation.* New York: Oceana Publications, 1975.

KELSEN, H. *Teoria geral do Direito e do Estado.* Tradução de Luiz Carlos Borges. São Paulo: Martins Fontes, 2000.

KELSEN, H. *Teoria pura do Direito.* Tradução de João Baptista Machado. Coimbra: Armênio Amado, 1939.

LIEBMAN, E. T. *Manual de Direito Processual Civil.* Tradução de Cândido Rangel Dinamarco. 3. ed. São Paulo: Malheiros, 2005. v. 1.

LIEBMAN, E. T. *Manual de Processo Civil.* Rio de Janeiro: Forense, 1985.

LIMA, F. A. N. *A intervenção do Ministério Público no processo civil brasileiro como 'custos legis'.* São Paulo: Método, 2007.

LYRA, R. *Teoria e prática da Promotoria Pública.* Porto Alegre: Safe, 2001.

MACCORMICK, N. *On reasonablesness.* Les notions a contenu variable em Droit. Bruxelles: Bruylant, 1984.

MACHADO, A. C. da C. *A intervenção do Ministério Público no processo civil brasileiro.* São Paulo: Saraiva, 1989.

MACHADO, S. M. *Tratado de Derecho Administrativo y Derecho Público I*. 2. ed. Madri: Iustel, 2006.

MALBERG, C. de. *Teoria general del Estado*. 2. reimp. México: Facultad de Derecho/UNAM/ Fondo de Cultura Económica, 2001.

MARQUES NETO, F. de A. A nova regulamentação dos serviços públicos. *Revista Eletrônica de Direito Administrativo Econômico*, Salvador, Instituto de Direito Público da Bahia, n. 1, fev. 2005a. Disponível em: <http://direitodoestado.com.br>. Acesso em: 13 dez. 2010.

MARQUES NETO, F. de A. *Agências reguladoras independentes*. Belo Horizonte: Fórum, 2005b.

MARQUES NETO, F. de A. Discricionariedade administrativa e controle judicial da administração. *In:* SALLES, C. A. de. *Processo civil e interesse público*. São Paulo: Revista dos Tribunais, 2003. p. 181-198.

MARQUES NETO, F. de A. Discricionariedade e regulação setorial: o caso do controle dos atos de concentração por regulador setorial. *In:* ARAGÃO, A. S. de (Coord.). *O poder normativo das agências reguladoras*. Rio de Janeiro: Forense, 2006.

MARQUES NETO, F. de A. Entre a independência institucional e o neopatrimonialismo: a distorção da doutrina do promotor natural. *In:* RIBEIRO, C. V. A. (Org.). *Ministério Público:* reflexões sobre princípios e funções institucionais. São Paulo: Atlas, 2010. p. 135-163.

MATTARELLA, B. G. *L'attività in Trattato di Diritto Amministrativo*. *In:* CASSESE, S. Tomo Primo, Seconda Edizione. Milano: Dott. A Giuffrè Editore, 2003.

MAZZILLI, H. N. *Manual do Promotor de Justiça*. 2. ed. São Paulo: Saraiva, 1991.

MAZZILLI, H. *O inquérito civil*. 3. ed. São Paulo: Saraiva, 2008.

MAYER, O. *Derecho Administrativo Alemão*. Tradução de Horácio H. Heredia e Ernesto Krotoschio. Buenos Aires: Depalma, 1982.

MEDAUAR, O. *A processualidade no direito administrativo*. 2. ed. São Paulo: Revista dos Tribunais, 2008b.

MEDAUAR, O. Administração Pública: do ato ao processo. *In:* ARAGÃO, A. S. de; MARQUES NETO, F. de A. *Direito Administrativo e seus novos paradigmas*. Belo Horizonte: Fórum, 2008a.

MEIRELLES, H. L. *Direito Administrativo brasileiro*. 23. ed. São Paulo: Malheiros, 1998.

BANDEIRA DE MELLO, C. A. *Curso de Direito Administrativo*. 22. ed. São Paulo: Malheiros, 2007.

BANDEIRA DE MELLO, C. A. *Discricionariedade e controle judicial*. 2. ed. São Paulo: Malheiros, 2000.

BANDEIRA DE MELLO, C. A. *Elementos de Direito Administrativo*. 2. ed. São Paulo: Revista dos Tribunais, 1991.

BANDEIRA DE MELLO, C. A. *Elementos do ato administrativo*. São Paulo: Revista dos Tribunais, 1984.

MIRANDA, M. P. de. A recomendação ministerial como instrumento extrajudicial de solução de conflitos ambientais. *In:* CHAVES, C. *et al.* (Coord.). *Temas atuais do Ministério Público:* a atuação do *Parquet* nos 20 anos da Constituição Federal. Rio de Janeiro: Lumen Juris, 2008.

REFERÊNCIAS | 207

MIRANDA, M. P. de. *Comentários à Constituição de 1946*. 3. ed. Rio de Janeiro: Editor Borsoi, 1960. t. 3.

MODESTO, P. Função Administrativa. *Revista Eletrônica de Direito do Estado*, Bahia, n. 5, jan./fev./mar./2006. Disponível em: <http://www.direitodoestado.com.br>. Acesso em: 12 dez. 2010.

MOREIRA NETO, D. de F. *Quatro paradigmas do direito administrativo pós-moderno*. Belo Horizonte: Fórum, 2008.

MOREIRA NETO, D. de F. *Mutações do Direito Administrativo*. 2. ed. Rio de Janeiro: Renovar, 2001.

MORENO, F. S. *Conceptos jurídicos, interpretación y discrecionalidad administrativa*. Madrid: Civitas, 1976a.

MORENO, F. S. Reducción de la discrecionalidad: el interés público como concepto jurídico. *REDA*, n. 8, 1976b.

NERY, N. e R. *Código de Processo Civil comentado*. 8. ed. São Paulo: Revista dos Tribunais, 2004.

NOHARA, I. P. *Limites à razoabilidade nos atos administrativos*. São Paulo: Atlas, 2006

NOHARA, I. P. *O motivo no ato administrativo*. São Paulo: Atlas, 2004.

NOHARA, I. P. ; MARRARA, T. *Processo Administrativo*. São Paulo: Atlas, 2009.

OLIVEIRA, R. F. de. *Ato Administrativo*. São Paulo: Revista dos Tribunais, 1978.

PASSOS, D. *Ministério Público na Constituinte*. Brasília: Centro de Documentação e Informação da Câmara dos Deputados, 1985.

PIERANGELLI, J. H. O Ministério Público órgão da justiça. *Justitia*, São Paulo, PGJ/APMP, n. 61, p. 173, 1968.

PINHEIRO, I. Ministério Público novo de guerra. *Jornal Zero Hora*, 06 set. 2000.

RASSAT, M.-L. *Le Ministère Public entre son passé et son avenir*. Paris: Librairie generale de droit et de jurisprudence, 1967.

RECASENS SICHES, L. *Introducción al estudio del Derecho*. México: Porrúa, 1977.

RIBEIRO, C. V. A. (Org.). *Ministério Público:* reflexões sobre os princípios e funções institucionais. São Paulo: Atlas, 2010.

RIBEIRO, C. V. A. Os 20 anos da Constituição de 1988 e o exercício de funções administrativas pelo Ministério Público. *Fórum Administrativo*, Fórum, ano 8, n. 92, p. 54, 2008.

RIVERO, Jean. *Droit Administratif*. 5. ed. Paris: Precis Dalloz, 1970.

RODRIGUES, G. de A. *Ação civil pública e termo de ajustamento de conduta:* teoria e prática. Rio de Janeiro: Forense, 2002.

RODRIGUES, G. de A. Reflexões sobre a atuação extrajudicial do Ministério Público: inquérito civil público, compromisso de ajustamento de conduta e recomendação legal. *In:* CHAVES, C. *et al.* (Coord.). *Temas atuais do Ministério Público:* a atuação do *Parquet* nos 20 anos da Constituição Federal. Rio de Janeiro: Lumen Juris, 2008.

SADEK, M. T. *Excesso de poder:* cada juiz é uma ilha e tem muito poder em suas mãos. Entrevista concedida à Conjur. Disponível em: <http://www.conjur.com.br/2009-fev-08/entrevista-maria-teresa-sadek-cientista-politica>. Acesso em: 9 fev. 2009

SADEK, M. T. *Diagnóstico dos Ministérios Públicos dos Estados*. Disponível em: <http://www.conamp.org.br/04_arquivos/pesquisa/diagMP171006.pdf>. Acesso em: 05 abr. 2010.

SADEK, M. T. A construção de um novo Ministério Público resolutivo. *De Jure:* revista jurídica do Ministério Público do Estado de Minas Gerais, Belo Horizonte, v. 12, p. 130-139, jan./jun. 2009. Disponível em: <http://aplicacao.mp.mg.gov.br/xmlui/bitstream/handle/123456789/135/constru%C3%A7ao%20novo%20mp_Sadek.pdf?sequence=1>.

SCHIRATO, V. R. O processo administrativo como instrumento do Estado e da Democracia. *In:* MEDAUAR, O.; SCHIRATO, V. R. (Org.). *Atuais rumos do Processo Administrativo*. São Paulo: Revista dos Tribunais, 2010.

SOARES, R. E. *Direito público e sociedade técnica*. 1. ed. Coimbra: Atlântida, 1969.

STROBEL, B. A justa causa nas ações coletivas. *In:* RIBEIRO, C. V. A. (Org.). *Ministério Público:* reflexões sobre os princípios e funções institucionais. São Paulo: Atlas, 2010.

STROPPA, Y. M. C. e S. *Função administrativa no Estado brasileiro*. São Paulo: Malheiros, 1994.

SUNDFELD, C. A. *Direito Administrativo ordenador*. 1. ed. 3. tir. São Paulo: Malheiros, 2003.

SUNDFELD, C. A. *Fundamentos de Direito Público*. São Paulo: Malheiros, 1992.

TÁCITO, C. Ombudsman – o defensor do povo. *RDA*, Rio de Janeiro, p. 15-25, jan./mar. 1998.

TRASSARD, C. O Ministério Público em França. *In: O papel do Ministério Público*. Coimbra: Almedina, 2008.

ZAGREBELSKY, G. *El derecho dúctil:* ley, derechos, justicia. 3. ed. Madrid: Trota, 1999.

WATANABE, K. Juizado Especial de Pequenas Causas. *Revista dos Tribunais*, p. 2, 1985.

WEBER, M. A política como vocação. *In:* WEBER, M. *Ciência e Política*. Duas vocações. 2. ed. São Paulo: Cultrix, 1972.